普通高等学校应急管理系列教材

# 应急管理法律法规

（第 2 版）

主　　编　兰泽全
副 主 编　郝朝瑜
编写人员　宋富美　杨　佳　张跃兵
　　　　　李刚强　陈月霞

应急管理出版社
·北　京·

# 内 容 提 要

本书围绕《中华人民共和国突发事件应对法》，系统地介绍了事故灾难、自然灾害、公共卫生事件和社会安全事件四大类突发事件应急管理相关法律法规等内容。内容编排上遵循法律、行政法规、部门规章的顺序，每章结尾附有本章重点、复习思考题和阅读材料。

本书适合于普通高等学校应急管理、应急技术与管理等专业的本科教学，亦可供相关专业的研究生、企事业单位应急管理人员参考使用。

# 第2版说明

法治是国家治理的基本方式，党中央、国务院历来高度重视依法治国基本方略。应急管理是国家治理体系和治理能力的重要组成部分，承担防范化解重大安全风险、及时应对处置各类灾害事故的重要职责，担负保护人民群众生命财产安全和维护社会稳定的重要使命。习近平总书记在主持中共中央政治局第十九次集体学习时强调，要坚持依法管理，运用法治思维和法治方式提高应急管理的法治化、规范化水平，系统梳理和修订应急管理相关法律法规，抓紧研究制定应急管理、自然灾害防治、应急救援组织、国家消防救援人员、危险化学品安全等方面的法律法规，加强安全生产监管执法工作。

针对法律法规时效性强的特点，近年来，我国相继修订、制定了应急管理领域内的一系列法律法规。

2020年12月26日，第十三届全国人民代表大会常务委员会第二十四次会议通过《中华人民共和国刑法修正案（十一）》，对刑法作出修改、补充，自2021年3月1日起施行；2023年12月29日，第十四届全国人民代表大会常务委员会第七次会议通过《中华人民共和国刑法修正案（十二）》，对刑法作出修改、补充，自2024年3月1日起施行。

根据2021年4月29日第十三届全国人民代表大会常务委员会第二十八次会议《关于修改〈中华人民共和国道路交通安全法〉等八部法律的决定》，《中华人民共和国消防法》第二次修正。

2021年6月10日，中华人民共和国第十三届全国人民代表大会常务委员会第二十九次会议通过《全国人民代表大会常务委员会关于修改〈中华人民共和国安全生产法〉的决定》，自2021年9月1日起施行。

2023年10月27日，《国务院关于取消和调整一批罚款事项的决定》印发，涉及《地震监测管理条例》第二十六条、第二十八条、第三十六条中“对违法占用、拆除、损坏地震监测设施等行为的罚款”的罚款事项，下调对个人的罚款数额上限，上调对单位的罚款数额上限；2024 年 11 月 22 日，《国务院关于修改和废止部分行政法规的决定》公布，自 2025 年 1 月 20 日起施行，其中包括修改《地震监测管理条例》的有关内容。

2023 年 12 月 18 日，国务院第 21 次常务会议通过《煤矿安全生产条例》，自 2024 年 5 月 1 日起施行。

2024 年 6 月 28 日，修订后的《中华人民共和国突发事件应对法》由中华人民共和国第十四届全国人民代表大会常务委员会第十次会议通过，自 2024 年 11 月 1 日起施行。

随着我国法治建设的不断推进，《自然灾害防治法》《危险化学品安全法》《国家消防救援人员法》等法律将陆续颁布，《生产安全事故报告和调查处理条例》等行政法规和应急管理领域的部门规章也将修订发布。

基于此，编者在《应急管理法律法规》第 1 版的基础上，围绕近年来制定、修订、修正的法律法规等，对教材的相关内容进行了修订。主要修订的章节及分工如下：1 章、2 章和 3.5 节、3.5.7 节，由兰泽全负责修订；3.2 节，由张跃兵和兰泽全共同负责修订；3.5.1 节、3.5.8 节和 6.2.1 节，由杨佳负责修订；4.1.3 节、4.4.2 节，由郝朝瑜负责修订。全书由兰泽全统稿。

编　者

2025 年 2 月 6 日

# 目　录

# 1 应急管理法律基础知识

建立健全和完善应急法制，是新时代构建大国应急管理体系，推进国家治理体系和治理能力现代化的必然要求。应急管理法治主要是通过加强应急管理的法治化建设，把整个应急管理工作纳入法治的轨道，按照有关的法律法规来建立健全预案，依法行政，依法实施应急处置工作，把法治精神贯穿于应急管理工作的全过程。本章在概述法的定义、法的特征、法的本质、法的作用等法律基础知识的基础上，重点介绍我国应急管理法律体系的基本框架和各构成要素的基本内涵，以期对整个应急管理法律体系有一个总体认识。

## 1.1 法律基础知识

### 1.1.1 法的基本概念

1. 法的定义

法是由国家制定或认可，以权利义务为主要内容，由国家强制力保证实施的社会行为规范及其相应的规范性文件的总称，包括法律、法令、条例、命令等。广义的法律，常简称为法，是指法律的整体，既包括作为根本法的宪法，全国人民代表大会及其常委会（立法机关）制定的法律，也包括国务院制定的行政法规，国务院有关部门制定的部门规章，以及地方人民代表大会及其常委会和地方政府制定的地方性法规和地方政府规章等。狭义的法律，是指全国人民代表大会及其常委会（立法机关）制定的法律。

2. 法的本质

法的本质，即法的根本属性。马克思主义哲学认为，本质是事物的内部联系，现象是事物的外部联系。这两个方面密不可分，本质通过一定的现象表现出来，而现象是本质的显现。法的现象是法的外部联系和表面特征，是外露的、多变的，通过经验的、感性的认识就能了解到，而法的本质深藏于法的现象背后，是法存在的基础和变化的决定性力量，是深刻的、稳定的，不可能通过感观直接把握，需要通过思维抽象才能把握。马克思主义者依据唯物史观科学地揭示了法的本质及其发展规律。法的本质体现在以下两方面。

1）法是统治阶级意志的体现

（1）法是“意志”的体现或反映。意志的形成和作用在一定程度上受世界观和价值观的影响，归根到底受制于客观规律。意志作为一种心理状态和过程、一种精神力量，本身并不是法，只有表现为国家机关制定的法律、法规等规范性文件才是法。因此，法是意志的反映、意志的结果、意志的产物。

（2）法是“统治”阶级意志的反映。所谓“统治阶级”就是掌握国家政权的阶级。虽然统治阶级意志由统治阶级的根本利益和整体利益所决定，但其形成和调节也必然受到被统治阶级的制约。统治阶级在制定法律时，不能不考虑到被统治阶级的承受能力、现实的阶级力量对比以及阶级斗争的形势。统治阶级意志上升为国家意志、被奉为法律之后，在其实施过程中还会遇到来自被统治阶级的阻力。应当清楚地看到，在任何情况下，被统治阶级的意志都不能作为独立的意志直接体现在法律里面；它只有经过统治阶级的筛选，吸收到统治阶级的意志之中，转化为统治阶级的国家意志，才能反映到法律中。归根到底，在阶级对立社会中，法是统治阶级意志的体现。

（3）法是统治“阶级”的意志的反映。马克思主义认为，法无论是由统治阶级的代表集体制定的，还是由最高政治权威个人发布的，所反映的都是统治阶级的阶级意志，代表着统治阶级的整体利益，而不纯粹是某个人的利益，更不是个别人的任性。当然，统治阶级的共同意志并不是统治阶级内部各个成员的意志的简单相加，而是由统治阶级的正式代表以整个阶级的共同的根本的利益为基础所集中起来的一般意志。

（4）法是“被奉为法律”的统治阶级的意志。马克思、恩格斯说，法是“被奉为法律”的统治阶级的意志，这意味着统治阶级意志本身也不是法，只有“被奉为法律”才是法。“奉为法律”，就是经过国家机关将统治阶级的意志上升为国家意志，并客观化为法律规定。这里之所以用“法律”，是由于法律是法的“一般表现形式”。但通观法的历史，法的表现形式并不是只有法律这一种。除法律之外，还有最高统治者的言论，由国家认可的习惯、判例、权威性法理、法学家的注解等。因此，统治阶级的意志只有表现为国家权力机关制定的规范性文件，才具有法的效力。

2）法的内容是由统治阶级的物质生活条件决定的

社会物质生活条件指与人类生存相关的地理环境、人口和物质资料的生产方式，其中，物质资料的生产方式是决定性的内容。生产方式是生产力与生产关系的对立统一，生产力代表人与自然界的关系，生产关系代表生产过程中所发生的人与人的关系。生产方式之所以是根本因素，在于它一方面通过生产力和生产关系使自然界的一部分转化为社会物质生活条件，使生物的人上升为社会成员，创造了社会；另一方面，生产过程发生的人与人之间的关系是根本的社会关系，其他一切关系包括法律关系在内都是从这里派生出来的。地形、气候、土壤、山林、水系、矿藏、动植物分布等地理环境因素和人口因素一般说来只有通过生产关系才能作用于法。

3. 法的特征

（1）法是调整人们行为的社会规范。首先，在社会体系中，法属于社会规范的范畴。作为社会规范，法既区别于思想意识和政治实体，又区别于非规范性的决定、命令，如法院判决。其次，人的行为是法的调整对象。或者说，法的调整对象是社会关系。这两种说法本质上是一致的，因为社会关系不过是人与人之间的行为互动或交互行为。没有人们之间的交互行为，就没有社会关系。法调整人的行为，同时也就调整了社会关系。作为法的调整对象的行为是指人的外在行为。

（2）法由国家制定或认可并具有普遍的约束力。制定和认可是国家创制法律的两种形式，表明了法律的国家意志性。其他诸如道德、宗教、政党、团体的规章等均不具有国家意志的属性。

（3）法通过规定人们的权利和义务来调整社会关系。法作为特殊的社会规范，是以规定人们的权利和义务作为主要内容的。法对社会关系的调整，总是通过人们在一定关系中的权利和义务来实现的。

（4）法通过一定的程序由国家强制力保证实施。国家强制力是指国家的军队、警察、法庭、监狱等有组织的国家暴力。如果没有国家强制力为后盾，法律就会对公民的违法犯罪行为失去权威性，法律所体现的意志就得不到贯彻和保障。

### 1.1.2 法的作用

法的作用，是指法对人与人之间所形成的社会关系所发生的一种影响，它表明了国家权力的运行和国家意志的实现。根据法在社会生活中发挥作用的形式和内容的不同，法的作用可以分为规范作用与社会作用。规范作用是手段，社会作用是目的。

1. 法的规范作用

根据行为主体的不同，法的规范作用可以分为指引、评价、教育、预测和强制五种。法的这五种规范作用是法律必备的，任何社会的法律都具有。但是，在不同的社会制度下，在不同的法律制度中，由于法律的性质和价值的不同，法的规范作用的实现程度也会有所不同。

（1）指引作用，是指法对个人的行为具有引导作用。对人的行为的指引有两种形式：一种是个别性指引，即通过一个具体的指示形成对具体的人的具体情况的指引；一种是规范性指引，是通过一般的规则对同类的人或行为的指引。个别指引尽管非常重要，但就建立和维护稳定的社会关系和社会秩序而言，规范性指引具有更大的意义。从立法技术上看，法律对人的行为的指引通常采用两种方式：一种是确定的指引，即通过设置法律义务，要求人们做出或抑制一定行为，使社会成员明确自己必须从事或不得从事的行为界限；一种是不确定的指引，又称选择的指引，是指通过宣告法律权利，给人们一定的选择范围。

（2）评价作用，是指法律作为一种行为标准，具有判断、衡量他人行为合法与否的评价作用。值得注意的是，评价作用的对象是指他人的行为。在评价他人行为时，总要有一定的、客观的评价准则。法是一个重要的普遍的评价准则，即根据法来判断某种行为是否合法。此外，作为一种评价准则，与政策、道德规范等相比，法律还具有比较明确、具体的特征。

（3）教育作用，是指通过法的实施使法律对一般人的行为产生影响。这种作用具体表现为示警作用和示范作用。例如：有人因违法而受到制裁，固然对一般人以至受制裁者本人有示警作用；反过来，人们的合法行为以及其法律后果也同样对一般人的行为具有示范作用。法的教育作用对于提高公民法律意识，促使公民自觉遵守法律具有重要作用。

（4）预测作用，是指凭借法律的存在，可以预先估计到人们相互之间会如何行为。法的预测作用的对象是人们相互之间的行为，包括公民之间、社会组织之间、国家、企事业单位之间，以及它们相互之间的行为的预测。社会是由人们的交往行为构成的，社会规范的存在就意味着行为预期的存在。而行为的预期是社会秩序的基础，也是社会能够存在下去的主要原因。

（5）强制作用，是指法可以通过制裁违法犯罪行为来强制人们遵守法律。显然，强制作用的对象是违反者的行为。制定法律的目的是让人们遵守，是希望法律的规定能够转化为社会现实。因此，法律必须具有一定的权威性。离开了强制性，法律就失去了权威；而加强法律的强制性，有助于提高法律的权威。法的强制作用不仅有利于制裁违法犯罪行为，而且还有助于预防违法犯罪行为，增强社会成员的安全感。

2. 法的社会作用

法的社会作用是相对于法的规范作用而言的，是指法对社会和人的行为的实际影响。我国现阶段社会主义法的社会作用大体可概括为以下几方面。

（1）维护社会秩序，促进社会主义建设和改革开放，实现富强、民主与文明。

（2）根据一定的价值准则分配利益，确认和维护社会成员的权利和义务。

（3）为国家机关及其公职人员执行任务的行为提供法律依据，并对他们滥用权力或不尽职责的行为实行制约。

（4）预防和解决社会成员之间以及与国家机关之间或国家之间的争端。

（5）预防和制裁违法犯罪行为。

（6）为法律本身的运行和发展提供制度和程序。

3. 法的局限性

尽管法具有如上所述的规范作用和社会作用，但就目前而言，法仍具有一定的局限性，具体表现如下。

（1）法只是许多社会调整方法中的一种，不是唯一的方法。在某些社会关系和社会生活领域，法并不是主要的调整方法。在各种规范调整方法中，法律有时也不是成本最低的方法。

（2）法的作用范围不是无限的，也并非在任何问题上都是适当的。对不少社会关系、社会生活领域、社会问题，采用法律手段有时是不适宜的。法对千姿百态、不断变化的社会生活的涵盖性和适应性不可避免地存在一定的局限。

（3）法律作为规范，其内容是抽象的、概括的、定型的，制定出来之后有一定的稳定性，因此不可避免地出现规则真空，呈现出一定的不适应性和滞后性。

（4）在实施法律所需的人力资源、精神条件和物质条件不具备的情况下，法不可能充分发挥作用。法律作为国家制定或认可的社会规范体系，必须由公务员、法官、检察官、律师等法律专业人员来实施。法律的实施也需要相应的精神条件或文化氛围，以及一定的物质条件。

### 1.1.3 法律体系

法律体系，通常是指一个国家全部现行法律规范的分类组合，为由不同的法律部门所形成的有机联系的统一整体。法学中有时也称为“法的体系”，是指由一国现行的全部法律规范按照不同的法律部门分类组合而形成的一个呈体系化的有机联系的统一整体。法律体系的外部结构表现为宪法、基本法律、法律、地方性法规，以及有法律效力的解释等，其主干是各种部门法。法律体系的外部结构要求各个部门法门类齐全、严密完整。法律体系的内部结构的基本单位是各种法律规范。各种法律规范的和谐一致是法律部门内部和相互之间以至整个法律体系协调统一的基础。

1. 法律体系的特征

由于各种因素的影响，各国的法律体系在结构上不尽相同，但在以下四个方面是相近甚至相同的。

(1) 法律体系的结构具有高度的组织性。

(2) 法律体系结构的确立是以社会结构为基础，以法律自身的规律为中介。

(3) 法律体系结构的发展具有历史的连续性和继承性。

(4) 法律体系的结构具有一定的开放性。

上述四个方面既是法律体系在结构上的一般特点，又是确立法律体系结构的一般要求。

2. 法律体系与法律部门

法律部门，又称部门法，是根据一定的标准和原则，调整社会关系的不同领域和不同方法等所划分的同类法律规范的总和。这种划分，属于主观认识的范畴。但是划分标准的确定，必须符合法律部门形成和发展的客观实际。法律部门是法律体系的一种中观构成要素，各个不同的法律部门的有机结合，便成为一个国家的法律体系。

3. 我国社会主义法律体系

我国社会主义法律体系主要包括以下法律部门。

(1) 宪法，又称国家法，规定国家的社会制度和国家制度的基本原则、国家机关的组织和活动的基本原则，以及公民的基本权利和义务等重要内容的规范性文件，是国家的根本法。

(2) 行政法，是有关行政管理活动的各种法律规范的总和。

(3) 财政法，是调整国家机关的财产活动，主要是财政资金的积累和分配的法律规范的总和。

(4) 民法，是调整平等主体之间的财产关系和人身关系的法律规范的总称。

(5) 经济法，是国家领导、组织、管理经济活动的法律规范的总和。

(6) 劳动法，是调整劳动关系以及由此而产生的其他关系的法律规范的总称。

(7) 婚姻法，是调整婚姻关系和家庭关系的法律规范的总和。

(8) 刑法，是关于犯罪和刑罚的法律规范的总称。

(9) 诉讼法，是关于诉讼程序的法律规范的总称。

(10) 国际法，是调整国际交往中国家之间相互关系的法律规范的总称。

### 1.1.4 法律的效力

法律效力的概念，有广义和狭义两种解释。广义的法律效力，泛指法律的约束力。无论是规范性法律文件，还是非规范性法律文件，对人们的行为都产生法律上的约束作用。狭义的法律效力，是指法律的具体生效范围，对什么人，在什么地方和在什么时间适用的效力。正确理解法律效力问题，是适用法律的重要条件。

1. 法律效力的层次

我国现行的立法体制是“一元、两级、多层次、多类别”。与此相适应，我国立法的效力是有层次的。法律的效力层次，是指规范性法律文件之间的效力等级关系。根据《中华人民共和国立法法》的有关规定，法律效力层次的主要内容包括以下方面。

（1）上位法的效力高于下位法。具体表现：①宪法规定了国家的根本制度和根本任务，是国家的根本法，具有最高法律效力；②法律效力高于行政法规、地方性法规、规章；③行政法规效力高于地方性法规、规章；④地方性法规效力高于本级和下级地方政府规章；⑤自治条例和单行条例依法对法律、行政法规、地方性法规作变通规定的，在本自治地方适用自治条例和单行条例的规定；⑥部门规章和地方政府规章之间具有同等效力，在各自的权限范围内施行。

（2）在同一位阶的法律之间，特别规定优于一般规定，新的规定优于旧的规定。

2. 法律效力的范围

法律效力的范围，又称适用范围，是指法律适用于哪些地方，适用于什么人，在什么时间生效。具体细分为时间效力、空间效力和对人的效力。

（1）法律的时间效力，是指法从何时开始生效，到何时终止生效，以及对其生效以前的事件和行为有无溯及力的问题。

（2）法律的空间效力，是指法生效的地域（包括领海、领空等），即法律在哪些地方有效。通常，全国性法律适用于全国，地方性法规仅在本地区有效。

（3）法对人的效力，是指法律适用于哪些人。在世界各国的法律实践中，先后采用过四种对自然人的效力的原则：①属人主义；②属地主义；③保护主义；④折中主义，即以属地主义为主，与属人主义、保护主义相结合。折中主义是近代以来多数国家所采用的原则。我国也采用这种原则，既要维护本国利益，坚持本国主权，又要尊重他国主权，照顾法律适用中的实际可能性。

### 1.1.5 法律的实施

所谓法律的实施，是指法律在社会生活中被人们实际施行，具体包括法律的执行、法律的适用、法律的遵守和法律监督。

1. 法律的执行

法律的执行，简称执法，是指掌管法律，手持法律做事，传布、实现法律。广义的执法，是指所有国家行政机关、司法机关及其公职人员依照法定职权和程序实施法律的活动。狭义的执法，专指国家行政机关及其公职人员依法行使管理职权、履行职责、实施法律的活动。

1）法的执行的特点

（1）法的执行是以国家的名义对社会进行全面管理，具有国家权威性。

（2）法的执行主体，是国家行政机关及其公职人员。

（3）法的执行具有国家强制性，行政机关执行法律的过程同时也是行使执法权的过程。

（4）法的执行具有主动性和单方面性。

2）法的执行的主要原则

（1）依法行政的原则，是指国家行政机关必须在宪法和法律赋予的权力和职责范围内，通过法定方式和途径，运用适当的方法，严格依照法定程序，管理国家事务和社会事务。

（2）讲求效能的原则，是指行政机关应当在依法行政的前提下，讲究效率，主动有效地行使其权能，以取得最大的行政执法效益。

2. 法律的适用

法律的适用，简称司法，通常是指国家司法机关根据法定职权和法定程序，具体应用法律处理案件的专门活动。

1）法律的适用主体

法律的适用主体是指行使司法权的司法机关。按照我国现行法律体制和司法体制，司法权一般包括审判权和检察权。审判权由人民法院行使，检察权由人民检察院行使，故人民法院和人民检察院是我国法律的适用主体。

2）法律的适用特点

（1）法律的适用是由特定的国家机关及其公职人员，按照法定职责实施法律的专门活动，具有国家权威性。

（2）法律的适用是司法机关以国家强制力为后盾实施法律的活动，具有国家强制性。

（3）法律的适用是司法机关依照法定程序、运用法律处理案件的活动，具有严格的程序性和合法性。

（4）法律的适用必须有表明法的适用结果的法律文书，如判决书、裁定书和决定书等。

3）法律的适用情形

（1）当公民、社会组织和其他国家机关在相互关系中发生了自己无法解决的争议，致使法律规定的权利义务无法实现时，需要司法机关适用法律裁决纠纷，解决争端。

（2）当公民、社会组织和其他国家机关在其活动中遇到违法、违约或侵权行为时，需要司法机关适用法律制裁违法犯罪，恢复权利。

4）法律的适用要求

法律适用的基本要求是正确、合法、及时。

（1）正确。首先体现为事实认定正确；其次定性要正确；再次处理要正确。

（2）合法。合法是指对案件的处理，必须严格依法办事，符合法律规定。具体包括三个方面的内容：首先，适用的主体必须合法；其次，必须符合实体法的规定；再次，处理案件不仅要符合实体法的规定，而且要遵守程序法的规定，按照法定程序办事。

（3）及时。及时是指在正确、合法的前提下，法律适用机关必须有高度的责任感，必须不断改进工作，提高办案效率，及时审结案件，不得随意拖延、积压案件。

正确、合法、及时，是有机统一而不可分割的整体，只有三个方面都得到切实贯彻，才能保证法律的适用。

3. 法律的遵守

法律的遵守，有广义和狭义两种含义。广义的法律的遵守，就是法律的实施。狭义的法律的遵守，也叫守法，专指公民、社会组织和国家机关以法律为自己的行为准则，依照法律行使权利、权力，履行义务、职责的活动。

法律的遵守的意义：①认真遵守法律，是广大人民群众实现自己根本利益的必然要求；②认真遵守法律，是建设社会主义法治国家的必要条件。

4. 法律监督

法律监督，有广义和狭义两种理解。广义的法律监督，是指由所有国家机关、社会组织和公民对各种法律活动的合法性所进行的监督。狭义的法律监督，是指由特定国家机关依照法定权限和法定程序，对立法、司法和执法活动的合法性所进行的监督。二者都是以法律实施及人们行为的合法性为监督的基本内容。

1）法律监督的意义

法律监督对完善国家法律制度，建设社会主义法治社会，具有深远意义。

（1）法律监督是维护社会主义法制的统一和尊严的重要措施。

（2）法律监督是制约权力滥用的基本手段。

（3）法律监督是社会主义法治建设的重要方面，是完善社会主义法治建设的内在要求。

2）法律监督的构成

（1）法律监督的主体，主要包括三类：国家机关，社会组织，公民。在我国，监督主体具有广泛性和多元性。全国人民、国家机关、政党、社会团体、社会组织、大众传媒，都是监督的主体。

（2）法律监督的客体，是指监督谁或者说谁被监督。所有国家机关、政党、社会团体、社会组织、大众媒体和公民，既是监督的主体，又是监督的客体。在我国，法律监督客体的重点，应该是国家司法机关和行政执法机关及其工作人员。

（3）法律监督的内容，包括：国家立法机关行使国家立法权和其他职权的行为；国家司法机关行使司法权的行为；国家行政机关行使国家行政权的行为；共产党依法执政和各民主党派依法参加国家政治生活和社会生活的行为；普通公民的法律行为。

## 1.2 应急管理法律体系

### 1.2.1 应急管理法制及其特征、属性

1. 应急管理法制的概念

应急管理法制，简称应急法制，是关于突发事件引起的公共紧急情况下如何处理国家

权力之间、国家权力与公民权利之间、公民权利之间的社会关系的法律规范和原则的总和。按照法学概念的通常逻辑，应急法制是一个国家或地区针对如何应对突发事件及其引起的紧急情况而制定或认可的各种法律规范和原则的总称。应急法制是一种特殊的法律现象，关系到一个国家或者地区民众的根本和长远利益，关系到公民的基本权利，是一个国家或地区在非常规状态下实行法治的基础。

2. 应急管理法制的特征

若将应急管理法制作为一个法律规范进行整体考察，在考虑其法律属性的同时兼顾其社会属性的情况下，应急管理法制具有以下基本特征。

（1）调整对象的广泛性和专门性。应急法制旨在以法律手段调整突发事件的应急处置，由于突发事件的种类和形态复杂多样，因此，应急法制的调整对象具有相当的广泛性；但无论突发事件的类别和数量如何，其基本特性相同时，应急法制的调整对象又体现出专门性。专门性解释了各种突发事件内在的共同性和外在的特殊性，是应急法制作为一类法律规范对突发事件的整体予以调控的基础和前提。

（2）调整方法的事前预防、事中应对和事后恢复相结合性。应急法制的框架是采取预防与抗衡并重的原则，将应急法制的规范与突发事件的产生、发展与变化过程相对应，进行全方位、持续性、阶段式的调整。一个完善的应急法制必须能够兼容全流程应急管理中的全部内容，才有可能将整个政府管理突发事件的过程全部纳入法治化轨道，实现应急法制的根本目标。任何一个环节的缺失或松懈都有可能降低政府应急管理的效果。

（3）调整内容的倾向性和平衡性。从应急法制的内容上看，它对法律关系的各方主体在权利义务的配置上是不均衡的，主要表现在政府权力的优先性和公民权利的受限性两个方面。这两个方面是相互对应的，表现为突发事件应急法律关系对行政主体方和行政相对方的权利义务配置的不对称，体现出对行政紧急权力的一种优先保护。这种法律保护上的倾向性并非随意而设，而是源于行政紧急权力所代表的公益性。当然，不均衡并不意味着法律维护特权和不平等，即使这种倾向性来自现实的客观需要，也必须维系在一定的合理限度之内，因为法律的精神在于实现公平，宪政的主旨在于控制公权力，保障公民权利，应急法制也不违背这一基本准绳。

3. 应急管理法制的属性

（1）应急法制是应对突发事件的途径之一。应急法制在属性上可以归于突发事件的法律解决。对于突发事件，除法律手段外，还有许多应对途径，如行政举措、经济调控、政治手段、心理干预等。应对突发事件的这些途径是相互补充、相互配合、相互促进的，而不是相互排斥、相互抵触、相互隔绝的。通常，应急法制是作为主要途径而发生作用的。

（2）应急法制是常态法制与非常态法制的结合。对于突发事件，应急法制作用于事前、事发、事中和事后的应急管理全过程。其中，对突发事件的预防、准备、监测、预警等事前管理环节的制度安排，属于常态法制；对突发事件处置、救援、恢复、重建、善后等事中与事后管理环节的制度安排，则属于非常态法制。当然，应急法制的主要属性是非常态法制，其根本目标在于实现应急管理状态下的法治。

（3）应急法制主要是一种公法制度。应急法制是一个综合性、边缘性的法律分支，其调整对象包括宪法关系、行政法律关系、民事法律关系和刑事法律关系等。但从整体上看，应急法制主要调整的是应急管理过程中国家机构之间、国家机构与公民之间的公法关系。具体包括：①调整突发事件事前管理和事后管理中行政机关与公民之间的法律关系；②调整普通突发事件处置过程中行政机关与公民之间的法律关系；③调整紧急状态下的宪法关系。因此，应急法制的调整对象主要是行政法律关系和一定条件下的宪法关系，在性质上是一种公法制度。

（4）应急法制是一系列法律规范和法律原则的总和。应急法制，是调整应急管理过程中各种社会关系的规则，这些规则的表现形式既包括具体的法律规范，也包括一系列法律的基本原则。

应急法律规范包括：①宪法中的紧急权条款；②应急管理基本法；③各种应急管理单行法；④其他法律中有关应急管理的制度和规范；⑤有关应急管理的国际条约和协定。

应急管理的基本法律原则主要包括：①法治原则；②权力优先原则；③人权保障原则；④预防与应急相结合的原则；⑤政府主导与社会动员相结合的原则；⑥比例原则；⑦信息公开原则。

### 1.2.2 我国应急管理立法情况

中华人民共和国成立后，党和国家高度重视应急管理工作。1949 年 11 月，成立了中央救灾委员会；1954 年首次规定了戒严制度。经过近四十年的发展，自 20 世纪 90 年代以来，我国在应急管理领域的立法方面取得了重大进展，应急管理法律体系逐渐形成并趋于完善，与之相配套的应急管理制度也初步建立。2003 年“非典”之后，我国开始建立以“一案三制”为核心的应急管理体系，将应急管理上升为法定行为。应急管理成为我国各级政府加强社会管理、搞好公共服务的一项基本职能和基本制度。

2007 年 8 月 30 日，第十届全国人大常委会第二十九次会议通过了《中华人民共和国突发事件应对法》(简称《突发事件应对法》)，对突发事件的管理体制、预防与应急准备、监测与预警、应急处置与救援、事后恢复与重建等方面作了全面规定。2007 年 11 月 1 日，《突发事件应对法》正式施行，这是我国第一部应对各类突发事件的综合性法律，确立了应急管理工作的法治化方向，集中体现了党和国家对应急管理工作规律性的认识，是全面推动应急管理体系建设、规范突发事件应对活动的重要法律保障，对于预防和减少突发事件的发生，控制、减轻和消除突发事件引起的严重危害，保护人民群众生命财产安全和社会和谐稳定，具有十分重要的意义。

《突发事件应对法》出台后，我国应急管理法律体系表现为以宪法为依据（含紧急状态的相关规定），以《突发事件应对法》为核心，以相关单项法律法规为配套（如《防洪法》《传染病防治法》《安全生产法》等）的特点。随后陆续颁布了一系列与应对突发事件相关的法律法规，各地方根据这些法律法规又颁布了适用于本行政区域的地方立法，如《广东省突发事件应急预案管理办法》(粤府办〔2008〕36 号)，从而初步构建了一个从中央到地方的突发事件应急管理法律规范体系。

党的十六大以来，党中央、国务院以制定修订应急预案为抓手，以建立健全应急体系为基础，以建立健全应急机制为关键，以建立健全应急法律为保障，把我国应急管理体系建设提升到了一个新的阶段。党的十八大以来，以习近平同志为核心的党中央提出了全面依法治国的新理念新思想新战略，开辟了全面依法治国理论和实践的新境界，开启了中国特色社会主义法治的新时代。党中央、国务院高度重视应急管理工作，将应急处置能力作为国家治理能力的重要组成部分。党的十八大报告提出，要加快形成源头治理、动态管理、应急处置相结合的社会管理机制。强化应急管理工作、提高应急处置能力，是预防和减少各类事故、灾害和事件造成损失的重要防护工程，是推进国家治理体系和治理能力现代化的应有之义。党的十九届四中全会提出了坚持和完善中国特色社会主义制度、推进国家治理体系和治理能力现代化的总体目标。2019 年 11 月 29 日，习近平在中央政治局第十九次集体学习时强调，充分发挥我国应急管理体系特色和优势，积极推进我国应急管理体系和能力现代化。

近年来，安全生产应急管理和自然灾害应急管理法律法规建设取得了长足进步。2018 年 12 月 5 日，国务院第 33 次常务会议通过了《生产安全事故应急条例》(国务院令　第 708 号)，自 2019 年 4 月 1 日起施行。《生产安全事故应急条例》填补了我国安全生产领域缺乏专门应急管理法规的空白。2019 年 6 月 24 日，应急管理部第 20 次部务会议审议通过了《应急管理部关于修改〈生产安全事故应急预案管理办法〉的决定》(中华人民共和国应急管理部令　第 2 号)，进一步规范和完善了生产安全事故应急预案管理工作。2019 年 4 月 23 日，修改后的《中华人民共和国消防法》颁布，自 2019 年 11 月 1 日起施行。2021 年 6 月 10 日，修改后的《中华人民共和国安全生产法》颁布，自 2021 年 9 月 1 日起施行。2024 年 1 月 24 日，《煤矿安全生产条例》(国务院令第 774 号) 颁布，自 2024 年 5 月 1 日施行。

目前，我国已制定了涵盖自然灾害、事故灾难、公共卫生事件和社会安全事件四大类突发事件应急管理法律法规 100 余部，形成了由突发事件基本法、单行法、相关法、行政法规、部门规章、地方性法规和地方政府规章及有关国际公约和协定构成的内容相对完整、覆盖面较广的应急管理法律规范体系。

### 1.2.3　我国应急管理法律体系的基本框架

中华人民共和国成立 70 余年来，党中央、国务院高度重视应急管理工作，我国应急管理“一案三制”工作取得显著成效。在应急法律建设方面，制定了《突发事件应对法》以及相关法律法规 100 余部，基本建立了以宪法为依据、以《突发事件应对法》为核心、以相关法律法规为配套的应急管理法律体系，从而使应急工作可以做到有章可循、有法可依。

我国应急管理法律制度规范体系包括的法律法规种类繁多，既可以按照法律的层级关系来梳理，也可以按照突发事件的类别来阐述。按照突发事件法律法规的层级，其构成大致为：宪法 + 基本法 + 单行法 + 相关法 + 行政法规 + 部门规章 + 地方性法规 + 地方政府规章；按照突发事件的类别，其构成为：自然灾害类 + 事故灾难类 + 公共卫生事件类 + 社会安全事件类。我国应急管理法律体系的基本框架如图 1－1 所示。

1. 我国应急管理法律体系按层级关系的构成

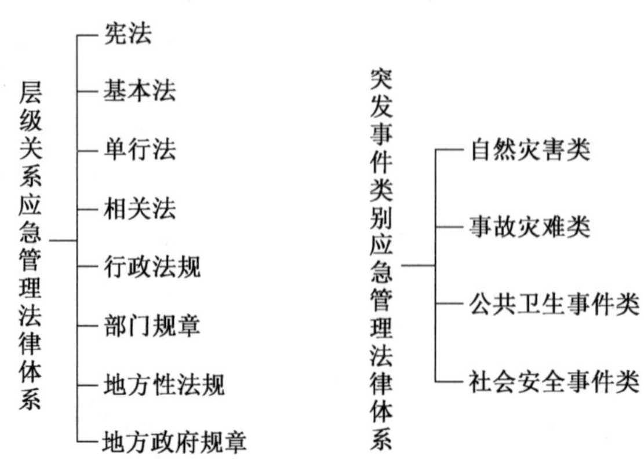


图1-1 我国应急管理法律体系基本框架

1）《中华人民共和国宪法》(简称《宪法》)

《宪法》是我国的根本大法，是制定其他法律的基础。中华人民共和国成立后，曾于1954年9月20日、1975年1月17日、1978年3月5日和1982年12月4日通过四个宪法。现行宪法为1982年宪法，并历经1988年、1993年、1999年、2004年、2018年五次修订。《宪法》中存在一些有关应急管理的内容，如第四条规定，禁止破坏民族团结和制造民族分裂的行为；第五条规定，一切违反宪法和法律的行为，必须予以追究；第十五条规定，国家依法禁止任何组织或者个人扰乱社会经济秩序等。

2）应急管理基本法——《突发事件应对法》

《突发事件应对法》的出台与实施，标志着我国规范应对各类突发事件共同行为的基本法律制度已确立，为有效实施应急管理提供了更加完备的法律依据和法治保障。

3）应急管理单行法

应急管理单行法广泛存在、数量众多，适用于某一种突发事件，属于“一事一法”模式，如《防震减灾法》《防洪法》《消防法》《传染病防治法》等。“一事一法”的基础是不同种类突发事件的性质和应对方式存在重大差异。

4）应急管理相关法

应急法制体系是一个庞大、复杂的规范体系，除了专门的应急管理法律之外，其他法律中也广泛存在着某些与应急管理相关的制度。这些制度可能是某部法律的个别章节，也可能仅是个别条款，如《刑法》《治安管理处罚法》《劳动法》《道路交通安全法》《公益事业捐赠法》等法律中都存在应急管理的相关规定。

5）应急管理行政法规

为加强应急法律建设，国务院适时颁布应急管理行政法规，如《破坏性地震应急条例》《地质灾害防治条例》《防汛条例》《生产安全事故报告和调查处理条例》《生产安全事故应急条例》《突发公共卫生事件应急条例》《企业劳动争议处理条例》等。

6）应急管理部门规章

国务院有关部门依照应急管理法律、行政法规或者国务院的授权制定发布应急管理部门规章，如《生产安全事故应急预案管理办法》《中华人民共和国传染病防治法实施办法》等。

7）应急管理地方性法规

由省、自治区、直辖市和较大的市的人民代表大会及其常务委员会，根据本行政区域的具体情况和实际需要，在不与宪法、应急管理法律和行政法规相抵触的前提下制定。应急管理地方性法规在本行政区域内有效，其效力低于宪法、法律和行政法规，如《辽宁省突发事件应对条例》《江西省突发事件应对条例》《河北省突发事件应对条例》《重庆市突发事件应对条例》等。

8）应急管理地方政府规章

由省、自治区、直辖市和较大的市的人民政府，根据应急管理法律、行政法规和本省、自治区、直辖市的地方性法规制定。应急管理地方政府规章在本行政区域内有效，其效力低于宪法、法律、行政法规和地方性法规，如《山东省人民政府关于全面加强应急管理工作的意见》《北京市生产经营单位生产安全事故应急预案演练管理办法（试行）》《陕西省生产安全事故应急预案管理工作实施意见》等。

2. 我国应急管理法制体系按突发事件类别的构成

1）自然灾害类法律法规

主要包括：《防震减灾法》《水法》《防洪法》《森林法》《防沙治沙法》《防汛条例》《军队参加抢险救灾条例》《破坏性地震应急条例》《森林防火条例》《草原防火条例》《地质灾害防治条例》《森林法实施条例》《森林病虫害防治条例》《自然保护区条例》《海洋石油勘探开发环境保护管理条例》《人工影响天气管理条例》《蓄滞洪区运用补偿暂行办法》等。

2）事故灾难类法律法规

主要包括：《建筑法》《消防法》《海上交通安全法》《环境噪声污染防治法》《环境保护法》《大气污染防治法》《水污染防治法》《固体废物污染环境防治法》《放射性污染防治法》《海洋环境保护法》《安全生产法》《生产安全事故报告和调查处理条例》《生产安全事故应急条例》《矿山安全法实施条例》《煤矿安全监察条例》《建设工程质量管理条例》《放射性同位素与射线装置安全和防护条例》《国务院关于预防煤矿生产安全事故的特别规定》《国务院关于特大安全事故行政责任追究的规定》《工伤保险条例》《劳动保障监察条例》《道路运输条例》《渔业船舶检验条例》《铁路运输安全保护条例》《建设工程安全生产管理条例》《内河交通安全管理条例》《河道管理条例》《海上交通事故调查处理条例》《电力监管条例》《电信条例》《特种设备安全监察条例》《民用核设施安全监督管理条例》《水污染防治法实施细则》《计算机信息系统安全保护条例》《防治海岸工程建设项目污染损害海洋环境管理条例》《防止拆船污染环境管理条例》《防止船舶污染海域管理条例》《农业转基因生物安全管理条例》《淮河流域水污染防治暂行条例》《危险化学品安全管理条例》《核电厂核事故应急管理条例》等。

3）公共卫生事件类法律法规

主要包括：《传染病防治法》《食品安全法》《动物防疫法》《进出境动植物检疫法》《国境卫生检疫法》《重大动物疫情应急条例》《突发公共卫生事件应急条例》《传染病防治法实施办法》《植物检疫条例》《国境卫生检疫法实施细则》等。

4）社会安全事件类法律法规

主要包括：《民族区域自治法》《人民警察法》《监狱法》《戒严法》《集会游行示威法》《中国人民银行法》《保险法》《银行业监督管理法》《预备役军官法》《专属经济区和大陆架法》《商业银行法》《证券法》《领海及毗连区法》《价格法》《农业法》《种子法》《野生动物保护法》《企业劳动争议处理条例》《殡葬管理条例》《信访条例》《行政区域边界争议处理条例》《营业性演出管理条例》《期货交易管理暂行条例》《国防交通条例》《民兵工作条例》《退伍义务兵安置条例》《粮食流通管理条例》《民用爆炸物品管理条例》《民用运力国防动员条例》《军人抚恤优待条例》《中央储备粮管理条例》《农药管理条例》《饲料和饲料添加剂管理条例》《陆生野生动物保护实施条例》《兽药管理条例》《水生野生动物保护实施条例》《民用航空安全保卫条例》等。

### 1.2.4 国外应急管理法制建设概况及对我国的启示

1. 日本突发事件应急管理法律体系

日本地处环太平洋火山地震带，是世界上灾害种类最为繁多的国家。日本在长期和灾害做斗争的过程中，积累了大量的实践经验，并不断将实践经验转化为对于民众的防灾教育以及一系列法律制度。1947 年，日本颁布了第一部应对灾害的《灾害救助法》；1961 年，以发生台风为契机，日本制定了《灾害对策基本法》，并于 1995 年进行了修正。《灾害对策基本法》是日本防灾应急体系的根本大法，该法首次将各种灾害对策加以体系化。此外，日本还制定了一些应对突发事件的单行法，如《大规模地震对策特别措施法》《建筑基准法》《地震保险法》《灾害救助慰抚金给付法》等。日本在应对危机的过程中逐渐建立并完善了其突发事件应急管理法律体系。日本突发事件应急管理法律体系的主要内容包括以下 7 种类别。

（1）地震应急类，如《灾害对策基本法》(1961)、《灾害对策基本法实施令》(1962)、《灾害对策基本法实施细则》(1962)、《大规模地震对策特别措施法》(1978)、《大规模地震对策特别措施法实施令》(1978)、《大规模地震对策特别措施法实施细则》(1979)。

（2）原子能灾害应急类，如《原子能灾害对策特别措施法》(1999)、《原子能灾害对策特别措施法实施令》(2000)、《原子能灾害对策特别措施法实施细则》(2000)。

（3）海洋污染应急类，如《关于防止海洋污染和海上火灾的法律》(1970)、《关于防止海洋污染和海上火灾的法律实施令》(1971)、《关于防止海洋污染和海上火灾的法律实施细则》(1971)。

（4）公共卫生紧急事态应对方针和预案类，如《厚生劳动省健康危机管理基本指针》(1997)、《医药品等危机管理实施要领》(1997)、《食物中毒危机管理实施要领》(1997)、《感染症健康危机管理实施要领》(1997)、《饮料水健康危机管理实施要领》(1997)、《国立医院等健康危机管理实施要领》(1997)、《国立感染症研究所健康危机管理实施要领》(1997)、《关于地方健康危机管理——地方健康危机管理指南》(1997)。

（5）急救类，如《急救业务等的条例》(1973)，《急救业务等的条例实施细则》(1973)，《东京消防厅急救业务等规程》(1992)。

（6）灾害救助类，如《灾害救助法》(1947)、《灾害救助法实施令》(1947)、《灾害救助法实施细则》(1947)、《灾害时实施应急措施人员的损害补偿条例》(1963)、《灾害时实施应急措施人员的损害补偿条例实施细则》(1963)。

(7) 原子能辐射救援类，如《原子能辐射救援法的实施细则》(1975)、《原子能辐射救援法的条例》(1975)、《原子能辐射救援法的条例实施细则》(1975)。

日本虽然没有宪法性紧急状态条款，也没有专门的紧急状态法，只在有关的单行法(如《警察法》《自卫队法》)中分散地规定了紧急状态条款，但其立法仍具值得称道之处，即日本根据突发事件的不同阶段特征，制定了与灾害预防、灾害应急、灾后重建等各阶段相关的法律，很好地体现了一阶段一法的立法模式。

从另外一个角度，日本的突发事件应急管理法律体系可分为基本法类、灾害预防和防灾规划法类、灾害应急法类、灾后重建和复兴法类、灾害管理组织法类五大类型。这种分类方式实质上是一阶段一法模式的体现。

基本法类主要是《灾害对策基本法》(1961)。

灾害预防与防灾规划类法主要是各类危机法或称灾害法，如《地陷等防止法》(1958)、《治山治水紧急措施法》(1960)、《地震保险法》(1966)、《活动火山对策特别措施法》(1973)、《石油基地等灾害防治法》(1975)、《土沙灾害防治对策法》(2000) 等。

灾害应急法类主要是《灾害救助法》(1947)，该法既适用于危机应急阶段，也适用于危机痊愈阶段，因而既属于应急法类，也属于灾后重建和复兴法类。

灾后重建和复兴法类除《灾害救助法》之外，还有《农林水产业设施灾害复旧事业费国库补助的暂定措施法》(1950)、《公共土木设施灾害重建工程费国库负担法》(1951)、《公立学校设施灾害复旧费国库负担法》(1953)、《关于应对重大灾害的特别财政援助法》(1962)、《关于拨发灾害抚恤金等的法律》(1973)、《受灾者生活重建援助法》(1998) 等。

灾害管理组织法类有《消防组织法》《警察法》《海上保安厅法》《自卫队法》《水害预防组织法》《日本红十字会法》等。

由此可见，日本不仅具有突发事件各阶段的相应立法，而且作为基本法的《灾害对策基本法》也是按“一阶段一法”模式立法的，有效地整合、协调各方资源，这使得日本在应对几类突发事件并发方面更胜一筹。

2. 美国突发事件应急管理法律体系

美国一直重视通过立法来保障政府进行有效的危机管理，1947 年通过的《国家安全法》是其在国家安全方面的一部重要法律；1950 年颁布实施《灾害救助法》与《联邦民防法》，加强了政府的减灾应急工作；1976 年美国通过《国家紧急状态法》，授权总统在必要时有权力宣布紧急状态，并对总统在宣布国家进入紧急状态后的权力作了限制；1988 年《罗伯特·斯坦福救灾与应急救助法》的通过为地方政府制定本地应急法规提供了依据，各州纷纷制定了与突发事件有关的处置法令；同时根据该法规，1992 年出台了《美国联邦紧急救助法案》，这项法案是美国应急管理权威性法律，包括了自然灾害、技术性灾害和恐怖事件等方面的应急管理规定。2004 年美国联邦政府国土安全部制定了正式的《国家应急反应计划》，进一步完善了美国联邦应急法律体系。

虽然美国宪法并没有对紧急状态作出规定，但是，由联邦国会制定的一系列突发事件应急管理法律规范较好地适应了美国联邦国家机关突发事件应急管理特别是应急活动的需要。

美国的突发事件应急管理立法大致可分为灾害应急处理、紧急状态和反恐三方面，建立了以《灾害救助和紧急状态援助法》(2000 年修订)、《国家紧急状态法》(1976) 与《国土安全法》(2002) 为核心的突发事件应急管理法律体系。

1950 年制定的《灾害救助和紧急状态援助法》是美国第一部与应对突发事件有关的法律。该法经罗伯特·斯坦福德提议制定,故又称《斯坦福德法案》，曾于 1966 年、1969 年、1970 年、1974 年、2000 年等多次修改。该法分别规定了突发事件发生时的援助程序和进入紧急状态时的援助程序。总统对“重大灾害”和“紧急状态”的宣布，目的在于协助地方政府和州政府以弥补其在应对重大灾害和紧急状态时的不足，协调地方政府、州政府和联邦政府在应对突发事件时的权力运作。根据该法第 102 条，重大灾害是指在美国的任何地方发生的任何自然灾害（包括飓风、龙卷风、风暴、高水位、风浪、海浪、海啸、地震、火山喷发、山崩、泥石流、暴风雪或干旱)，或因任何原因引起的洪水、火灾及爆炸等，需要总统根据损害的严重性和广泛性，决定启动本法重大灾害援助以补充、协助各州和地方政府及救灾组织减轻损害、损失及人民痛苦的情况。紧急状态则是指任何需要总统做出如下决定的场合和情况，即需要对州和地方政府做出的挽救生命，保护财产、公众健康和安全，或者减轻、转移灾害威胁的场合与情况。故该法实际上是一部应对各种危机的综合性法律。

除此之外，美国还有针对各类灾害的立法，如《洪水保险法》(1968)、《洪水灾害防御法》(1973)、《国家地震灾害减轻法》(1977)、《国家地震灾害减轻计划法》(1990)，《美国油污法》(1990) 等。

在应急管理法律体系中，1976 年美国国会通过的《国家紧急状态法》是影响最大的应对危机的法律，是一部统一的专门规范紧急状态的立法。该法对紧急状态的宣布程序、实施过程、终止方式、紧急状态期限以及紧急状态期间的总统权力作了详细规定。一方面，该法授权总统行使紧急状态下的权力，如总统有权宣布全国进入紧急状态；在紧急状态期间，总统可以为行使特别权力颁布一些法规。一旦紧急状态终止，这些法规将随之失效；紧急状态期间，因国家安全、社会经济生活以及外交政策的执行受到外国威胁时，总统可以对外汇进行管制，还可以对国际支付以及货币、证券和财产的转让或转移行使特别权力。另一方面，该法限制了总统紧急权力的滥用，如总统宣布紧急状态有效期最多为 2 年；总统宣布的全国紧急状态，国会可以由两院通过联合决议取消，总统不得对此决议否决，也可由总统依决议宣布终止紧急状态；总统宣布全国处于紧急状态后，每 6 个月国会需要考虑是否终止；任何全国紧急状态在宣布一年的周年日自动终止，除非在到期 90 天内总统宣布继续延长；规定总统要向国会详细说明在紧急状态时期内为采取行动而需要使用的立法权力。

《国土安全法》是美国“9 · 11”事件之后应对恐怖主义的最重要的法律。该法规定设立国土安全部，使总统拥有了更大和更广泛的权力。美国联邦部门中的 22 个机构，包括海岸警卫队、海关、边防警察、联邦紧急事务管理署、秘密勤务局、运输安全署以及移民局等都调整进入国土安全部；农业部下属的动物疾病中心、国防部的国家通信系统以及联邦调查局的国家基础建设防卫中心等单位也合并到国土安全部，全部人员超过 17 万，是一个超级大部。

除了《国土安全法》，美国应对恐怖主义的法律还包括《2001 年紧急补充拨款法》《使用军事力量授权法》(2001)、《空中运输安全和体系动员法》(2001)、《爱国者法案》(2001)、《航空运输安全法案》(2001)、《提高边境安全和完善入境签证法》(2002)、《公共卫生安全和生物恐怖威胁防止和应急法》(2002)、《恐怖主义风险保险法》(2002) 等。

总体来说，美国经过长期发展已形成了一套比较完善的应急管理法律体系，从宪法、综合性法律、各种单行法到直接规范运作机制的应急预案和计划等，门类俱全。

3. 法国突发事件应急管理立法情况

法国突发事件应急管理立法有一个显著特征：既有宪法中紧急状态的相关条款，又有统一的《紧急状态法》，这是许多国家的突发事件应急管理立法所不具备的。

1958 年 10 月 4 日，法国（第五共和国）《宪法》颁布实施。《宪法》中规定了紧急状态条款，为政府及时有效地采取各种措施提供了宪法依据。《宪法》第 16 条规定："当共和国体制、国家独立、领土完整或国际义务的履行受到严重和直接威胁时，以及依据宪法产生的公共权力机构正常行使职能被中断时，共和国总统在同总理、议会两院议长和宪法委员会主席正式磋商后，根据形势采取必要的措施，总统通咨文将所采取的措施通告全国。这些措施的目的应该是在最短期间保证《宪法》规定的公共权力机构拥有完成其任务的手段。对于这些措施的主要内容，应同宪法委员会磋商。议会自行举行会议。在行使特别权力期间，国民议会不得被解散。"

1955 年 4 月 3 日，《紧急状态法》由国民议会通过并由总统颁布实施，之后曾于 1955 年 8 月、1960 年 4 月被部分修改。该法第 1 条规定："在因公共秩序受到严重侵害而导致发生迫在眉睫的危急情况时，或发生具有严重性的社会灾难事件时，可以由部长联席会议以政令宣布法国本土、阿尔及利亚或海外省的全部或部分区域进入紧急状态。"

《紧急状态法》作为法国最主要的突发事件应急法律，主要规定了紧急状态下政府的权力和公民应承担的义务，如第 5 条规定："中央政府做出这样的决定后，省长作为国家在地方的代表，如果其所在省的全部或部分区域被宣布处于紧急状态，他将有权采取下列措施：①发布命令规定禁止人或车辆通过的区域和禁行的时间；②发布命令设立保护或者安全区域，所有在此类区域生活的人们应服从规定；③禁止任何试图以各种方式妨碍政府当局行动的人在全省或其部分区域逗留。" 第 8 条规定："在全国处于紧急状态的情况下，内政部长可以下令临时关闭国内所有的剧场、酒馆以及各种性质的集会场所。在宣布紧急状态的政令中所涉及省份的省长则可以在其所管辖的省内命令采取同样措施。"

此外，《紧急状态法》还规定了公民权利的救济途径，如第 7 条规定："被宣布软禁的人或者前面所提到的被禁止'在全省或其部分区域逗留'的人可以就此类决定向一个由省议会指定代表组成的咨询委员会提出撤销请求，还可以向行政法庭提起越权之诉。行政法庭应在起诉当月作出判决。如当事人上诉，国家行政法院须在三个月内裁决。如果行政法庭或国家行政法院未在规定的期限内裁决，则上述措施将停止实行。"

除美国、日本、法国等国外，俄罗斯突发事件应急法律体系也相当完善，其在苏联时期分别颁布了《紧急状态法律制度法》和《紧急状态法》，普京执政时期又制定了《俄罗斯联邦紧急状态法》和《俄罗斯联邦战时状态法》，这标志着俄罗斯危机管理的法律体系已经基本确立。俄罗斯以宪法和紧急状态法为基础，总共制定有 150 多部联邦法律和规章、1500 多项区域性条例，以及大量的总统令、政府令。

4. 国外应急管理法治建设经验对我国的启示

（1）法国模式。既有在宪法中规定了相关的紧急状态条款，又有统一的《紧急状态法》。中央集中部署，并由中央在地方的代表集中享有治安紧急权力，使人、财、物在危机状态下能够高效运用；充分发挥部际委员会的协调作用，使与紧急事件有关的部门能够协同配合，提高效率；专业咨询机构的智囊作用不可忽视。

（2）美国模式。虽然宪法并未明确规定紧急状态条款，但有统一的《国家紧急状态法》。对于突发事件应对的具体工作，不仅有《灾害救助和紧急状态援助法》提供法律支持，还有针对各种危机的单行法，如《洪水灾害防御法》《国家地震灾害减轻法》《国家地震灾害减轻计划法》《美国油污法》等。美国模式是分散立法模式和统一立法模式相结合的典型。

（3）日本模式。虽然没有宪法性紧急状态条款，也没有统一的紧急状态法，只在有关单行法中对紧急状态作了分散规定，但应对突发事件的各阶段都具备相应的法律，同时这些法律都在《灾害对策基本法》的框架之下，而且还有各种类型的突发事件单行法。因此，日本模式是“一事一法”模式和“一阶段一法”模式相结合的模式，是一种更科学、更先进、更合理的立法模式。

从各国的立法实践来看，美国、英国等国的紧急状态法适用范围广泛，既适用于自然灾害、人为事故、突发公共卫生事件、国内暴乱、恐怖袭击等引起的紧急状态，也适用于战争引起的紧急状态。俄罗斯、法国等国的紧急状态法则只适用于除战争状态以外由其他突发事件引起的紧急状态。总体上来说，紧急状态法适用的事件范围，已经由早期的战争、严重破坏公共秩序的社会动乱，扩展到了自然灾害、突发公共卫生事件和重大事故灾难等领域。

## 【本章重点】

1. 法的定义。广义的“法律”，常简称为“法”，是指法律的整体，既包括作为根本法的宪法，全国人民代表大会及其常委会（立法机关）制定的法律，还包括国务院制定的行政法规，国务院有关部门制定的部门规章，以及地方国家机关制定的地方性法规和地方政府规章等。狭义的“法律”，是指全国人民代表大会及其常委会（立法机关）制定的法律。

2. 法律体系。法律体系通常是指一个国家全部现行法律规范的分类组合，是由不同的法律部门所形成的有机联系的统一整体。

3. 法律效力。广义的法律效力，泛指法律的约束力；狭义的法律效力，是指法律的具体生效范围，对什么人，在什么地方和在什么时间适用的效力。

4. 法律效力的范围。法律效力的范围又称适用范围，是指法律适用于哪些地方，适用于什么人，在什么时间生效，具体细分为时间效力、空间效力和对人的效力。

5. 应急管理法制。应急管理法制简称应急法制，是关于突发事件引起的公共紧急情况下如何处理国家权力之间、国家权力与公民权利之间、公民权利之间的社会关系的法律规范和原则的总和。

6. 应急管理法制的属性。体现在四个方面：应急法制是应对突发事件的途径之一；应急法制是常态法制与非常态法制的结合；应急法制主要是一种公法制度；应急法制是一系列法律规范和法律原则的总和。

7. 我国应急管理法律体系的基本框架。按照突发事件法律法规的层级，其构成大致为：宪法 + 基本法 + 单行法 + 相关法 + 行政法规 + 部门规章 + 地方性法规 + 地方政府规章；按照突发事件的类别，其构成为：自然灾害类 + 事故灾难类 + 公共卫生事件类 + 社会安全事件类。

## 【复习思考题】

1. 简述法的本质、法的作用和法的特征。
2. 简述应急管理法制的基本特征和主要特征。
3. 简述我国应急管理法制的属性。
4. 简述我国应急管理法律体系的基本框架。
5. 简述国内外应急管理立法概况。

## 阅读材料

### 法律对应急管理的作用体现在哪些方面?

在应急管理的“一案三制”(预案、体制、机制、法制）体系中，法制相对受到忽视。对于法律在应急管理过程中到底有何作用，在以下方面存在着一定的争议，需要进一步思考。

(1) 突发事件应对是一种特殊的例外情况，必须采取很多非常措施。有了法律的制约，政府采取这些非常措施多少会感到束手束脚，不能随心所欲地随机应变。那么，法律在应急管理过程中到底起的是积极作用，还是消极作用?

(2) 应急法的首要任务到底是什么？是服务于应急，还是服务于法治？应急和法治两个目标应当如何统一起来?

(3) 突发事件应对要求反应灵敏，然而应对过程瞬息万变，那么应急管理领域的法律法规条文是不是应该原则、抽象一些，宜粗不宜细，给有关部门的随机应变留下空间?

(4) 应急管理领域的很多制度，是不是没有必要上升到法律、法规的层次，依靠政策、应急预案就可以满足需要?

# 2 中华人民共和国突发事件应对法

2007 年 8 月 30 日，第十届全国人大常委会第二十九次会议通过了《中华人民共和国突发事件应对法》（简称《突发事件应对法》），自 2007 年 11 月 1 日起施行。《突发事件应对法》的公布施行，是我国法治建设的一件大事，标志着突发事件应对工作全面纳入法治化轨道，也标志着依法行政进入更广阔的领域，对于提高全社会应对突发事件的能力，及时有效地控制、减轻和消除突发事件引起的严重社会危害，保护人民生命财产安全，维护国家安全、公共安全和环境安全，构建社会主义和谐社会，都具有重要意义。

2024 年 6 月 28 日第十四届全国人民代表大会常务委员会第十次会议修订通过《突发事件应对法》，自 2024 年 11 月 1 日起施行。《突发事件应对法》包括总则、管理与指挥体制、预防与应急准备、监测与预警、应急处置与救援、事后恢复与重建、法律责任和附则，共 8 章 106 条。本章从《突发事件应对法》的立法背景、立法思路、立法目的、调整范围、法律地位以及主要法律制度等方面进行介绍，涵盖了《突发事件应对法》的核心内容。

## 2.1 立法背景及思路

### 2.1.1 立法背景

《突发事件应对法》是在党和国家推动科学发展、构建和谐社会的大背景下出台的。该法的出台深刻地反映了时代的发展要求和人民群众的愿望，主要表现在以下方面。

*1. 有效预防和及时应对各类突发事件已经成为治国理政的一项重要任务*

现代社会是一个高风险的社会。我国是一个自然灾害、公共卫生事件、事故灾难等突发事件较多的国家。2000 年以来，我国突发事件频发，表现为损失大、影响广、社会关注程度高等特点，在处理和应对此类突发事件的过程中形成了迫切的法律需求。以 2003 年为例，我国因生产安全事故死亡 13.7 万人，直接经济损失 2500 亿元，各种自然灾害损失 1500 亿元，卫生和传染病突发事件损失 500 亿元。

现代社会中的突发事件，有着 3 个明显的特点。一是损失大。突发事件往往不仅造成财产损失，还造成人身损失；不仅造成当前损失，还造成长远损失。二是影响广。突发事件不仅会造成经济影响，还会产生社会影响、政治影响。三是社会关注程度高。随着社会的发展和进步，人民对生命的珍爱、对财产的关注、对行为的预期、对秩序的渴望，比以往任何时候都要高，从而对政府如何应对突发事件的关注程度相应地也更高。纵观世界历史，因为突发事件导致政权更迭的不乏先例。因此，能否有效预防和处置突发事件，直接考验着政府执政能力和应急管理能力，成为检验社会是否成熟的标志，成为检验政府能否取信于民、是否对人民负责的试金石。

2. 应对突发事件需要从依靠经验向依靠法治转变

SARS 危机初期信息不畅、协调不灵的情形表明，一事一办或者临机处置的经验型、应付型办法，已经不能适应处理当代危机事件的实际需要。应对突发事件不能仅仅依靠经验，更重要的应当依靠法治，这是我国在处置各类突发事件的实践中总结出来的经验和教训。事实证明，仅仅依靠经验和管理者的个人能力，不足以达到预防突发事件发生、控制突发事件危害的目的。现代社会应对突发事件有着自身规律，概括而言，就是要居安思危、有备无患，快速判断、果断处置，整合资源、协同应对。

为适应这种规律，就要求我们在工作中实现 3 个转变：一是由单一常态管理向常态管理与应急管理相结合转变，在管理理念上做到居安思危，在工作布局上做到有备无患；二是由自发应对向自觉应对转变，在应对思维上做到有勇与有谋相结合，在应对方式上做到个人经验与规律认识相结合；三是由个别理性向集体理性转变，以实现应对行动上的广泛参与与步调一致的统一、集中指挥与广集民智的统一。

这 3 个转变的根本点在于突发事件的应对要实现由个别调整向规范调整的转变，以减少突发事件应对工作中的随意性和无预期，增强趋利避害、化险为夷、转危为安的能力，牢牢掌握应对突发事件的主动权。

3. 现行应急管理体制、机制和制度亟待进一步补充和完善

总结我国在应对突发事件中的经验和教训可以看出，在应对突发事件的过程中，原有的应对体系、应急管理体制、机制和制度暴露出不适应性和弊端，主要表现如下。

（1）应对突发事件的责任不够明确，统一协调、灵敏应对突发事件的体制尚未形成。在应对突发事件中，哪些是政府的责任，哪些是社会的责任，界限不清楚。一旦出现问题相互推责、多头指挥，甚至互相埋怨的情况还较为普遍。

（2）一些行政机关应对突发事件的能力不够、危机意识不够强。同时，依法可以采取的应急处置措施也不够充分、有力。

（3）突发事件的预防与应急准备、监测与预警、应急处置与救援等制度、机制不够完善，导致一些能够预防的突发事件未能得到有效预防，一些可以减少损失的突发事件未能得到有效控制和减少。

（4）社会广泛参与应对工作的机制还不够健全，公众危机意识有待提高，自救与互救能力不强。

世界上有一些国家，各类突发事件尤其是自然灾害也不少，但是造成很大损失，尤其是重大人员伤亡的情况却不多。之所以能够做到这一点，最重要的就是这些国家有着相对完备和成熟的应急管理体制、机制和制度。因此，要解决这些问题，最重要的就是通过应

急管理的基本法律建立健全应急管理体制、机制和制度。

4. 实施依法治国方略要求突发事件应对工作做到权力有规、行为有序

突发事件应对，尤其是应急处置，往往需要行政主导，以提高处置效率，减轻危害。这就需要赋予行政机关较大的权力；同时，需要适度地限制公民的权利。但是这种权力往往具有两面性，运用不当就会损害老百姓的合法权益。因此，无论是行政紧急权力的取得和运作，还是对公民权利的限制或者增加公民义务，都需要依法而行、按章办事。近年来，人民群众的法律意识、权利意识日益提高，这在我国是一个历史性进步。突发事件应对工作应当顺应这种历史的潮流。胡锦涛同志曾说，越是情况紧急，越要依法办事，就是这个道理。截止到2007年，国家相继出台了单行法律和行政法规60多部，部门规章50多项，有关文件110多件；一些地方也出台了相关地方性法规和规章。这些法律、法规和规章在实践中发挥了重要作用。为了更好地深化对突发事件应对规律的认识，提高应对工作的能力和水平，需要在总结实践经验教训的基础上，制定一部规范应对各类突发事件共同行为的法律，从而做到权力有规、行为有序。

### 2.1.2 立法思路

《突发事件应对法》的总体立法思路如下。

1. 把突发事件的预防和应急准备放在优先的位置

预防和应急准备，是应对突发事件的基础。一般而言，国家对社会的管理有两种：一种是常态管理，一种是非常态管理（危机管理）。相对而言，人类对常态管理具有较多的经验，形成了许多行之有效的制度和办法；而对危机管理，无论是从认识上，还是从制度上都还有一定差距。实际上，从管理的对象看，危机管理要比常态管理复杂得多、困难得多。从社会学角度看，人们的生性特点是适应常态的，而对非常态的环境和不可预测的发展，往往心理紧张，内心焦躁不安，呈现一种不理性的内心和行为。其中最重要的就是对预防和应急准备重视不够，做得不实。

把突发事件的预防和应急准备放在优先的位置，反映了对突发事件应对工作认识的深化，符合有关应急法律制度或者危机处理法律制度的基本规律。突发事件应对的制度设计，重点不在突发事件发生后的应急处置，而在从制度上保证应对工作关口能够前移至预防、准备、监测、预警等，力求做好突发事件预防工作，及时消除危险因素，避免突发事件的发生；当无法避免的突发事件发生后，也应当首先依法采取应急措施予以处置，及时控制事件发展，防止其演变为特别严重事件，防止人员大量伤亡、财产大量损失。

为了改变我国“有钱救灾，无钱防灾”“有钱买棺材，没有钱买药”的传统观念和做法，《突发事件应对法》把预防和应急准备放在优先位置，其规定有30余条，约占全部条文的三分之一。主要从如下几个方面做了规定：一是国家建立重大突发事件风险评估体系，对可能发生的突发事件进行综合性评估和针对性地采取有效防范措施；二是建立处置突发事件的组织体系和应急预案体系，为有效应对突发事件作组织和制度准备；三是建立突发事件监测网络、预警机制和信息收集与报告制度，以最大限度减少人员伤亡、减轻财产损失；四是建立应急救援物资、设备、设施的储备制度和经费保障制度，建立健全应急运输保障体系、能源应急保障体系、突发事件卫生体系和应急避难场所标准体系，为有效

处置突发事件提供物资、经费、运输、能源、卫生和避难场所保障；五是建立社会公众学习安全常识和参加应急演练的制度，为应对突发事件提供良好的社会基础；六是建立由综合性应急救援队伍、专业性应急救援队伍、单位专职或者兼职应急救援队伍、武装部队组成的应急救援队伍以及社会力量组成的应急救援队伍体系，为做好应急救援工作提供可靠的人员保障。

2. 始终把人民群众的生命财产安全放在第一位，对公民权利依法予以限制和保护相统一

在应急处置期间，为了维护公共利益和社会秩序，需要对公民个人的某些权利加以限制，或者增加公民的义务。但是，这种限制应当有一个“度”，以保护公民的权利。因此，《突发事件应对法》确立了比例原则，如规定了公民的财产被征用后有获得补偿的权利，预警期间的措施主要是防范性、保护性措施、特殊群体给予特殊、优先保护等。

3. 坚持有效控制危机和最小代价原则，把维护国家安全、公共安全、生态环境安全和社会秩序作为应对突发事件最重要的价值取向之一

突发事件严重威胁、危害社会的整体利益。任何关于应急管理的制度设计都应当将有效地控制、消除突发事件作为基本的出发点，以有利于控制和消除面临的现实威胁。因此，《突发事件应对法》在立法思路上必须坚持效率优先，根据我国国情授予行政机关充分的权力，以有效整合各种社会资源，协调指挥各种社会力量，确保突发事件最大限度地得以控制和消除，做到效率优先。

同时，《突发事件应对法》必须坚持最小代价原则。控制突发事件不可能不付出代价，但必须最大限度地降低代价。具体要求是：①在保障人的生命健康优先权的前提下，必须把对自由权、财产权的损害控制在最低限度；②坚持常态措施用尽原则，即只有在常态措施不足以处理问题时，才启用应急处置措施；③把对正常的生产、工作、学习和生活秩序的影响控制在最小范围，严格控制应急处置措施的适用对象和范围。为此，需要规定行政权力行使的规则和程序，以便将克服危机的代价降到最低限度。必须强调，缺乏权力行使规则的授权，会给授权本身带来巨大的风险。在制度上，决不允许为了克服危机不择手段，否则后果、危害会更加严重。因此，《突发事件应对法》规定，“突发事件应对措施应当与突发事件可能造成的社会危害的性质、程度和范围相适应；有多种措施可供选择的，应当选择有利于最大程度地保护公民、法人和其他组织权益，且对他人权益损害和生态环境影响较小的措施，并根据情况变化及时调整，做到科学、精准、有效”，以将应对突发事件的代价降到最低限度。

4. 国家建立统一指挥、专常兼备、反应灵敏、上下联动的应急管理体制和综合协调、分类管理、分级负责、属地管理为主的工作体系

实行统一的领导体制，整合各种力量，是确保突发事件处置工作提高效率的根本举措。美、日、俄、英、意、加等国家相继整合各方面力量，建立了以政府主要负责人为首的突发事件应对机构，并在各级政府设立专门部门或者在政府办公厅设立专门办事机构，具体负责突发事件处置工作的综合协调，提供统一的信息和指挥平台。借鉴这些国家的经验，并根据我国的具体国情，《突发事件应对法》规定，国家建立统一指挥、专常兼备、反应灵敏、上下联动的应急管理体制和综合协调、分类管理、分级负责、属地管理为主的

工作体系。

所谓统一指挥，是指在各级党委领导下，在中央，国务院是突发事件应急管理工作的最高行政领导机关，指挥全国总体突发事件应急管理工作；在地方，地方各级政府是本地区应急管理工作的行政领导机关，指挥本行政区域各类突发事件应急管理工作，是负责此项工作的责任主体。在突发事件应对中，领导权主要表现为以相应责任为前提的指挥权、协调权。

所谓专常兼备，是指应对突发事件要兼具常备性和专门性的部门或队伍配置，确保在突发事件发生时，既有专业的应急队伍和机构进行针对性处置，又有常备的应急力量和资源进行快速响应和支援。这种“专”和“常”的结合，构成了应急管理体系的重要基础。

所谓反应灵敏，是指突发事件发生后，有关部门和应急救援队伍能够迅速、准确、协调地做出反应的能力。各级人民政府和有关部门根据应急预案的规定，在各自职责范围内启动应急响应程序，迅速调集应急资源和力量，采取有效措施控制事态发展。同时，建立健全突发事件信息报告和通报制度，确保信息的及时、准确传递，有助于各级政府和有关部门及时掌握突发事件动态，迅速作出判断和决策。

所谓上下联动，是指突发事件应对过程中，上级政府与下级政府、政府与相关部门、政府与社会各界之间通过信息共享、资源调配、协同作战等方式，形成合力共同应对突发事件的工作机制。通过上下联动，可以整合各方力量和资源，形成优势互补，增强突发事件整体应对能力。

所谓综合协调，有两层含义：一是政府对所属各有关部门、上级政府对下级各有关政府、政府与社会各有关组织、团体的协调；二是各级政府突发事件应急管理工作的办事机构进行的日常协调。综合协调的本质和取向是在分工负责的基础上，强化统一指挥、协同联动，以减少运行环节、降低行政成本，提高快速反应能力。

所谓分类管理，是指按照自然灾害、事故灾难、公共卫生事件和社会安全事件四类突发事件的不同特性实施应急管理，具体包括：根据不同类型的突发事件，确定管理规则，明确分级标准，开展预防和应急准备、监测与预警、应急处置与救援、事后恢复与重建等应对活动。此外，由于突发事件往往由一个或者几个相关部门牵头负责，因此分类管理实际上就是分类负责，以充分发挥诸如防汛抗旱、核应急、防震减灾、反恐等指挥机构及其办公室在相关领域应对突发事件中的作用。

所谓分级负责，主要是根据突发事件的影响范围和突发事件级别的不同，确定突发事件应对工作由不同层级的政府负责。一般来说，一般和较大的自然灾害、事故灾难、公共卫生事件的应急处置工作分别由发生地县级和设区的市级人民政府统一领导；重大和特别重大的突发事件，由省级人民政府统一领导，其中影响全国、跨省级行政区域或者超出省级人民政府处置能力的特别重大的突发事件应对工作，由国务院统一领导。社会安全事件由于其特殊性，原则上也是由发生地的县级人民政府组织处置，但必要时上级人民政府可以直接处置。需要指出的是，履行统一领导职责的地方人民政府不能消除或者有效控制突发事件引起的严重社会危害的，应当及时向上一级人民政府报告，请求支持。接到下级人民政府的报告后，上级人民政府应当根据实际情况对下级人民政府提供人力、财力支持和技术指导，必要时可以启用储备的应急救援物资、生活必需品和应急处置装备；有关突发事件升级的，应当由相应的上级人民政府统一领导应急处置工作。

所谓属地管理为主，主要有两种含义：一是突发事件应急处置工作原则上由地方负责，即由突发事件发生地的县级以上地方人民政府负责；二是法律、行政法规规定由国务院有关部门对特定突发事件的应对工作负责的，就应当由国务院有关部门管理为主。比如，《中国人民银行法》规定，商业银行已经或者可能发生信用危机，严重影响存款人的利益时，由中国人民银行对该银行实行接管，采取必要措施，以保护存款人利益，恢复商业银行正常经营能力。再比如，《核电厂核事故应急管理条例》规定，全国的核事故应急管理工作由国务院指定的部门负责。

5. 坚持公开透明原则

《突发事件应对法》规定："国务院建立全国统一的突发事件信息系统"；"向社会公布反映突发事件信息的渠道，加强对突发事件发生、发展情况的监测、预报和预警工作"；"定时向社会发布与公众有关的突发事件预测信息和分析评估结果，并对相关信息的报道工作进行管理"；"及时按照有关规定向社会发布可能受到突发事件危害的警告，宣传避免、减轻危害的常识，公布咨询电话或者求助电话等联络方式和渠道"；等等。

## 2.2 立法目的及调整范围

### 2.2.1 立法目的

《突发事件应对法》把预防和减少突发事件的发生，控制、减轻和消除突发事件引起的严重社会危害作为立法的重要目的和出发点，通过规范突发事件应对活动，确立突发事件的预防与应急准备、监测与预警、应急处置与救援等方面的机制和制度，最大限度地控制突发事件的发生和危害的扩大，从而保护人民生命财产安全，维护国家安全、公共安全、生态环境安全和社会秩序。

突发事件应急管理是一项内容庞杂、情况多变，涉及各方面利益又需要各方面参与，理论性和实践性都很强的工作，必须在法律上对这项工作的各个方面、各个环节进行严格规范。据统计，在《突发事件应对法》出台前，全国已经制定涉及突发事件应对的法律35部、行政法规37部、部门规章55项，而制定和实施《突发事件应对法》，是国务院进一步加强应急管理法治建设的又一重要举措，使我国基本形成了以《突发事件应对法》为核心，以相关法律、法规和规章为基础，门类齐全、覆盖面广的应急管理法律体系。《突发事件应对法》的重要作用主要体现在以下几个方面。

（1）《突发事件应对法》是我国应急管理长期实践的高度总结。《突发事件应对法》提炼了应急管理实践创新和理论创新的最新成果，很好地贯彻了科学发展观和安全发展理念的基本内涵和根本要求。

（2）《突发事件应对法》确立了我国应急管理的基本制度。《突发事件应对法》从法律层面明确了我国统一指挥、专常兼备、反应灵敏、上下联动的应急管理体制和综合协调、分类管理、分级负责、属地管理为主的工作体系，以制度的形式建立了预防与应急准备、监测与预警、应急处置与救援等方面的机制，促进了党委领导下的行政领导责任制的进一步落实，从而在法律上确立了应急管理工作的基本制度。

（3）《突发事件应对法》是规范各方应对突发事件行为的基本法律。《突发事件应对法》既明确了政府在应急管理工作中的主体地位和作用，也规定了社会、公民参与突发事件应对活动的责任、权利和义务，形成了政府主导、社会支持、公众参与的应急管理工作基本格局。

（4）《突发事件应对法》是推动应急体系建设的强大动力。《突发事件应对法》对应急救援队伍、应急基础设施、物资储备、科技保障能力等应急体系建设工作作出了明确规定，必将有力地推动各级人民政府应急体系建设。

### 2.2.2 调整范围

《突发事件应对法》第二条规定，本法所称突发事件，是指突然发生，造成或者可能造成严重社会危害，需要采取应急处置措施予以应对的自然灾害、事故灾难、公共卫生事件和社会安全事件。突发事件的预防与应急准备、监测与预警、应急处置与救援、事后恢复与重建等应对活动，适用本法。这意味着，《突发事件应对法》的调整范围，从突发事件应对过程看，首先，要设法预防和减少突发事件发生；其次，当无法避免的突发事件发生后，政府应当采取应急措施予以处置，以控制事态发展和危害扩大，防止其演变为需要实行紧急状态予以处置的特别严重的事件。在发生特别严重突发事件、采取一般应急措施未能有效控制和消除其严重危害时，就要依法宣布进入紧急状态，采取更为严格的应急措施以控制事态发展。具体而言，《突发事件应对法》的调整范围如下。

（1）解决我国在突发事件应对活动中存在的突出问题，是当前法治建设的一项紧迫任务。通过对各类突发事件的应对行为加以规范，明确应对工作的体制、机制、制度，以提高全社会应对各类突发事件的能力。

（2）突发事件的发生、演变一般都有一个过程。对突发事件的预防与应急准备、监测与预警、应急处置与救援等做出规定，有利于从制度上预防突发事件的发生，或者防止一般突发事件演变为需要实行紧急状态予以处置的特别严重事件，减少突发事件造成的损害。这与宪法确定的紧急状态制度精神是一致的。

（3）宪法规定的紧急状态和戒严法规定的戒严都是应对最高程度的社会危害和威胁时采取的特别手段，实践中很少使用。即使出现需要实行紧急状态的情况，也完全可以根据宪法、戒严法等法律做出决定。《突发事件应对法》第一百零三条规定，发生特别重大突发事件，对人民生命财产安全、国家安全、公共安全、生态环境安全或者社会秩序构成重大威胁，采取本法和其他有关法律、法规、规章规定的应急处置措施不能消除或者有效控制、减轻其严重社会危害，需要进入紧急状态的，由全国人民代表大会常务委员会或者国务院依照宪法和其他有关法律规定的权限和程序决定。

紧急状态期间采取的非常措施，依照有关法律规定执行或者由全国人民代表大会常务委员会另行规定。

## 2.3 法律地位及基本特点

### 2.3.1 法律地位

《突发事件应对法》共8章106条，内容包括5个层次。第一个层次是管理与指挥体制，规定了国家建立统一指挥、专常兼备、反应灵敏、上下联动的应急管理体制和综合协调、分类管理、分级负责、属地管理为主的工作体系等内容。第二个层次是预防与应急准备，规定了国家突发事件总体应急预案、专项应急预案、部门应急预案和地方各级人民政府突发事件应急预案、有关部门应急预案及高危行业企业具体应急预案共6个层次的应急预案体系，在制定应急预案的同时，还要加强预防，提供保障，如第三十八条到第五十七条规定的保障措施。第三个层次是监测与预警。第五十八条规定了自然灾害、事故灾难和公共卫生事件三种突发事件的预警制度，第六十九条规定了社会安全事件的预警制度。第四个层次是突发事件发生时的应急处置与救援。第七十三条规定了自然灾害、事故灾难和公共卫生事件三种突发事件的应急处置措施，第七十四条规定了社会安全事件发生时的专门措施，第七十五条规定了政府采取措施的条件。第五个层次是事后恢复与重建。该阶段应急措施停止执行，但要采取后续防范措施，防止继发性影响，最后将对应工作形成材料归档。

《突发事件应对法》是适用于应对各类普通突发事件全过程的应急管理基本法，为我国应对各种突发事件提供了相对完整、统一的制度框架。《突发事件应对法》之所以被称为应急管理基本法，原因如下。

（1）《突发事件应对法》调整对象覆盖了全部或多数突发事件。

（2）《突发事件应对法》调整范围贯穿应对这些突发事件的全部或多数阶段。

（3）在法律适用上，居于一般法的地位，在适用顺序上次于各种单行的应急法律。

《突发事件应对法》属于行政应急法律的范畴，与一般行政法的区别在于常态与非常态管理。在整个法律体系中，《突发事件应对法》可以说是一部“兜底”性的应急管理法，主要体现在《突发事件应对法》与单项应急法的关系上。我国已有诸多涉及突发事件的法律法规，如《防洪法》《防震减灾法》《传染病防治法》《核电厂核设施应急救援条例》《公共卫生事件应急条例》等。当出现相关突发事件时，应当首先应用单项立法规定的措施，如果单项立法规定的措施不能克服危机，再考虑使用《突发事件应对法》规定的措施。《突发事件应对法》同时也是一部应急管理的“龙头”法。突发事件会引起一系列社会问题，需要及时动用各类行政应急资源。为了正确运用应急能力，法律必须规定应急管理的一般原则和程序，各种应急措施也应当有一些共同性原则。这些都是《突发事件应对法》要规定的事项。总之，《突发事件应对法》不可能穷尽所有应急法律问题，但是它应当规定基本的应急管理法律规则和法律程序。

### 2.3.2 基本特点

《突发事件应对法》体现了依靠党的领导、依靠法制、依靠群众、依靠科技、不断创新做好应急管理工作的基本经验，促使各地区、各部门提高依法行政、按规律办事的自觉性。具体而言，其特点主要表现为以下几个方面。

1. 坚持中国共产党领导，坚持常态管理与非常态管理的统一

《突发事件应对法》全面把握新时期新阶段应急管理工作的历史任务，确立了居安思危、预防为主的方针和预防与处置并重、常态与非常态相结合的原则。突发事件应对工作坚持中国共产党的领导，坚持以马克思列宁主义、毛泽东思想、邓小平理论、“三个代表”重要思想、科学发展观、习近平新时代中国特色社会主义思想为指导，建立健全集中统一、高效权威的中国特色突发事件应对工作领导体制，完善党委领导、政府负责、部门联动、军地联合、社会协同、公众参与、科技支撑、法治保障的治理体系。

全面建设小康社会必须牢固树立和深入落实科学发展观，实现经济社会全面协调可持续发展；必须全面履行政府职能，既要抓好经济调节和市场监管，又要加强社会管理和公共服务；既要搞好常态管理，更要加强非常态下的应急管理。我国正处在改革发展的关键时期，妥善应对各种风险和危机尤为重要。《突发事件应对法》的基础性体现在：站在提高党的执政能力、建设人民满意政府的高度，坚持把常态管理与非常态管理统一于政府工作的各个方面，并坚持把加强应急管理贯穿于实现科学发展、安全发展、和谐发展、高质量发展的全过程。

2. 深入探索突发事件的内在规律，掌握应急处置的主动权

突发事件是有规律可循、有办法应对的。应急管理大量经验教训表明，对于错综复杂的突发事件，要用系统的、综合的、辩证的办法，快速判断、把握先机、果断处理；要把分散的力量迅速集中起来，统一指挥、形成合力；要坚持预防为主、把预防和处置有机结合起来，尽可能降低突发事件风险；同时做好充分的应急准备。以此为前提，《突发事件应对法》在总结各地、各部门应对各类突发事件经验和做法的基础上，进一步深化对各类突发事件规律性的认识，促使各地、各部门不断探索和认知客观规律，提高应对复杂局面、处理复杂问题的能力和水平，增强趋利避害、化险为夷、转危为安的能力，牢牢掌握应对突发事件的主动权。

3. 以制度建设为根本，建立健全依法应对突发事件的长效机制

应急管理的效能来源于科学完备的制度保障。具体的经验做法和规律性认识，需要通过制度建设予以规范和升华，更好地指导实际工作。我国在深入总结群众实践经验的基础上，制定了各级各类应急预案，形成了应急管理体制、机制，并且最终上升为一系列法律、法规和规章，使突发事件应对工作基本上做到有章可循、有法可依。《突发事件应对法》的实施，进一步推动了应对突发事件的长效机制的建设，本质上就是要不断推进以“一案三制”为核心内容的应急管理体系建设。

4. 强化基层、夯实基础，充分依靠人民群众

预防突发事件的关键在基层，处置突发事件的第一现场也在基层。基层的应急能力，是应急管理的基础。抓好基层基础工作，对于最大限度地减少和消除不安全、不和谐因素，最大限度地降低突发事件造成的损失，具有决定性意义。结合各地、各部门的工作实际，《突发事件应对法》体现了把强化基层、夯实基础作为应急管理的重中之重，坚持一切为了群众、一切依靠群众，坚持发挥政治优势、组织优势的应急管理理念，充分利用现

有的群众自防自治、社区群防群治、部门联防联治、相关单位协防协治的网络体系，广泛宣传动员群众，积极整合社会资源。

《突发事件应对法》的一个显著特点，就是鼓励社会组织、企事业单位及个人广泛和深入地参与，规定了各类主体在突发事件的预防与应急准备、监测与预警、应急处置与救援、事后恢复与重建等各个不同阶段的权利与义务。

1）预防与应急准备

参与主体：居民委员会、村民委员会、企事业单位、学校与科研机构、公民（青年志愿者）。

权利与义务：建立健全安全管理制度，制定应急预案，普及应急知识与应急演练，研发新的技术、工具和设备。

第三十五条规定，所有单位应当建立健全安全管理制度，定期开展危险源辨识评估，制定安全防范措施；定期检查本单位各项安全防范措施的落实情况，及时消除事故隐患；掌握并及时处理本单位存在的可能引发社会安全事件的问题，防止矛盾激化和事态扩大；对本单位可能发生的突发事件和采取安全防范措施的情况，应当按照规定及时向所在地人民政府或者有关部门报告。

第三十六条规定，矿山、金属冶炼、建筑施工单位和易燃易爆物品、危险化学品、放射性物品等危险物品的生产、经营、运输、储存、使用单位，应当制定具体应急预案，配备必要的应急救援器材、设备和物资，并对生产经营场所、有危险物品的建筑物、构筑物及周边环境开展隐患排查，及时采取措施管控风险和消除隐患，防止发生突发事件。

第四十二条规定，县级以上人民政府应当将突发事件应对工作纳入国民经济和社会发展规划。县级以上人民政府有关部门应当制定突发事件应急体系建设规划。

第四十三条规定，各级各类学校应当把应急教育纳入教育教学计划，对学生及教职工开展应急知识教育和应急演练，培养安全意识，提高自救与互救能力。

教育主管部门应当对学校开展应急教育进行指导和监督，应急管理等部门应当给予支持。

第五十六条规定，国家加强应急管理基础科学、重点行业领域关键核心技术的研究，加强互联网、云计算、大数据、人工智能等现代技术手段在突发事件应对工作中的应用，鼓励、扶持有条件的教学科研机构、企业培养应急管理人才和科技人才，研发、推广新技术、新材料、新设备和新工具，提高突发事件应对能力。

2）监测与预警

参与主体：居民委员会、村民委员会、企事业单位、公民个人、专家学者、专业机构工作人员。

权利与义务：建立专职或兼职信息报告员制度，向政府报告突发事件信息，对突发事件信息进行评估与分析，预测发生的可能性及级别。

第六十条规定，县级以上人民政府及其有关部门、专业机构应当通过多种途径收集突发事件信息。

县级人民政府应当在居民委员会、村民委员会和有关单位建立专职或者兼职信息报告员制度。

公民、法人或者其他组织发现发生突发事件，或者发现可能发生突发事件的异常情况，应当立即向所在地人民政府、有关主管部门或者指定的专业机构报告。接到报告的单位应当按照规定立即核实处理，对于不属于其职责的，应当立即移送相关单位核实处理。

第六十一条规定，地方各级人民政府应当按照国家有关规定向上级人民政府报送突发事件信息。县级以上人民政府有关主管部门应当向本级人民政府相关部门通报突发事件信息，并报告上级人民政府主管部门。专业机构、监测网点和信息报告员应当及时向所在地人民政府及其有关主管部门报告突发事件信息。

有关单位和人员报送、报告突发事件信息，应当做到及时、客观、真实，不得迟报、谎报、瞒报、漏报，不得授意他人迟报、谎报、瞒报，不得阻碍他人报告。

第六十二条规定，县级以上地方人民政府应当及时汇总分析突发事件隐患和监测信息，必要时组织相关部门、专业技术人员、专家学者进行会商，对发生突发事件的可能性及其可能造成的影响进行评估；认为可能发生重大或者特别重大突发事件的，应当立即向上级人民政府报告，并向上级人民政府有关部门、当地驻军和可能受到危害的毗邻或者相关地区的人民政府通报，及时采取预防措施。

3）应急处置与救援

参与主体：居民委员会、村民委员会、企事业单位、公民个人。

权利与义务：宣传动员，组织群众开展自救和互救，协助维护社会秩序，疏散、撤离、安置受到威胁的人员，控制危险源；服从及配合政府的应急措施。

第七十七条规定，突发事件发生地的居民委员会、村民委员会和其他组织应当按照当地人民政府的决定、命令，进行宣传动员，组织群众开展自救与互救，协助维护社会秩序；情况紧急的，应当立即组织群众开展自救与互救等先期处置工作。

第七十九条规定，突发事件发生地的个人应当依法服从人民政府、居民委员会、村民委员会或者所属单位的指挥和安排，配合人民政府采取的应急处置措施，积极参加应急救援工作，协助维护社会秩序。

4）恢复与重建

参与主体：公民个人。

权利与义务：参加现场恢复，协助维护社会秩序。

第八十九条规定，国务院根据受突发事件影响地区遭受损失的情况，制定扶持该地区有关行业发展的优惠政策。

受突发事件影响地区的人民政府应当根据本地区遭受的损失和采取应急处置措施的情况，制定救助、补偿、抚慰、抚恤、安置等善后工作计划并组织实施，妥善解决因处置突发事件引发的矛盾纠纷。

第九十条规定，公民参加应急救援工作或者协助维护社会秩序期间，其所在单位应当保证其工资待遇和福利不变，并可以按照规定给予相应补助。

第九十一条规定，县级以上人民政府对在应急救援工作中伤亡的人员依法落实工伤待遇、抚恤或者其他保障政策，并组织做好应急救援工作中致病人员的医疗救治工作。

5）以改革创新精神，深入推进应急管理工作

中国特色的应急管理工作是改革创新的工作，建立中国特色的应急管理体系促使应急

工作从思想观念、体制机制、方式方法等各个方面都发生了深刻变化，实现由传统应急模式向现代应急管理模式的转变。《突发事件应对法》的制定与实施就是体现这一重要转变的典型，体现了一切从实际出发、尊重客观规律、尊重基层和群众的首创精神。

## 2.4 应急管理主要制度

针对传统的“事后型”应急管理机制的诸多弊端，《突发事件应对法》规定了“循环型”不断深化的应急管理机制，即根据突发事件的发展周期来配置各类应急主体的职责和职权，使得各类应急主体的职权和职责能够覆盖到突发事件的发生、发展直至消灭的整个过程。《突发事件应对法》对各类应急主体在突发事件发生与发展的不同阶段的职权和职责作了详细规定，具体见表 2－1。

表 2－1 “循环型”应急管理机制的目标和职责

| 生命周期 | 目 标 描 述 | 职权与职责实例 |
|---|---|---|
| 预防与准备 | 避免和减少突发事件发生的诱因，在人力、物力等方面作好准备，提高应对突发事件的能力 | 制定应急预案与应急规划（第二十六条）<br>建立健全应急保障体系（第三十三条）<br>建设和培训应急救援人员（第三十九条）<br>普及应急知识与应急演练（第四十二条） |
| 监测与预警 | 对潜在的突发事件进行监测，将突发事件消灭于萌芽状态；及时评估应急信息，保障公民知情权；采取相应措施，控制突发事件的蔓延和发展 | 建立健全监测制度（第五十八条）<br>建立监测网络与信息数据库（第五十九条）<br>建立突发事件信息报告制度（第六十条）<br>建立健全预警制度（第六十三条）<br>发布突发事件的警报（第六十四条） |
| 处置与救援 | 消除突发事件的危害性，避免财产损失和人员伤亡，防止发生次生或衍生事件 | 实施各类应急性救助措施（第七十三条）<br>实施各类应急性限制措施（第七十四条）<br>实施各类应急性保障措施（第七十六条） |
| 恢复与重建 | 恢复正常生活和基础设施服务体系，减轻危害后果，总结经验与教训，预防未来突发事件的发生 | 巩固应急处置工作成果（第八十六条）<br>评估损失，制定重建计划（第八十七条）<br>组织实施善后工作（第八十九条） |

“循环型”的应急管理机制以积极主动、整体性、计划性和动态性为特点，采取对突发事件实行事前、事发、事中、事后相结合的具有连续性的动态管理，并针对各个环节制定相应配套的制度，力求在一个更广阔的范围内将突发事件所造成的损失减至最低限度，甚至消灭突发事件于萌芽状态。

### 2.4.1 预防和应急准备制度

突发事件的预防和应急准备制度是《突发事件应对法》整部法律中最重要的一项制度，也是涉及条文最多的一项制度。《突发事件应对法》第三章“预防与应急准备”共 32 条，几乎占全部条文的三分之一。突发事件的预防和应急准备制度包括如下内容。

1. 提高全社会危机意识和应急能力的制度

提高全社会危机意识和应急能力的制度是突发事件应对的基础性制度，主要包括如下内容。

（1）各级各类学校应当把应急教育纳入教育教学计划，对学生及教职工开展应急知识教育和应急演练，培养安全意识，提高自救与互救能力。

（2）基层人民政府应当组织面向社会公众的应急知识的宣传普及活动。

（3）基层人民政府、居民委员会、村民委员会、企事业单位应当开展必要的应急演练。

（4）机关工作人员应急知识和法律法规知识培训制度。

2. 风险评估、隐患排查和监控制度

风险评估、隐患排查和监控制度是最重要的预防制度，主要包括如下内容。

（1）县级人民政府应当对本行政区域内的危险源、危险区域进行调查、登记、风险评估，定期进行检查、监控。

（2）所有单位都应当建立健全安全管理制度，定期开展危险源辨识评估，制定安全防范措施，矿山、金属冶炼、建筑施工等重点单位和公共交通工具、公共场所等人员密集场所，都应当制定应急预案，开展隐患排查，及时采取措施管控风险和消除隐患。

（3）县级人民政府及其有关部门、各基层组织应当及时调解处理可能引发社会安全事件的矛盾、纠纷。

3. 应急预案制度

预案是应对突发事件的应急行动方案，是各级人民政府及其有关部门应对突发事件的计划和步骤，也是一项制度保障。预案具有同等法律文件的效力，比如，国务院的总体预案与行政法规具有同等效力，国务院有关部门的专项预案与部门规章具有同等效力，省级人民政府的预案与省级政府规章具有同等效力。

《突发事件应对法》第二十六条规定，国家建立健全突发事件应急预案体系。该应急预案体系由国家突发事件总体应急预案、专项预案、部门预案组成。国务院负责制定国家突发事件总体应急预案，并组织制定国家突发事件专项应急预案；国务院有关部门根据各自的职责和国务院相关应急预案，制定国家突发事件部门应急预案并报国务院备案。

第二十六条还规定了地方人民政府建立突发事件应急预案制度，即地方各级人民政府和县级以上地方各级人民政府有关部门根据有关法律、法规、规章、上级人民政府及其有关部门的应急预案以及本地区、本部门的实际情况，制定相应的突发事件应急预案并按国务院有关规定备案。

此外，应急预案制定机关应当根据实际需要和情势变化，适时修订应急预案。应急预案的制定、修订程序由国务院规定。

《突发事件应对法》第二十八条规定，应急预案应当根据本法和其他有关法律、法规的规定，针对突发事件的性质、特点和可能造成的社会危害，具体规定突发事件应对管理工作的组织指挥体系与职责和突发事件的预防与预警机制、处置程序、应急保障措施以及事后恢复与重建措施等内容。

《突发事件应对法》第三十六条规定了部分高危行业企业编制事故灾难应急预案的要

求：矿山、金属冶炼、建筑施工单位和易燃易爆物品、危险化学品、放射性物品等危险物品的生产、经营、运输、储运、使用单位，应当制定具体应急预案，配备必要的应急救援器材、设备和物资……

4. 建立应急救援队伍的制度

建立应急救援队伍制度是重要的组织保障制度，主要包括如下内容。

（1）国家综合性消防救援队伍是应急救援的综合性常备骨干力量，按照国家有关规定执行综合应急救援任务。

（2）县级以上人民政府有关部门可以根据实际需要设立专业应急救援队伍，乡级人民政府、街道办事处和有条件的居民委员会、村民委员会可以建立基层应急救援队伍，及时、就近开展应急救援。

（3）单位应当建立由本单位职工组成的专职或者兼职应急救援队伍。

（4）专业应急救援队伍和非专业应急救援队伍应当联合培训、联合演练，提高合成应急、协同应急的能力。

5. 突发事件应对保障制度

突发事件应对保障制度为应对突发事件所需的物资、经费等提供了保障，主要包括如下内容。

（1）物资储备保障制度。①国家要完善重要应急物资的监管、生产、采购、储备、调拨和紧急配送体系；②设区的市级以上人民政府和突发事件易发、多发地区的县级人民政府应当建立应急救援物资、生活必需品和应急处置装备的储备保障制度；③县级以上地方人民政府应当根据本地区的实际情况和突发事件应对工作的需要，依法与有条件的企业签订协议，保障应急救援物资、生活必需品和应急处置装备的生产、供给。

（2）经费保障制度。各级人民政府应当将突发事件应对工作所需经费纳入本级预算，并加强资金管理，提高资金使用绩效。

（3）运输保障体系。统筹铁路、公路、水运、民航、邮政、快递等运输和服务方式，制定应急运输保障方案，保障应急物资、装备和人员及时运输。

（4）能源保障体系。提高能源安全保障能力，确保受突发事件影响地区的能源供应。

（5）通信保障体系。国家建立健全应急通信、应急广播保障体系，加强应急通信系统、应急广播系统建设，确保突发事件应对工作的通信、广播安全畅通。

（6）卫生保障体系。组织开展突发事件中的医疗救治、卫生学调查处置和心理援助等卫生应急工作，有效控制和消除危害。

6. 城乡规划要满足应急需要的制度

国土空间规划等规划应当符合预防、处置突发事件的需要，统筹安排突发事件应对工作所必需的设备和基础设施建设，合理确定应急避难、封闭隔离、紧急医疗救治等场所，实现日常使用和应急使用的相互转换。

### 2.4.2 监测制度

监测制度是做好突发事件应对工作，有效预防、减少突发事件的发生，控制、减轻和消除突发事件引起的严重社会危害的重要制度保障。为此，《突发事件应对法》从如下几个方面作了规定。

1. 建立统一的突发事件信息系统

建立统一的突发事件信息系统是一项重大改革，目的是有效整合现有资源，实现信息共享，具体包括如下内容。

（1）信息收集制度。县级以上人民政府及其有关部门、专业机构应当通过多种途径收集突发事件信息。县级人民政府应当在居民委员会、村民委员会和有关单位建立专职或者兼职信息报告员制度。公民、法人或者其他组织发现发生突发事件，或者发现可能发生突发事件的异常情况，应当立即向所在地人民政府、有关主管部门或者指定的专业机构报告。接到报告的单位应当按照规定立即核实处理，对于不属于其职责的，应当立即移送相关单位核实处理。地方各级人民政府应当向上级人民政府报送突发事件信息。县级以上人民政府有关主管部门应当向本级人民政府相关部门通报突发事件信息，并报告上级人民政府主管部门。专业机构、监测网点和信息报告员应当向所在地人民政府及其有关主管部门报告突发事件信息。

（2）信息的分析、会商和评估制度。县级以上地方各级人民政府应当及时汇总分析突发事件隐患和监测信息，必要时组织有关部门、专门技术人员、专家学者进行会商，对发生突发事件的可能性及其可能造成的影响进行评估。

（3）上下左右互联互通和信息及时共享制度。

2. 建立健全监测网络

（1）在完善现有气象、水文、地震、地质、海洋、环境等自然灾害监测网的基础上，适当增加监测密度，提高技术装备水平。

（2）建立危险源、危险区域的实时监控系统和危险品跨区域流动监控系统。

（3）在完善省市县乡村五级公共卫生事件信息报告网络系统的同时，健全传染病和不明原因疾病、动植物疫情、植物病虫害和食品药品安全等公共卫生事件监测系统。必须强调，无论是完善哪一类突发事件的监测系统，都要加大监测设施、设备建设，配备专职或者兼职的监测人员或信息报告员。

### 2.4.3 预警制度

预警机制不够健全，是导致突发事件发生后处置不够及时、人员财产损失严重的重要原因。预警制度是根据有关突发事件的预测信息和风险评估，依据突发事件可能造成的危害程度、紧急程度和发展趋势，确定相应预警级别，发布相关信息，采取相关措施的制度。其实质是根据不同情况提前采取针对性的预防措施。突发事件的预警制度，具体包括以下内容。

1. 预警级别制度

根据突发事件发生的紧急程度、发展态势和可能造成的危害程度，预警分为一级、二级、三级和四级，分别用红、橙、黄、蓝四种颜色标示，一级为最高级别。考虑到不同突发事件的性质、机理、发展过程不同，法律难以对各类突发事件预警级别规定统一的划分标准。因此，预警级别划分的标准由国务院或者国务院确定的部门制定。

2. 预警警报的发布权制度

原则上，预警的突发事件发生地的县级人民政府享有警报的发布权，但影响超过本行政区域范围的，应当由上级人民政府发布预警警报，必要时可以越级上报；具备条件的，应当进行网络直报或者自动速报；同时向当地驻军和可能受到危害的毗邻或者相关地区的人民政府通报。确定预警警报的发布权，应当遵守3项原则：属地为主的原则；权责一致的原则；受上级领导的原则。发布警报应当明确预警类别、级别、起始时间、可能影响的范围、警示事项、应当采取的措施、发布单位和发布时间等。

3. 预警发布平台

广播、电视、报刊以及网络服务提供者、电信运营商应当按照国家有关规定，建立突发事件预警信息快速发布通道，及时、准确、无偿播发或者刊载突发事件预警信息。

公共场所和其他人员密集场所，应当指定专门人员负责突发事件预警信息接收和传播工作，做好相关设备、设施维护，确保突发事件预警信息及时、准确接收和传播。

4. 发布三级、四级警报后应当采取的措施

这些措施总体上是旨在强化日常工作，做好预防、准备工作和其他有关的基础工作，是一些强化、预防和警示性的措施。其中，最重要的有3项：①风险评估措施，即做好突发事件发展态势的预测；②向公众发布警告，宣传避免、减轻危害的常识，公布咨询或者求助电话等联络方式和渠道；③对相关信息报道工作进行管理。

5. 发布一级、二级警报后应当采取的措施

发布一级、二级警报，意味着事态发展的态势到了一触即发的地步，人民群众的生命财产安全即将面临威胁。因此，采取的措施应当更全面、更有力。《突发事件应对法》第六十七条规定，发布一级、二级警报，宣布进入预警期后，县级以上地方人民政府除采取发布三级、四级警报后应当采取的措施外，还应当针对即将发生的突发事件的特点和可能造成的危害，采取下列一项或者多项措施：①责令应急救援队伍、负有特定职责的人员进入待命状态，并动员后备人员做好参加应急救援和处置工作的准备；②调集应急救援所需物资、设备、工具，准备应急设施和应急避难、封闭隔离、紧急医疗救治等场所，并确保其处于良好状态、随时可以投入正常使用；③加强对重点单位、重要部位和重要基础设施的安全保卫，维护社会治安秩序；④采取必要措施，确保交通、通信、供水、排水、供电、供气、供热、医疗卫生、广播电视、气象等公共设施的安全和正常运行；⑤及时向社会发布有关采取特定措施避免或者减轻危害的建议、劝告；⑥转移、疏散或者撤离易受突发事件危害的人员并予以妥善安置，转移重要财产；⑦关闭或者限制使用易受突发事件危害的场所，控制或者限制容易导致危害扩大的公共场所的活动；⑧法律、法规、规章规定的其他必要的防范性、保护性措施。

6. 宣布进入预警期后应当采取的措施

发布警报，宣布进入预警期后，县级以上人民政府应当对重要商品和服务市场情况加强监测，根据实际需要及时保障供应、稳定市场。必要时，国务院和省、自治区、直辖市人民政府可以按照《中华人民共和国价格法》等有关法律规定采取相应措施。

### 2.4.4 应急处置与救援制度

突发事件发生以后，首要任务是进行有效的处置，组织营救和救治受伤人员，防止事

态扩大和次生、衍生事件的发生。突发事件的应急处置与救援制度包括如下措施。

1. 突发事件应对分级响应措施

突发事件应对级别，按照突发事件的性质、特点、可能造成的危害程度和影响范围等因素分为一级、二级、三级和四级，一级为最高级别。突发事件应急响应级别划分标准由国务院或者国务院确定的部门制定。县级以上人民政府及其有关部门应当在突发事件应急预案中确定应急响应级别。

2. 自然灾害、事故灾难或者公共卫生事件发生后可以采取的措施

这些类型的突发事件发生以后，履行统一领导职责的人民政府应当采取各类控制性、救助性、保护性、恢复性的处置措施。具体包括以下措施。

（1）组织营救和救治受害人员，转移、疏散、撤离并妥善安置受到威胁的人员以及采取其他救助性措施。

（2）迅速控制危险源，标明危险区域，封锁危险场所，划定警戒区，实行交通管制、限制人员流动、封闭管理以及其他控制措施。

（3）禁止或者限制使用有关设备、设施，关闭或者限制使用有关场所，中止人员密集的活动或者可能导致危害扩大的生产经营活动以及采取其他保护措施等。

3. 社会安全事件发生后可以采取的措施

由于社会安全事件往往危害大、影响广，因此有必要建立快速反应、控制有力的处置机制，坚持严格依法、果断坚决、迅速稳妥的处置原则。社会安全事件发生后采取的措施具有较强的控制、强制的特点。具体包括如下措施。

（1）强制隔离使用器械相互对抗或者以暴力行为参与冲突的当事人，妥善解决现场纠纷和争端，控制事态发展。

（2）对特定区域内的建筑物、交通工具、设备、设施以及燃料、燃气、电力、水的供应进行控制。

（3）封锁有关场所、道路，查验现场人员的身份证件，限制有关公共场所内的活动等。

4. 发生突发事件、严重影响国民经济正常运行时可以采取的措施

所谓严重影响国民经济正常运行的情况，主要是指银行挤兑、股市暴跌、金融危机等。在这种情况下，国务院或者国务院授权的部门可以采取保障、控制等必要的应急措施，包括及时调整税率，宣布税收开征、停征以及减税、免税、退税等调控措施；调节货币供应量、信贷规模和信贷资金投向，规范金融秩序，实行外汇和国际贸易等方面的管制措施。

### 2.4.5 事后恢复与重建制度

突发事件的威胁和危害基本得到控制和消除后，应当及时组织开展事后恢复和重建工作，以减轻突发事件造成的损失和影响，尽快恢复生产、生活、工作和社会秩序，妥善解决处置突发事件过程中引发的矛盾和纠纷。突发事件的事后恢复与重建制度具体包括以下措施。

（1）及时宣布解除应急响应，停止应急措施，同时采取或者继续实施防止次生、衍

生事件或者重新引发社会安全事件的必要措施，组织受影响地区尽快恢复社会秩序。

（2）制定恢复重建计划。突发事件应急处置工作结束后，有关人民政府应当在对突发事件造成的影响和损失进行调查评估的基础上，制定恢复重建计划。

（3）上级人民政府提供指导和援助。受突发事件影响地区的人民政府开展恢复重建工作需要上一级人民政府支持的，可以向上一级人民政府提出请求。上一级人民政府应当根据受影响地区遭受的损失和实际情况，提供必要的援助。

（4）国务院根据受突发事件影响地区遭受损失的情况，制定扶持该地区有关行发展的优惠政策。

（5）公民参加应急救援工作或者协助维护社会秩序期间，其所在单位应当保证其工资待遇和福利不变，并可以按照规定给予相应补助。

（6）县级以上人民政府对在应急救援工作中伤亡的人员依法落实工伤待遇、抚恤或者其他保障政策，并组织做好应急救援工作中致病人员的医疗救治工作。

（7）查明经过和原因，总结经验教训。相关人民政府在突发事件应对工作结束后，应当及时查明突发事件的发生经过和原因，总结突发事件应急处置工作的经验教训，制定改进措施，并向上一级人民政府提出报告。

（8）接受审计监督。突发事件应对工作中有关资金、物资的筹集、管理、分配、拨付和使用等情况，应当依法接受审计机关的审计监督。

（9）国家档案主管部门应当建立健全突发事件应对工作相关档案收集、整理、保护、利用工作机制。突发事件应对工作中形成的材料，应当按照国家规定归档，并向相关档案馆移交。

### 2.4.6 责任追究制度

《突发事件应对法》第九十五至一百零二条规定了应急管理相关法律责任。

第九十五条规定，地方各级人民政府和县级以上各级人民政府有关部门违反本法规定，不履行或者不正确履行法定职责的，由其上级行政机关责令改正；有下列情形之一，由有关机关综合考虑突发事件发生的原因、后果、应对处置情况、行为人过错等因素，对负有责任的领导人员和直接责任人员依法给予处分：

（1）未按照规定采取预防措施，导致发生突发事件，或者未采取必要的防范措施，导致发生次生、衍生事件的；

（2）迟报、谎报、瞒报、漏报或者授意他人迟报、谎报、瞒报以及阻碍他人报告有关突发事件的信息，或者通报、报送、公布虚假信息，造成后果的；

（3）未按照规定及时发布突发事件警报、采取预警期的措施，导致损害发生的；

（4）未按照规定及时采取措施处置突发事件或者处置不当，造成后果的；

（5）违反法律规定采取应对措施，侵犯公民生命健康权益的；

（6）不服从上级人民政府对突发事件应急处置工作的统一领导、指挥和协调的；

（7）未及时组织开展生产自救、恢复重建等善后工作的；

（8）截留、挪用、私分或者变相私分应急救援资金、物资的；

（9）不及时归还征用的单位和个人的财产，或者对被征用财产的单位和个人不按照规定给予补偿的。

第九十六条规定，有关单位有下列情形之一，由所在地履行统一领导职责的人民政府有关部门责令停产停业，暂扣或者吊销许可证件，并处五万元以上二十万元以下的罚款；情节特别严重的，并处二十万元以上一百万元以下的罚款：

（1）未按照规定采取预防措施，导致发生较大以上突发事件的；

（2）未及时消除已发现的可能引发突发事件的隐患，导致发生较大以上突发事件的；

（3）未做好应急物资储备和应急设备、设施日常维护、检测工作，导致发生较大以上突发事件或者突发事件危害扩大的；

（4）突发事件发生后，不及时组织开展应急救援工作，造成严重后果的。

其他法律对前款行为规定了处罚的，依照较重的规定处罚。

第九十七条规定，违反本法规定，编造并传播有关突发事件的虚假信息，或者明知是有关突发事件的虚假信息而进行传播的，责令改正，给予警告；造成严重后果的，依法暂停其业务活动或者吊销其许可证件；负有直接责任的人员是公职人员的，还应当依法给予处分。

第九十八条规定，单位或者个人违反本法规定，不服从所在地人民政府及其有关部门依法发布的决定、命令或者不配合其依法采取的措施的，责令改正；造成严重后果的，依法给予行政处罚；负有直接责任的人员是公职人员的，还应当依法给予处分。

第九十九条规定，单位或者个人违反本法第八十四条、第八十五条关于个人信息保护规定的，由主管部门依照有关法律规定给予处罚。

第一百条规定，单位或者个人违反本法规定，导致突发事件发生或者危害扩大，造成人身、财产或者其他损害的，应当依法承担民事责任。

第一百零一条规定，为了使本人或者他人的人身、财产免受正在发生的危险而采取避险措施的，依照《中华人民共和国民法典》《中华人民共和国刑法》等法律关于紧急避险的规定处理。

第一百零二条规定，违反本法规定，构成违反治安管理行为的，依法给予治安管理处罚；构成犯罪的，依法追究刑事责任。

## 2.5 《突发事件应对法》的意义

### 2.5.1 《突发事件应对法》颁布实施的历史意义

《突发事件应对法》自2007年11月1日起施行，这些年来，如果没有《突发事件应对法》提供法律上的保障，我国处理突发事件的预案、体制、机制建设是无法收到预期效果的。《突发事件应对法》的颁布实施，总结提炼了2003年“非典”疫情之后到2007年之间我国应急管理实践创新和理论创新的成果，集中体现了这一阶段对应急管理工作的规律性认识。该法进一步明确了政府、公民、社会组织在突发事件应对中的权利、义务和责任，确立了规范应对各类突发事件共同行为的基本法律制度，为有效实施应急管理提供了最基本的法律保障。

《突发事件应对法》的颁布实施，标志着我国的应急法制体系建设进入了一个全新的发展阶段，由“一事一法”模式进入了综合性立法模式。《突发事件应对法》适用于全部突发事件应对的全过程，覆盖事前的预防和应急准备、事发的监测和预警、事中的处置和救援、事后的恢复和重建等全部管理环节，对我国政府依法实施应急管理起到了指引和托底的作用，消灭了应急管理中的法律空白地带。在《突发事件应对法》历时数年的立法活动的推动和影响下，我国的应急法制体系建设进入了“快车道”。在该法出台前后，一大批单行的应急管理法律、法规随之制定或者修改，国家层面的应急法制体系日趋完整。与此同时，多个省市为了实施《突发事件应对法》，制定了一大批法规、规章，其中不乏具有重要价值的制度创新。一个以《宪法》为基础，以《突发事件应对法》为龙头，以各种单行应急法律法规为主体，以各地实施性细则为补充的应急法制体系，通过“非典”疫情之后十多年的努力，已经基本上变成了现实。

《突发事件应对法》自实施以来，其确立的诸多应急管理基本原则和基本理念已逐步深入人心，被各级政府和广大社会公众所普遍接受并付诸实践，极大地改变了我国应急管理的面貌。《突发事件应对法》确立了预防为主、预防与应急相结合的原则。在这一原则的指引下，我国公共应急管理已经由传统的单纯事中处置发展为覆盖公共危机整个生命周期的全过程管理，对突发事件的事先预防和应急准备日益成为应急管理的中心。《突发事件应对法》规定，国家建立统一领导、综合协调、分类管理、分级负责、属地管理为主的应急管理体制。为了构建这一体制，我国各级政府曾普遍设立作为日常应急管理机构的应急管理办公室，越来越多的地方政府设立了统一的应急领导和指挥机构，即应急管理委员会或应急指挥部，各种专项应急指挥机构也不断健全。2018 年，国家机构改革后，各级政府又组建了承担突发事件综合应对职能的应急管理部门。政府对突发事件应对的综合协调能力日益增强，“条”“块”矛盾得到了一定程度的解决，部门间的分工协作更加顺畅，军队和地方在重大灾害应对中的协调联动能力也得到了显著增强。《突发事件应对法》所规定的社会动员机制有助于使整个社会的潜能在应急管理过程中得到释放，资源得到整合，有利于在短时间内形成解决危机的强大合力。

### 2.5.2 《突发事件应对法》修订的意义

《突发事件应对法》2024 年修订版相对于 2007 年版进行了全面而系统的更新，以适应新形势下的挑战。2024 年修订版细致阐述了突发事件应对的管理和指挥机制，明确了国家建立统一指挥、专常兼备、反应灵敏、上下联动的应急管理体制和综合协调、分类管理、分级负责、属地管理为主的工作体系。详细规定了各级人民政府及其应急指挥机构的职责、权限和运作方式，强调了集中统一、高效权威的领导体制，以及多方参与的治理体系。2024 年修订版在多个章节中强调了党的领导和多方协同的作用，这是提升突发事件应对能力的关键。

在 2007 年版的基础上，2024 年修订版对应急预案的制定和应急准备措施进行了更为详细的细化，明确了应急预案的制定、修订、备案等程序，要求增强应急预案的针对性和可操作性。同时，强调了应急物资储备、应急避难场所建设、应急演练等准备措施的重要性和具体实施要求。在信息公开和舆论引导方面，2024 年修订版做了显著加强，确保公众能够及时准确获取信息，维护社会稳定。在完善法律责任体系方面，2024 年修订版在法律责任体系上进行了修订和完善，提高了法律的权威性和执行力，确保了法律的有效实施。这些变化将显著提升我国应对突发事件的能力，为人民群众的生命财产安全和国家安全提供更加坚实的法律保障，为预防和减少突发事件的发生，控制、减轻和消除突发事件引起的严重社会危害，提高突发事件预防和应对能力，规范突发事件应对活动，保护人民生命财产安全，维护国家安全、公共安全、生态环境安全和社会秩序提供了有力支持。

《突发事件应对法》是应急管理领域的基础性、综合性法律，是应急管理事业发展的重要法治保障。修订突发事件应对法是深入贯彻习近平总书记关于应急管理重要论述精神的迫切要求。应急管理是国家治理体系和治理能力的重要组成部分，承担防范化解重大安全风险、及时应对处置各类灾害事故的重要职责。《突发事件应对法》的修订为提高突发事件预防和应对能力，更好地保护人民生命财产安全提供了更坚强的法律保障，对于完善我国应急管理制度体系，推动新时代应急管理事业高质量发展，具有里程碑式的意义。

## 【本章重点】

1.《突发事件应对法》立法目的：预防和减少突发事件的发生，控制、减轻和消除突发事件引起的严重社会危害，通过规范突发事件应对活动，确立突发事件的预防与应急准备、监测与预警、应急处置与救援等方面的机制和制度，最大限度地控制突发事件的发生和危害的扩大，从而保护人民生命财产安全，维护国家安全、公共安全、环境安全和社会秩序。

2.《突发事件应对法》立法思路：①把突发事件的预防和应急准备放在优先的位置；②始终把人民群众的生命财产安全放在第一位，对公民权利依法予以限制和保护相统一；③坚持有效控制危机和最小代价原则，把维护国家安全、公共安全、生态环境安全和社会秩序作为应对突发事件最重要的价值取向之一；④建立统一指挥、专常兼备、反应灵敏、上下联动的应急管理体制和综合协调、分类管理、分级负责、属地管理为主的工作体系；⑤坚持公开透明原则。

3.《突发事件应对法》的基本特点：①坚持中国共产党领导，坚持常态管理与非常态管理的统一；②深入探索突发事件的内在规律，掌握应急的主动权；③以制度建设为根本，建立健全依法应对突发事件的长效机制；④强化基层、夯实基础，充分依靠人民众；⑤以改革创新精神，深入推进应急管理工作。

4.《突发事件应对法》颁布实施的重要作用：①《突发事件应对法》是我国应急管理长期实践的高度总结；②《突发事件应对法》确立了我国应急管理的基本制度；③《突发事件应对法》是规范各方应对突发事件行为的基本法律；④《突发事件应对法》是推动应急体系建设的强大动力。

5.《突发事件应对法》确定的应急管理主要制度包括：①预防和应急准备制度；②监测制度；③预警制度；④应急处置与救援制度；⑤事后恢复与重建制度；⑥责任追究制度。

## 【复习思考题】

1. 简述《突发事件应对法》的立法背景。

2. 简述《突发事件应对法》的立法目的和立法思路。
3. 简述《突发事件应对法》所确立的我国应急管理体制的内容。
4.《突发事件应对法》有哪些基本特点?
5. 根据《突发事件应对法》，简述我国应急管理主要制度。

阅读材料

## 《突发事件应对法》2024 年修订版与 2007 年版的主要变化

《突发事件应对法》自 2007 年首次颁布以来，为我国应对各类突发事件提供了重要的法律框架。随着时代的发展和社会需求的变化，2024 年修订版对该法进行了全面而系统的更新，以适应新形势下的挑战。两者的主要变化归纳起来主要体现在以下几方面。

1. 新增“管理与指挥体制”章节

该章节系统阐述了突发事件应对的管理和指挥机制。明确了国家建立统一指挥、专常兼备、反应灵敏、上下联动的应急管理体制和综合协调、分类管理、分级负责、属地管理为主的工作体系。详细规定了各级人民政府及其应急指挥机构的职责、权限和运作方式，强调了集中统一、高效权威的领导体制，以及多方参与的治理体系。

2. 强调党的领导与多方协同

2024 年修订版在多个章节中强调了党的领导和多方协同的作用，这是提升突发事件应对能力的关键。总则中明确指出突发事件应对工作坚持中国共产党的领导，并建立健全了党委领导、政府负责、部门联动、军地联合、社会协同、公众参与、科技支撑、法治保障的治理体系。在管理与指挥体制、预防与应急准备等章节中，也多次提到要发挥各方力量的作用，形成合力。

3. 细化应急预案与应急准备措施

虽然 2007 年版已经规定了应急预案的制定和应急准备措施，但 2024 年修订版在此基础上进行了更为详细的细化。明确了应急预案的制定、修订、备案等程序，要求增强应急预案的针对性和可操作性。同时，强调了应急物资储备、应急避难场所建设、应急演练等准备措施的重要性和具体实施要求。

4. 强化信息公开与舆论引导

2024 年修订版在信息公开和舆论引导方面做了显著加强，以确保公众能够及时获取准确信息，维护社会稳定。建立了健全的信息发布制度，要求有关人民政府和部门及时向社会公布突发事件相关信息和应对措施。同时，加强了新闻媒体服务引导工作，支持新闻媒体开展采访报道和舆论监督，并要求新闻媒体及时、准确、客观、公正地报道突发事件。

5. 完善法律责任体系

2024 年修订版在法律责任体系上进行了修订和完善，提高了法律的权威性和执行力。对违反本法规定的行为设定了更为严格的法律责任，包括行政处分、罚款乃至追究刑事责任等。同时，加强了对投诉、举报制度的规定，鼓励公众积极参与监督，确保法律的有效实施。

# 3

# 事故灾难应急管理法律法规

事故灾难是《中华人民共和国突发事件应对法》确定的四类突发事件之一。据不完全统计，我国每年的事故经济损失约占 GDP 的 2%，同时还造成大量的人员伤亡和环境污染。事故灾难应急管理法律法规的主要内容就是规定政府、生产经营单位和从业人员及其他主体在预防、准备、响应和恢复的不同阶段应有的责、权和利，从而充分调动和发挥各方主体应急救援的能动性，有效抑制不利于救援的各项行为，同时充分保障各主体应享有的权益不被侵犯。本章从《中华人民共和国安全生产法》《中华人民共和国消防法》《中华人民共和国刑法》《中华人民共和国矿山安全法》《中华人民共和国特种设备安全法》等法律和《生产安全事故报告和调查处理条例》《生产安全事故应急条例》《煤矿安全生产条例》等行政法规以及《生产安全事故应急预案管理办法》等部门规章三个层面，分别介绍生产安全事故灾难应急管理的相关规定和要求。

## 3.1 中华人民共和国安全生产法

《中华人民共和国安全生产法》（简称《安全生产法》）是安全生产领域内的一部基础性、综合性法律，于 2002 年 6 月 29 日第九届全国人民代表大会常务委员会第二十八次会议通过，自 2002 年 11 月 1 日起实施。历经 2009 年、2014 年、2021 年 3 次修正，现行《安全生产法》共 7 章 119 条，除了总则和附则外，主要内容包括生产经营单位的安全生产保障、从业人员的安全生产权利义务、安全生产的监督管理、生产安全事故的应急救援与调查处理和法律责任。

### 3.1.1 生产经营单位的安全生产保障

生产经营单位的安全生产工作主要包括风险辨识、评估、控制和隐患排查治理等方面。生产经营单位做好安全生产工作需要人、财、物及措施和方法等保障。

1. 人的保障

人的保障主要包括：设置安全管理机构，配备安全管理人员，生产经营单位的主要负责人和安全生产管理人员必须具备与本单位所从事的生产经营活动相应的安全生产知识和管理能力，特种作业人员必须取得相应资格，从业人员要经过安全生产教育和培训，并具备相应的知识和能力等。

第二十四条规定，矿山、金属冶炼、建筑施工、运输单位和危险物品的生产、经营、储存、装卸单位，应当设置安全生产管理机构或者配备专职安全生产管理人员。前款规定以外的其他生产经营单位，从业人员超过一百人的，应当设置安全生产管理机构或者配备专职安全生产管理人员；从业人员在一百人以下的，应当配备专职或者兼职的安全生产管理人员。

第二十七条至第三十条、第五十八条对生产经营单位主要负责人、安全管理人员、特种作业人员以及其他人员安全培训的内容和种类提出了相应要求。

《安全生产法》还规定了各主体在安全生产工作中的职责，第二十一条、二十二条和第二十五条分别规定了生产经营单位主要负责人、安全管理人员和安全生产分管负责人及其他所有岗位人员安全生产工作的相应职责。第五十条规定，生产经营单位发生生产安全事故时，单位的主要负责人应当立即组织抢救，并不得在事故调查处理期间擅离职守。

2. 财的保障

第二十三条规定，生产经营单位应当具备的安全生产条件所必需的资金投入，由生产经营单位的决策机构、主要负责人或者个人经营的投资人予以保证，并对由于安全生产所必需的资金投入不足导致的后果承担责任。有关生产经营单位应当按照规定提取和使用安全生产费用，专门用于改善安全生产条件。安全生产费用在成本中据实列支。安全生产费用提取、使用和监督管理的具体办法由国务院财政部门会同国务院应急管理部门征求国务院有关部门意见后制定。

为了实现生产经营单位事故风险社会公摊，第五十一条规定，生产经营单位必须依法参加工伤保险，为从业人员缴纳保险费。国家鼓励生产经营单位投保安全生产责任保险；属于国家规定的高危行业、领域的生产经营单位，应当投保安全生产责任保险。具体范围和实施办法由国务院应急管理部门会同国务院财政部门、国务院保险监督管理机构和相关行业主管部门制定。

3. 物的保障

第三十一条至第三十四条规定了生产经营单位新建、改建、扩建工程项目的安全设施要与主体工程同时设计、同时施工、同时投入生产和使用，对于高危行业企业更是要求要做好安全预评价、安全设施设计审查、安全验收评价和试运行等工作，确保安全设施能符合生产安全需要。

第三十五条规定，生产经营单位应当在有较大危险因素的生产经营场所和有关设施、设备上，设置明显的安全警示标志。

第三十六条规定，安全设备的设计、制造、安装、使用、检测、维修、改造和报废，应当符合国家标准或者行业标准。生产经营单位必须对安全设备进行经常性维护、保养，并定期检测，保证正常运转。维护、保养、检测应当作好记录，并由有关人员签字。生产经营单位不得关闭、破坏直接关系生产安全的监控、报警、防护、救生设备、设施，或者篡改、隐瞒、销毁其相关数据、信息。

第三十七条至三十九条还规定了危险物品的储存、运输工具的使用，特种设备的生产、检测检验和使用，废弃危险物品的报废处置，严重危及生产安全的设备、工艺的淘汰制度等提出了要求。

4. 措施和方法保障

第四条规定，生产经营单位必须加强安全生产管理，建立健全全员安全生产责任制和安全生产规章制度，加大对安全生产资金、物资、技术、人员的投入保障力度，改善安全生产条件，加强安全生产标准化、信息化建设，构建安全风险分级管控和隐患排查治理双重预防机制，健全风险防范化解机制，提高安全生产水平，确保安全生产。

第三十九条规定，生产、经营、运输、储存、使用危险物品或者处置废弃危险物品的，要建立专门的安全管理制度，采取可靠的安全措施，接受有关主管部门依法实施的监督管理。

对于重大危险源，第四十条规定，生产经营单位对重大危险源应当登记建档，进行定期检测、评估、监控，并制定应急预案，告知从业人员和相关人员在紧急情况下应当采取的应急措施；生产经营单位应当按照国家有关规定将本单位重大危险源及有关安全措施、应急措施报有关地方人民政府应急管理部门和有关部门备案；有关地方人民政府应急管理部门和有关部门应当通过相关信息系统实现信息共享。

对于危险作业，第四十三条规定，生产经营单位进行爆破、吊装、动火、临时用电以及国务院应急管理部门会同国务院有关部门规定的其他危险作业，应当安排专门人员进行现场安全管理，确保操作规程的遵守和安全措施的落实。

对于危险物品，第四十二条规定，生产、经营、储存、使用危险物品的车间、商店、仓库不得与员工宿舍在同一座建筑物内，并应当与员工宿舍保持安全距离；生产经营场所和员工宿舍应当设有符合紧急疏散要求、标志明显、保持畅通的出口、疏散通道；禁止占用、锁闭、封堵生产经营场所或者员工宿舍的出口、疏散通道。

第四十一条对风险分级管控和隐患排查治理制度作了具体的要求。

### 3.1.2 加强应急能力建设

第七十九条第一款规定，国家加强生产安全事故应急能力建设，在重点行业、领域建立应急救援基地和应急救援队伍，并由国家安全生产应急救援机构统一协调指挥；鼓励生产经营单位和其他社会力量建立应急救援队伍，配备相应的应急救援装备和物资，提高应急救援的专业化水平。

重点行业、领域的应急救援基地和队伍由国家统一规划，由国家、地方与重点行业、领域的生产经营单位共同投资建设，以应对区域内特别重大和复杂的生产安全事故，且具备应急救援人才储备、技术储备、装备储备和救援人员培训与演练的功能。国家做好应急救援工作的总体规划和布局，建设国家级应急救援基地和应急救援队伍。同时，应根据市场需求、应急救援工作需要及面临的矛盾和问题，不断优化和完善，如针对目前仍存在的应急救援基地布局不尽合理、救援力量比较薄弱，以及应对重特大事故灾难的大型特种设备较为缺乏等问题，《“十四五”国家应急体系规划》《“十四五”应急救援力量建设规划》对应急救援基地、队伍、装备等作了规划部署。

### 3.1.3 建立应急救援信息系统

在生产安全事故应急救援中，政府承担着应急决策、应急指挥、应急处置、应急资源调配等职责，为了科学、准确、及时应对生产安全事故灾难，政府需要建立生产安全事故应急救援信息系统，采用先进的信息技术应对生产安全事故灾难。因此，第七十九条第二款规定，国务院应急管理部门牵头建立全国统一的生产安全事故应急救援信息系统，国务院交通运输、住房和城乡建设、水利、民航等有关部门和县级以上地方人民政府建立健全相关行业、领域、地区的生产安全事故应急救援信息系统。

建立全国统一的生产安全事故应急救援信息系统，需要加快国家、省、市三级安全生产应急平台，完善网络系统、应用系统、应急指挥大厅、模拟推演室等相关系统和配套标准规范，实现安全生产管理和协调指挥的信息化、科学化和智能化，并与其他平台相连接，实现互联互通和信息共享，增强事故救援决策的科学性和实效性。

### 3.1.4 强化地方政府的救援职责

第八十条规定了县级以上地方各级人民政府的应急救援职责：组织有关部门制定本行政区域内生产安全事故应急救援预案，建立应急救援体系。乡镇人民政府和街道办事处，以及开发区、工业园区、港区、风景区等应当制定相应的生产安全事故应急救援预案，协助人民政府有关部门或者按照授权依法履行生产安全事故应急救援工作职责。

地方人民政府针对可能发生的各种事故灾难组织有关部门制定相应的应急预案，即使只有 1 人遇险，政府或有关部门也应根据应急预案的规定开展救援行动，体现了“以人为本、生命至上”的要求。同时建立应急救援体系，我国应急救援体系主要包括“一案三制”（预案、体制、机制和法制）及物资装备保障体系。

在工作实践中，基层是应急救援信息来源的神经末梢，是事故处置的战斗前沿，因此要充分发挥乡镇人民政府和街道办及开发区、工业园区、港区、风景区等在应急救援工作中的作用，协助人民政府有关部门做好应急救援有关工作，不能让其成为应急救援工作的盲区。

### 3.1.5 生产经营单位应急准备职责

生产经营单位是事故发生后的第一响应单位，要做好事故报告、先期处置和自救工作。生产经营单位先期处置工作对事故救援尤为重要，处置得当能大幅降低事故损失，甚至能将事故扼杀在早期阶段。因此，这就要求提高生产经营单位自身的应急救援能力，做好应急准备工作。

第八十一条规定，生产经营单位应当制定本单位生产安全事故应急救援预案，与所在地县级以上地方人民政府组织制定的生产安全事故应急救援预案相衔接，并定期组织演练。《生产经营单位生产安全事故应急预案编制导则》（GB/T 29639—2020）中将应急预案定义为：针对可能发生的事故，为最大程度减少事故损害而预先制定的应急准备工作方案。即通过预案编制和演练，发现应急救援中可能存在的问题，做好相应准备工作。

应急预案中很重要的内容之一是监测、预警。生产经营单位针对可能的事故发生机理，确定监测的参数和预警阈值，建立可靠的监测预警系统。第三十六条第四款规定，餐饮等行业的生产经营单位使用燃气的，应当安装可燃气体报警装置，并保障其正常使用。

第八十二条规定，危险物品的生产、经营、储存单位以及矿山、金属冶炼、城市轨道交通运营、建筑施工单位应当建立应急救援组织；生产经营规模较小的，可以不建立应急救援组织，但应当指定兼职的应急救援人员。危险物品的生产、经营、储存、运输单位以及矿山、金属冶炼、城市轨道交通运营、建筑施工单位应当配备必要的应急救援器材、设备和物资，并进行经常性维护、保养，保证正常运转。

### 3.1.6 应急处置和救援工作职责

《安全生产法》规定了生产经营单位、负有安全生产监督管理职责的部门和地方人民政府在事故报告方面的义务和责任。

第八十三条规定，生产经营单位发生生产安全事故后，事故现场有关人员应当立即报告本单位负责人；单位负责人接到事故报告后，应当迅速采取有效措施，组织抢救，防止事故扩大，减少人员伤亡和财产损失，并按照国家有关规定立即如实报告当地负有安全生产监督管理职责的部门，不得隐瞒不报、谎报或者迟报，不得故意破坏事故现场、毁灭有关证据。

第八十四条规定，负有安全生产监督管理职责的部门接到事故报告后，应当立即按照国家有关规定上报事故情况。负有安全生产监督管理职责的部门和有关地方人民政府对事故情况不得隐瞒不报、谎报或者迟报。

《刑法》规定了不报、谎报安全事故罪。单位负责人在事故发生后“迟报”，也会被追究责任。若生产经营单位主要负责人“迟报”安全生产事故，依照《安全生产法》第一百一十条规定，将给予降级、撤职的处分，并由应急管理部处上一年年收入 60% ~ 100% 的罚款。

《安全生产法》对发生事故后如何组织抢救作出了原则性规定，明确了地方政府、相关部门、单位和个人的事故抢救职责。

为保证生产安全事故抢救工作组织指挥得力，第八十五条第一款规定，有关地方人民政府和负有安全生产监督管理职责的部门的负责人接到生产安全事故报告后，应当按照生产安全事故应急救援预案的要求立即赶到事故现场，组织事故抢救。这是地方人民政府和负有安全生产监管职责的部门的一项法定义务，不依法履职将受到责任追究。

第八十五条第二款规定，参与事故抢救的部门和单位应当服从统一指挥，加强协同联动，采取有效的应急救援措施，并根据事故救援的需要采取警戒、疏散等措施，防止事故扩大和次生灾害的发生，减少人员伤亡和财产损失。《安全生产法》将警戒、疏散等救援措施纳入法律规定，是深刻吸取山东青岛“11 · 22”中石化东黄输油管道泄漏爆炸等特别重大事故教训的结果，该起事故在发现原油泄漏处置过程中，没有及时疏散周围人员，拉好警戒线，进而造成 62 人死亡、136 人受伤，直接经济损失 7.5 亿元的严重后果。

生产安全事故，特别是危险物品事故往往带来毒害、腐蚀甚至放射性的后果，对环境造成危害。避免和减少生产安全事故对环境造成的危害是事故抢救的重要组成部分。因此，《安全生产法》第八十五条第三款规定，事故抢救过程中应当采取必要措施，避免或者减少对环境造成的危害。

此外，《安全生产法》第八十五条第三款还规定，任何单位和个人都应当支持、配合事故抢救，并提供一切便利条件。

### 3.1.7 法律责任

法律责任是《安全生产法》的重要内容之一，共27条（第九十条至第一百一十六条），明确规定了负有安全生产监督管理职责的部门及工作人员，承担安全评价、认证、检测、检验职责的机构，生产经营单位，生产经营单位的决策机构、主要负责人或者个人经营的投资人，生产经营单位的其他负责人和安全生产管理人员等责任对象。法律责任的类型包括行政责任、刑事责任和民事责任。

1. 负有安全生产监督管理职责的部门及工作人员的法律责任

第九十一条规定，负有安全生产监督管理职责的部门，要求被审查、验收的单位购买其指定的安全设备、器材或者其他产品的，在对安全生产事项的审查、验收中收取费用的，由其上级机关或者监察机关责令改正，责令退还收取的费用；情节严重的，对直接负责的主管人员和其他直接责任人员依法给予处分。

第九十条规定，负有安全生产监督管理职责的部门的工作人员，有下列行为之一的，给予降级或者撤职的处分；构成犯罪的，依照刑法有关规定追究刑事责任：

（1）对不符合法定安全生产条件的涉及安全生产的事项予以批准或者验收通过的；

（2）发现未依法取得批准、验收的单位擅自从事有关活动或者接到举报后不予取缔或者不依法予以处理的；

（3）对已经依法取得批准的单位不履行监督管理职责，发现其不再具备安全生产条件而不撤销原批准或者发现安全生产违法行为不予查处的；

（4）在监督检查中发现重大事故隐患，不依法及时处理的。

负有安全生产监督管理职责的部门的工作人员有前款规定以外的滥用职权、玩忽职守、徇私舞弊行为的，依法给予处分；构成犯罪的，依照刑法有关规定追究刑事责任。

2. 承担安全评价、认证、检测、检验职责的机构的法律责任

第九十二条规定，承担安全评价、认证、检测、检验职责的机构出具失实报告的，责令停业整顿，并处三万元以上十万元以下的罚款；给他人造成损害的，依法承担赔偿责任。承担安全评价、认证、检测、检验职责的机构租借资质、挂靠、出具虚假报告的，没收违法所得；违法所得在十万元以上的，并处违法所得二倍以上五倍以下的罚款，没有违法所得或者违法所得不足十万元的，单处或者并处十万元以上二十万元以下的罚款；对其直接负责的主管人员和其他直接责任人员处五万元以上十万元以下的罚款；给他人造成损害的，与生产经营单位承担连带赔偿责任；构成犯罪的，依照刑法有关规定追究刑事责任。对有前款违法行为的机构及其直接责任人员，吊销其相应资质和资格，五年内不得从事安全评价、认证、检测、检验等工作；情节严重的，实行终身行业和职业禁入。

3. 生产经营单位及有关人员的法律责任

生产经营单位是安全生产的责任主体，因此《安全生产法》中法律责任最主要的对象是生产经营单位及其主要负责人。

第九十三条规定，生产经营单位的决策机构、主要负责人或者个人经营的投资人不依照本法规定保证安全生产所必需的资金投入，致使生产经营单位不具备安全生产条件的，责令限期改正，提供必需的资金；逾期未改正的，责令生产经营单位停产停业整顿。有前款违法行为，导致发生生产安全事故的，对生产经营单位的主要负责人给予撤职处分，对个人经营的投资人处二万元以上二十万元以下的罚款；构成犯罪的，依照刑法有关规定追究刑事责任。

第九十四条规定，生产经营单位的主要负责人未履行本法规定的安全生产管理职责的，责令限期改正，处二万元以上五万元以下的罚款；逾期未改正的，处五万元以上十万元以下的罚款，责令生产经营单位停产停业整顿。生产经营单位的主要负责人有前款违法行为，导致发生生产安全事故的，给予撤职处分；构成犯罪的，依照刑法有关规定追究刑事责任。生产经营单位的主要负责人依照前款规定受刑事处罚或者撤职处分的，自刑罚执行完毕或者受处分之日起，五年内不得担任任何生产经营单位的主要负责人；对重大、特别重大生产安全事故负有责任的，终身不得担任本行业生产经营单位的主要负责人。

第九十五条规定，生产经营单位的主要负责人未履行本法规定的安全生产管理职责，导致发生生产安全事故的，由应急管理部门依照下列规定处以罚款：

（1）发生一般事故的，处上一年年收入百分之四十的罚款；

（2）发生较大事故的，处上一年年收入百分之六十的罚款；

（3）发生重大事故的，处上一年年收入百分之八十的罚款；

（4）发生特别重大事故的，处上一年年收入百分之一百的罚款。

第九十六条规定，生产经营单位的其他负责人和安全生产管理人员未履行本法规定的安全生产管理职责的，责令限期改正，处一万元以上三万元以下的罚款；导致发生生产安全事故的，暂停或者吊销其与安全生产有关的资格，并处上一年年收入百分之二十以上百分之五十以下的罚款；构成犯罪的，依照刑法有关规定追究刑事责任。

第九十七条规定，生产经营单位有下列行为之一的，责令限期改正，处十万元以下的罚款；逾期未改正的，责令停产停业整顿，并处十万元以上二十万元以下的罚款，对其直接负责的主管人员和其他直接责任人员处二万元以上五万元以下的罚款：

（1）未按照规定设置安全生产管理机构或者配备安全生产管理人员、注册安全工程师的；

（2）危险物品的生产、经营、储存、装卸单位以及矿山、金属冶炼、建筑施工、运输单位的主要负责人和安全生产管理人员未按照规定经考核合格的；

（3）未按照规定对从业人员、被派遣劳动者、实习学生进行安全生产教育和培训，或者未按照规定如实告知有关的安全生产事项的；

（4）未如实记录安全生产教育和培训情况的；

（5）未将事故隐患排查治理情况如实记录或者未向从业人员通报的；

（6）未按照规定制定生产安全事故应急救援预案或者未定期组织演练的；

（7）特种作业人员未按照规定经专门的安全作业培训并取得相应资格，上岗作业的。

**【案例】**某市应急管理局在对辖区内某企业执法检查时，发现安排未取得特种作业操作证的员工赵某武从事电工作业。根据《安全生产法》第三十条第一款规定，执法人员现场下达了责令限期整改指令书和现场处理措施决定书，责令企业限期整改，立即将赵某武调离电工工作岗位，在取得电工特种作业操作证之前不得从事电工作业，并对企业立案调查，依据《安全生产法》规定实施行政处罚。

第九十九条规定，生产经营单位有下列行为之一的，责令限期改正，处五万元以下的罚款；逾期未改正的，处五万元以上二十万元以下的罚款，对其直接负责的主管人员和其他直接责任人员处一万元以上二万元以下的罚款；情节严重的，责令停产停业整顿；构成犯罪的，依照刑法有关规定追究刑事责任：

（1）未在有较大危险因素的生产经营场所和有关设施、设备上设置明显的安全警示标志的；

（2）安全设备的安装、使用、检测、改造和报废不符合国家标准或者行业标准的；

（3）未对安全设备进行经常性维护、保养和定期检测的；

（4）关闭、破坏直接关系生产安全的监控、报警、防护、救生设备、设施，或者篡改、隐瞒、销毁其相关数据、信息的；

（5）未为从业人员提供符合国家标准或者行业标准的劳动防护用品的；

（6）危险物品的容器、运输工具，以及涉及人身安全、危险性较大的海洋石油开采特种设备和矿山井下特种设备未经具有专业资质的机构检测、检验合格，取得安全使用证或者安全标志，投入使用的；

（7）使用应当淘汰的危及生产安全的工艺、设备的；

（8）餐饮等行业的生产经营单位使用燃气未安装可燃气体报警装置的。

**【案例】**杭州市萧山区联合检查组在对建设一路的某海鲜店检查过程中发现该店厨房使用燃气，但未安装可燃气体报警装置。此行为违反了《安全生产法》的规定。执法人员当场开具责令整改通知书，并立案调查，依据《安全生产法》的规定实施行政处罚。

第一百零一条规定，生产经营单位有下列行为之一的，责令限期改正，处十万元以下的罚款；逾期未改正的，责令停产停业整顿，并处十万元以上二十万元以下的罚款，对其直接负责的主管人员和其他直接责任人员处二万元以上五万元以下的罚款；构成犯罪的，依照刑法有关规定追究刑事责任：

（1）生产、经营、运输、储存、使用危险物品或者处置废弃危险物品，未建立专门安全管理制度、未采取可靠的安全措施的；

（2）对重大危险源未登记建档，未进行定期检测、评估、监控，未制定应急预案，或者未告知应急措施的；

（3）进行爆破、吊装、动火、临时用电以及国务院应急管理部门会同国务院有关部门规定的其他危险作业，未安排专门人员进行现场安全管理的；

（4）未建立安全风险分级管控制度或者未按照安全风险分级采取相应管控措施的；

（5）未建立事故隐患排查治理制度，或者重大事故隐患排查治理情况未按照规定报告的。

第一百零九条规定，高危行业、领域的生产经营单位未按照国家规定投保安全生产责任保险的，责令限期改正，处五万元以上十万元以下的罚款；逾期未改正的，处十万元以上二十万元以下的罚款。

**【案例】** 温州市苍南县应急管理监察大队组织对高危行业矿山采掘企业进行执法检查时，发现浙江某矿建有限公司和温州某建设有限公司两家企业均未按照国家规定投保安全生产责任保险，其行为涉嫌违反了《安全生产法》的规定。温州市苍南县应急管理局立即依法对两家企业进行了立案查处，经案审会研究，决定给予两家公司各处10万元罚款的顶格行政处罚。

## 3.2 中华人民共和国消防法

《中华人民共和国消防法》(简称《消防法》) 是为了预防火灾和减少火灾危害，加强应急救援工作，保护人身、财产安全，维护公共安全而制定的法律，于1998年4月29日第九届全国人民代表大会常务委员会第二次会议通过，历经2008年、2019年、2021年3次修订，共7章74条。

### 3.2.1 火灾预防

《消防法》中对火灾预防方面的规定共27条。

1. 关于地方政府工作职责的规定

第八条规定，地方各级人民政府应当将包括消防安全布局、消防站、消防供水、消防通信、消防车通道、消防装备等内容的消防规划纳入城乡规划，并负责组织实施。城乡消防安全布局不符合消防安全要求的，应当调整、完善；公共消防设施、消防装备不足或者不适应实际需要的，应当增建、改建、配置或者进行技术改造。

本条规定充分体现了人民政府在城市消防安全布局和公共消防设施、消防装备的规划和建设方面以及在消防科技工作方面的职责，其目的是促进城市消防安全布局合理和公共消防设施、消防装备建设，促进消防科技进步。

2. 关于建筑工程消防设计及验收审核的规定

第九条规定，建设工程的消防设计、施工必须符合国家工程建设消防技术标准。建设、设计、施工、工程监理等单位依法对建设工程的消防设计、施工质量负责。

第十条规定，对按照国家工程建设消防技术标准需要进行消防设计的建设工程，实行建设工程消防设计审查验收制度。

第十一条规定，国务院住房和城乡建设主管部门规定的特殊建设工程，建设单位应当将消防设计文件报送住房和城乡建设主管部门审查，住房和城乡建设主管部门依法对审查的结果负责。

前款规定以外的其他建设工程，建设单位申请领取施工许可证或者申请批准开工报告时应当提供满足施工需要的消防设计图纸及技术资料。

第十三条规定，国务院住房和城乡建设主管部门规定应当申请消防验收的建设工程竣工，建设单位应当向住房和城乡建设主管部门申请消防验收。前款规定以外的其他建设工程，建设单位在验收后应当报住房和城乡建设主管部门备案，住房和城乡建设主管部门应当进行抽查。依法应当进行消防验收的建设工程，未经消防验收或者消防验收不合格的，禁止投入使用；其他建设工程经依法抽查不合格的，应当停止使用。

3. 关于公众聚集场所消防安全的规定

第十五条规定，公众聚集场所在投入使用、营业前，建设单位或者使用单位应当向场所所在地的县级以上地方人民政府消防救援机构申请消防安全检查。消防救援机构应当自受理申请之日起十个工作日内，根据消防技术标准和管理规定，对该场所进行消防安全检查。未经消防安全检查或者经检查不符合消防安全要求的，不得投入使用、营业。

第二十条规定，举办大型群众性活动，承办人应当依法向公安机关申请安全许可，制定灭火和应急疏散预案并组织演练，明确消防安全责任分工，确定消防安全管理人员，保持消防设施和消防器材配置齐全、完好有效，保证疏散通道、安全出口、疏散指示标志、应急照明和消防车通道符合消防技术标准和管理规定。

以上两条主要针对我国公众聚集场所和大型集会活动火灾频发，并造成一系列群死群伤重特大火灾事故而制定的。这里的“公众聚集场所”是指宾馆、饭店、商场、集贸市场、客运车站候车室、客运码头候船厅、民用机场航站楼、体育场馆、会堂以及公共娱乐场所等。“公共娱乐场所”主要包括影剧院、录像厅、礼堂等演出、放映场所，舞厅、卡拉 OK 厅等歌舞娱乐场所，具有娱乐功能的夜总会、音乐茶座和餐饮场所，游艺、游乐场所，保龄球馆、旱冰场、桑拿浴室等营业性健身、休闲场所等。

4. 关于易燃易爆危险物品管理的消防安全规定

第十九条规定，生产、储存、经营易燃易爆危险品的场所不得与居住场所设置在同一建筑物内，并应当与居住场所保持安全距离。

第二十二条规定，生产、储存、装卸易燃易爆危险品的工厂、仓库和专用车站、码头的设置，应当符合消防技术标准。易燃易爆气体和液体的充装站、供应站、调压站，应当设置在符合消防安全要求的位置，并符合防火防爆要求。已经设置的生产、储存、装卸易燃易爆危险品的工厂、仓库和专用车站、码头，易燃易爆气体和液体的充装站、供应站、调压站，不再符合前款规定的，地方人民政府应当组织、协调有关部门、单位限期解决，消除安全隐患。

第二十三条规定，生产、储存、运输、销售、使用、销毁易燃易爆危险品，必须执行消防技术标准和管理规定。进入生产、储存易燃易爆危险品的场所，必须执行消防安全规定。禁止非法携带易燃易爆危险品进入公共场所或者乘坐公共交通工具。储存可燃物资仓库的管理，必须执行消防技术标准和管理规定。

近年来，由非法存储易燃易爆危险品导致火灾的事故时有发生，造成了极其严重的后果。

**【案例】**2019 年 3 月 21 日 14 时 48 分，某化工有限公司发生特别重大爆炸事故，造成 78 人死亡、76 人重伤、640 人住院治疗，直接经济损失 198635.07 万元。据报道，涉事企业从 2015 年起就因违规堆放化学物品、污染环境等问题被有关部门多次处罚。

《消防法》第三十条规定，地方各级人民政府应当加强对农村消防工作的领导，采取措施加强公共消防设施建设，组织建立和督促落实消防安全责任制。

5. 关于电器产品、燃气用具的产品标准及其安装、使用的消防安全规定

第二十七条规定，电器产品、燃气用具的产品标准，应当符合消防安全的要求。

电器产品、燃气用具的安装、使用及其线路、管路的设计、敷设、维护保养、检测，

必须符合消防技术标准和管理规定。

6. 关于保护消防设施、器材，保障消防通道畅通及公共消防设施维护的规定

第二十八条规定，任何单位、个人不得损坏、挪用或者擅自拆除、停用消防设施、器材，不得埋压、圈占、遮挡消火栓或者占用防火间距，不得占用、堵塞、封闭疏散通道、安全出口、消防车通道。人员密集场所的门窗不得设置影响逃生和灭火救援的障碍物。

**【案例】**2021 年 12 月 19 日，湖北武汉阳逻四小附近一居民楼顶楼起火，由于私家车堵占消防车通道，消防车无法进入现场，消防员只能紧急就近寻找其他水源展开扑救，耽误了最佳救援时机，被困屋内的两姐妹不幸身亡。

第二十九条规定，负责公共消防设施维护管理的单位，应当保持消防供水、消防通信、消防车通道等公共消防设施的完好有效。在修建道路以及停电、停水、截断通信线路时有可能影响消防队灭火救援的，有关单位必须事先通知当地消防救援机构。

7. 关于重要防火期消防工作的规定

第三十一条规定，在农业收获季节、森林和草原防火期间、重大节假日期间以及火灾多发季节，地方各级人民政府应当组织开展有针对性的消防宣传教育，采取防火措施，进行消防安全检查。

8. 关于基层组织的群众性消防工作规定

第三十二条规定，乡镇人民政府、城市街道办事处应当指导、支持和帮助村民委员会、居民委员会开展群众性的消防工作。村民委员会、居民委员会应当确定消防安全管理人，组织制定防火安全公约，进行防火安全检查。

加强社区消防工作是消防工作坚持群众路线的重要体现。当前，城市社区日益成为个人、家庭与单位、集体、社会连接的重要纽带和城市管理的重要方面。消防工作作为城市管理的重要组成部分，必须建立起与社区建设相适应的社区消防管理和服务网络，完善社区消防管理机制，健全社区消防管理制度，增强社区抵御火灾整体能力，打牢城市消防工作基础，使消防工作社会化深入到基层，增强群众的消防安全意识，提高城市防范火灾的能力，避免或减少火灾事故发生对人民生命财产安全造成的损失。

### 3.2.2 消防组织

1. 关于消防组织建设的规定

第三十五条规定，各级人民政府应当加强消防组织建设，根据经济社会发展的需要，建立多种形式的消防组织，加强消防技术人才培养，增强火灾预防、扑救和应急救援的能力。

第三十六条规定，县级以上地方人民政府应当按照国家规定建立国家综合性消防救援队、专职消防队，并按照国家标准配备消防装备，承担火灾扑救工作。乡镇人民政府应当根据当地经济发展和消防工作的需要，建立专职消防队、志愿消防队，承担火灾扑救工作。

我国消防救援力量主要有国家综合性消防救援队、专职消防队、志愿消防队等。国家综合性消防救援队伍是由公安消防部队（武警消防部队）、武警森林部队退出现役，成建制划归应急管理部后组建成立的。专职消防队是地方人民政府、企业为了维护当地和本单

位的消防安全和扑救火灾而建立起来的专门从事消防工作的地方性专业灭火力量。

2. 关于国家综合性消防救援队和专职消防队职责和能力建设的规定

第三十七条规定，国家综合性消防救援队、专职消防队按照国家规定承担重大灾害事故和其他以抢救人员生命为主的应急救援工作。

第三十八条规定，国家综合性消防救援队、专职消防队应当充分发挥火灾扑救和应急救援专业力量的骨干作用；按照国家规定，组织实施专业技能训练，配备并维护保养装备器材，提高火灾扑救和应急救援的能力。

综合性消防救援队和专职消防队是火灾扑救和应急救援的主力军，承担着重大灾害事故和其他以抢救人员生命为主的救援工作。因此，需要从专业技能、装备、器材等方面加强建设，提高应急救援能力。

3. 关于有关单位必须建立专职消防队的规定

第三十九条规定，下列单位应当建立单位专职消防队，承担本单位的火灾扑救工作：

（1）大型核设施单位、大型发电厂、民用机场、主要港口；

（2）生产、储存易燃易爆危险品的大型企业；

（3）储备可燃的重要物资的大型仓库、基地；

（4）第一项、第二项、第三项规定以外的火灾危险性较大、距离国家综合性消防救援队较远的其他大型企业；

（5）距离国家综合性消防救援队较远、被列为全国重点文物保护单位的古建筑群的管理单位。

4. 关于志愿消防队的规定

第四十一条规定，机关、团体、企业、事业等单位以及村民委员会、居民委员会根据需要，建立志愿消防队等多种形式的消防组织，开展群众性自防自救工作。

第四十二条规定，消防救援机构应当对专职消防队、志愿消防队等消防组织进行业务指导；根据扑救火灾的需要，可以调动指挥专职消防队参加火灾扑救工作。

我国地域宽广，不同地区之间发展不平衡，综合性消防救援队、专职消防队难以承担所有的火灾预防、扑救和应急救援工作，尤其是在工作生活中的火灾预防工作，这就需要组织建立志愿消防队并发动群众自防自救。消防救援机构被赋予了法律权力，当发生火灾时，可以调动指挥专职消防队，专职消防队不得以任何理由拒绝、拖延，错过灭火战机。

### 3.2.3 灭火救援

火灾发生时往往蔓延迅速，烟雾浓毒性大，易造成人员伤亡。为了能在最短时间内最大限度地减少人员伤亡和财产损失，就必须快速反应，利用一切社会资源，协调一致地行动，及时扑灭。

1. 关于火灾应急预案、应急反应和处置机制的规定

第四十三条规定，县级以上地方人民政府应当组织有关部门针对本行政区域内的火灾特点制定应急预案，建立应急反应和处置机制，为火灾扑救和应急救援工作提供人员、装备等保障。

2. 关于火灾报警，现场疏散、扑救，消防队接警出动的规定

第四十四条规定，任何人发现火灾都应当立即报警。任何单位、个人都应当无偿为报警提供便利，不得阻拦报警。严禁谎报火警。人员密集场所发生火灾，该场所的现场工作人员应当立即组织、引导在场人员疏散。任何单位发生火灾，必须立即组织力量扑救。邻近单位应当给予支援。消防队接到火警，必须立即赶赴火灾现场，救助遇险人员，排除险情，扑灭火灾。

这里所说的“任何人”，既包括单位消防工作人员，也包括发现火灾的任何其他人。易燃易爆危险品生产、运输、储存的企业或者人员密集场所，按要求必须安装火灾自动报警系统。谎报火警者要按照相关规定进行处罚。报警后，消防队未到时，人员密集场所的现场工作人员有义务进行组织、引导人员疏散。

3. 关于火灾现场总指挥权限的规定

第四十五条规定，消防救援机构统一组织和指挥火灾现场扑救，应当优先保障遇险人员的生命安全。

火灾现场总指挥根据扑救火灾的需要，有权决定下列事项：

（1）使用各种水源；

（2）截断电力、可燃气体和可燃液体的输送，限制用火用电；

（3）划定警戒区，实行局部交通管制；

（4）利用邻近建筑物和有关设施；

（5）为了抢救人员和重要物资，防止火势蔓延，拆除或者破损毗邻火灾现场的建筑物、构筑物或者设施等；

（6）调动供水、供电、供气、通信、医疗救护、交通运输、环境保护等有关单位协助灭火救援。

根据扑救火灾的紧急需要，有关地方人民政府应当组织人员、调集所需物资支援灭火。

第四十六条规定，国家综合性消防救援队、专职消防队参加火灾以外的其他重大灾害事故的应急救援工作，由县级以上人民政府统一领导。

4. 关于消防交通优先，消防设施、器材不能挪作他用的规定

第四十七条规定，消防车、消防艇前往执行火灾扑救或者应急救援任务，在确保安全的前提下，不受行驶速度、行驶路线、行驶方向和指挥信号的限制，其他车辆、船舶以及行人应当让行，不得穿插超越；收费公路、桥梁免收车辆通行费。交通管理指挥人员应当保证消防车、消防艇迅速通行。

第四十八条规定，消防车、消防艇以及消防器材、装备和设施，不得用于与消防和应急救援工作无关的事项。

### 3.2.4 监督检查

1. 关于政府及消防救援机构监督检查职责的规定

第五十二条规定，地方各级人民政府应当落实消防工作责任制，对本级人民政府有关部门履行消防安全职责的情况进行监督检查。县级以上地方人民政府有关部门应当根据本

系统的特点，有针对性地开展消防安全检查，及时督促整改火灾隐患。

第五十三条规定，消防救援机构应当对机关、团体、企业、事业等单位遵守消防法律、法规的情况依法进行监督检查。公安派出所可以负责日常消防监督检查、开展消防宣传教育，具体办法由国务院公安部门规定。消防救援机构、公安派出所的工作人员进行消防监督检查，应当出示证件。

有关部门应根据检查对象的特点有针对性地开展消防安全检查，及时督促整改火灾隐患。例如公众聚集场所在投入使用、营业前的消防安全检查；对单位履行法定消防安全职责情况的监督抽查；对举报投诉的消防安全违法行为的核查；对大型群众性活动举办前的消防安全检查；根据需要进行的其他消防监督检查等。

2. 关于对监督检查中发现的火灾隐患处理的规定

第五十四条规定，消防救援机构在消防监督检查中发现火灾隐患的，应当通知有关单位或者个人立即采取措施消除隐患；不及时消除隐患可能严重威胁公共安全的，消防救援机构应当依照规定对危险部位或者场所采取临时查封措施。

第五十五条规定，消防救援机构在消防监督检查中发现城乡消防安全布局、公共消防设施不符合消防安全要求，或者发现本地区存在影响公共安全的重大火灾隐患的，应当由应急管理部门书面报告本级人民政府。接到报告的人民政府应当及时核实情况，组织或者责成有关部门、单位采取措施，予以整改。

若出现堵塞安全通道或者影响灭火救援行动的；消防设施已经损坏且无法实施灭火功能的；设计不符合消防安全布局且影响公共安全的；在人员密集场所违反消防安全规定使用、储存易燃易爆炸危险品的；或者其他的有可能会造成火灾发生的情况，消防救援机构有权通知有关单位或个人采取有效的措施去消除隐患。如果该单位或者个人不及时消除隐患并且可能严重威胁公共安全的，消防救援机构有权依照规定对危险部位或者场所采取临时查封措施。如果发现了城乡消防安全布局、公共消防设施或者影响公共安全等方面的重大火灾隐患，消防救援机构应当由应急管理部门书面报告本级人民政府。接到报告的人民政府应及时核实情况，若属实则责令整改。

### 3.2.5 法律责任

《消防法》中的法律责任共 15 条，规定了违反该法的具体行为及应受到的处罚。对于违反了《消防法》规定，尚不构成犯罪的行为共设定了 6 类行政处罚：警告、罚款、拘留、责令停产停业（停止施工、停止使用）、没收违法所得、责令停止执业（吊销相应资质、资格）。

1. 建设单位（公众聚集场所）违法行为处罚规定

第五十八条规定，违反本法规定，有下列行为之一的，由住房和城乡建设主管部门、消防救援机构按照各自职权责令停止施工、停止使用或者停产停业，并处三万元以上三十万元以下罚款：

（1）依法应当进行消防设计审查的建设工程，未经依法审查或者审查不合格，擅自施工的；

（2）依法应当进行消防验收的建设工程，未经消防验收或者消防验收不合格，擅自投入使用的；

（3）本法第十三条规定的其他建设工程验收后经依法抽查不合格，不停止使用的；

（4）公众聚集场所未经消防救援机构许可，擅自投入使用、营业的，或者经核查发现场所使用、营业情况与承诺内容不符的。

建设单位未依照本法规定在验收后报住房和城乡建设主管部门备案的，由住房和城乡建设主管部门责令改正，处五千元以下罚款。

第五十九条规定，违反本法规定，有下列行为之一的，由住房和城乡建设主管部门责令改正或者停止施工，并处一万元以上十万元以下罚款：

（1）建设单位要求建筑设计单位或者建筑施工企业降低消防技术标准设计、施工的；

（2）建筑设计单位不按照消防技术标准强制性要求进行消防设计的；

（3）建筑施工企业不按照消防设计文件和消防技术标准施工，降低消防施工质量的；

（4）工程监理单位与建设单位或者建筑施工企业串通，弄虚作假，降低消防施工质量的。

在我国经济快速发展的背景下，建筑领域的消防设计变得越来越重要，如果建筑消防不达标，发生火灾会严重威胁人们的生命安全，带来巨大的经济损失。为了使建设单位规范施工，这两条规定住房和城乡建设主管部门、消防救援机构对建设工程在消防设计审查、消防验收、验收后的抽查，公众聚集场所的消防安全检查，消防技术标准或者消防施工质量等不达标的情况责令改正或停止施工或停产停业并进行相应的罚款。

2. 单位违法行为的处罚规定

第六十条规定，单位违反本法规定，有下列行为之一的，责令改正，处五千元以上五万元以下罚款：

（1）消防设施、器材或者消防安全标志的配置、设置不符合国家标准、行业标准，或者未保持完好有效的；

（2）损坏、挪用或者擅自拆除、停用消防设施、器材的；

（3）占用、堵塞、封闭疏散通道、安全出口或者有其他妨碍安全疏散行为的；

（4）埋压、圈占、遮挡消火栓或者占用防火间距的；

（5）占用、堵塞、封闭消防车通道，妨碍消防车通行的；

（6）人员密集场所在门窗上设置影响逃生和灭火救援的障碍物的；

（7）对火灾隐患经消防救援机构通知后不及时采取措施消除的。

个人有前款第二项、第三项、第四项、第五项行为之一的，处警告或者五百元以下罚款。

有本条第一款第二项、第四项、第五项、第六项行为，经责令改正拒不改正的，强制执行，所需费用由违法行为人承担。

3. 易燃易爆危险品的场所设置不符合规定的处罚规定

第六十一条规定，生产、储存、经营易燃易爆危险品的场所与居住场所设置在同一建筑物内，或者未与居住场所保持安全距离的，责令停产停业，并处五千元以上五万元以下罚款。

生产、储存、经营其他物品的场所与居住场所设置在同一建筑物内，不符合消防技术标准的，依照前款规定处罚。

4. 违反消防管理规定行为处罚规定

第六十二条规定，有下列行为之一的，依照《中华人民共和国治安管理处罚法》的规定处罚：

（1）违反有关消防技术标准和管理规定生产、储存、运输、销售、使用、销毁易燃易爆危险品的；

（2）非法携带易燃易爆危险品进入公共场所或者乘坐公共交通工具的；

（3）谎报火警的；

（4）阻碍消防车、消防艇执行任务的；

（5）阻碍消防救援机构的工作人员依法执行职务的。

第六十三条规定，违反本法规定，有下列行为之一的，处警告或者五百元以下罚款；情节严重的，处五日以下拘留：

（1）违反消防安全规定进入生产、储存易燃易爆危险品场所的；

（2）违反规定使用明火作业或者在具有火灾、爆炸危险的场所吸烟、使用明火的。

第七十条规定，本法规定的行政处罚，除应当由公安机关依照《中华人民共和国治安管理处罚法》的有关规定决定的外，由住房和城乡建设主管部门、消防救援机构按照各自职权决定。被责令停止施工、停止使用、停产停业的，应当在整改后向作出决定的部门或者机构报告，经检查合格，方可恢复施工、使用、生产、经营。当事人逾期不执行停产停业、停止使用、停止施工决定的，由作出决定的部门或者机构强制执行。责令停产停业，对经济和社会生活影响较大的，由住房和城乡建设主管部门或者应急管理部门报请本级人民政府依法决定。

第六十四条规定，违反本法规定，有下列行为之一，尚不构成犯罪的，处十日以上十五日以下拘留，可以并处五百元以下罚款；情节较轻的，处警告或者五百元以下罚款：

（1）指使或者强令他人违反消防安全规定，冒险作业的；

（2）过失引起火灾的；

（3）在火灾发生后阻拦报警，或者负有报告职责的人员不及时报警的；

（4）扰乱火灾现场秩序，或者拒不执行火灾现场指挥员指挥，影响灭火救援的；

（5）故意破坏或者伪造火灾现场的；

（6）擅自拆封或者使用被消防救援机构查封的场所、部位的。

5. 消防技术服务机构、住房和城乡建设主管部门、消防救援机构的工作人员失职失责的处罚规定

第六十九条规定，消防产品质量认证、消防设施检测等消防技术服务机构出具虚假文件的，责令改正，处五万元以上十万元以下罚款，并对直接负责的主管人员和其他直接责任人员处一万元以上五万元以下罚款；有违法所得的，并处没收违法所得；给他人造成损失的，依法承担赔偿责任；情节严重的，由原许可机关依法责令停止执业或者吊销相应资质、资格。

前款规定的机构出具失实文件，给他人造成损失的，依法承担赔偿责任；造成重大损失的，由原许可机关依法责令停止执业或者吊销相应资质、资格。

第七十一条规定，住房和城乡建设主管部门、消防救援机构的工作人员滥用职权、玩忽职守、徇私舞弊，有下列行为之一，尚不构成犯罪的，依法给予处分：

（1）对不符合消防安全要求的消防设计文件、建设工程、场所准予审查合格、消防验收合格、消防安全检查合格的；

（2）无故拖延消防设计审查、消防验收、消防安全检查，不在法定期限内履行职责的；

（3）发现火灾隐患不及时通知有关单位或者个人整改的；

（4）利用职务为用户、建设单位指定或者变相指定消防产品的品牌、销售单位或者消防技术服务机构、消防设施施工单位的；

（5）将消防车、消防艇以及消防器材、装备和设施用于与消防和应急救援无关的事项；

（6）其他滥用职权、玩忽职守、徇私舞弊的行为。

产品质量监督、工商行政管理等其他有关行政主管部门的工作人员在消防工作中滥用职权、玩忽职守、徇私舞弊，尚不构成犯罪的，依法给予处分。

## 3.3 生产安全事故应急条例

为解决生产安全事故应急工作中存在的突出问题，提高生产安全事故应急工作的科学化、规范化和法治化水平，2019 年 2 月 17 日，国务院总理李克强签署第 708 号国务院令，公布《生产安全事故应急条例》（简称《应急条例》），自 2019 年 4 月 1 日起施行。《应急条例》共 5 章 35 条，对生产安全事故应急工作体制、应急准备、应急救援等作了规定。

### 3.3.1 生产安全事故应急工作的体制、机制

为了加强和规范生产安全事故应急工作，《应急条例》第三条、第四条从政府、企业两个层面 5 个方面明确了相应的职责，厘清了工作机制。

1. 明确生产安全事故应急工作由县级以上人民政府统一领导、分级负责

第三条第一款规定，国务院统一领导全国的生产安全事故应急工作，县级以上地方人民政府统一领导本行政区域内的生产安全事故应急工作。生产安全事故应急工作涉及两个以上行政区域的，由有关行政区域共同的上一级人民政府负责，或者由各有关行政区域的上一级人民政府共同负责。

根据上述规定，假如两个县属于同一市管辖的，则由该市政府负责；假如两个县分别属于不同市管辖的，则由不同市共同负责。

2. 明确政府有关部门按照各自职责负责有关行业、领域的生产安全生产事故应急工作

第三条第二款规定，县级以上人民政府应急管理部门和其他对有关行业、领域的安全生产工作实施监督管理的部门（以下统称负有安全生产监督管理职责的部门）在各自职责范围内，做好有关行业、领域的生产安全事故应急工作。生产安全事故应急工作是安全生产的重要内容，按照管行业必须管安全、管业务必须管安全、管生产经营必须管安全的

原则，政府应急管理部门和其他负责安全生产监督管理职责的部门在各自职责范围内，分别做好有关生产安全事故应急工作，各负其责。

3. 明确应急管理部门对生产安全事故应急工作负有统筹职责

第三条第三款规定，县级以上人民政府应急管理部门指导、协调本级人民政府其他负有安全生产监督管理职责的部门和下级人民政府的生产安全事故应急工作。应急管理部门作为安全生产工作的综合部门，对安全生产工作负综合监督管理职责，同样对同级政府其他部门和下级政府的生产安全事故应急工作负有指导、协调职责。所谓“指导”，是指按照国家和上级有关部门或者本级政府的要求指导开展生产安全事故相应的应急工作，包括预案编制、预案演练等。所谓“协调”，是指对生产安全事故应急工作中有关重大问题进行协调，处理不了的，及时向有关政府和部门汇报。特别要注意的是，没有监督检查职责，与安全生产工作有所不同。

4. 明确乡、镇人民政府和派出机关协助做好生产安全事故应急工作

第三条第四款规定，乡、镇人民政府以及街道办事处等地方人民政府派出机关应当协助上级人民政府有关部门依法履行生产安全事故应急工作职责。这与《安全生产法》类似，乡、镇人民政府以及街道办事处等地方人民政府派出机关仅是做好协助工作。需要说明的是，各类高新区、工业园区、化工园区等管理机构，是地方人民政府派出机关，应当协助上级人民政府有关部门依照有关法律、行政法规、地方性法规、规章以及有关“三定”等规定履行生产安全事故应急工作职责。

5. 明确生产经营单位是本单位生产安全事故应急工作的责任主体，主要负责人全面负责

第四条规定，生产经营单位应当加强生产安全事故应急工作，建立、健全生产安全事故应急工作责任制，其主要负责人对本单位的生产安全事故应急工作全面负责。贯彻落实《安全生产法》的规定，强调管安全生产工作必须管应急工作。

### 3.3.2 生产安全事故的应急准备

应急准备是整个应急工作的前提。《突发事件应对法》对有关应急准备作出了很多规定，《安全生产法》对有关应急预案和应急队伍、物资配备也作出了相应规定。在此基础上，结合生产安全事故应急工作的实际需要，《应急条例》设立专章，共 12 条，从预案编制、预案备案、预案演练、队伍建设、值班制度、人员培训、物资储备、信息系统 8 个方面进行规范。

1. 规范了应急预案的编制

（1）明确县级以上政府及部门要制定生产安全事故预案，并向社会公布。第五条第一款规定，县级以上人民政府及其负有安全生产监督管理职责的部门和乡、镇人民政府以及街道办事处等地方人民政府派出机关，应当针对可能发生的生产安全事故的特点和危害，进行风险辨识和评估，制定相应的生产安全事故应急救援预案，并依法向社会公布。按照预案对象的不同，预案的种类也不同，各级政府要制定相应的政府预案，有关部门要制定不同的事故预案，有生产安全事故专项（综合）应急预案，也有危险化学品事故、尾矿库事故、特种设备事故等部门应急预案等。预案编制前要对事故特点和危害情况进行

风险辨识和评估，根据评估情况，编制有针对性的预案。预案编制完成后，要将预案通过政府及部门网站，或者其他媒体等方式向社会公布，让全社会和公众知道，增加全社会的应急能力。

（2）明确生产经营单位要制定生产安全事故预案，并向从业人员公布。第五条第二款规定，生产经营单位应当针对本单位可能发生的生产安全事故的特点和危害，进行风险辨识和评估，制定相应的生产安全事故应急救援预案，并向本单位从业人员公布。各单位生产经营活动情况不同，面临的风险也不同，有的生产经营单位仅存有单一风险，有的生产经营单位存有多种风险。因此，生产经营单位要针对自身可能发生的生产安全事故的种类、特点和危害程度等因素，进行风险辨识和评估，制定面对多种灾害的综合性应急预案，或者面对单一灾害的专项应急预案，或者简单的现场处置方案。不同种类的应急预案编制完成后，生产经营单位都要通过单位网络或者板报张贴等方式向从业人员公布，让从业人员知悉、了解。当然，依据《安全生产法》的规定，生产经营单位编制的应急预案应当与有关政府及部门的应急预案相衔接。

（3）明确了预案编制的依据和内容。第六条第一款规定，生产安全事故应急救援预案应当符合有关法律、法规、规章和标准的规定，具有科学性、针对性和可操作性，明确规定应急组织体系、职责分工以及应急救援程序和措施。根据规定，生产安全事故应急预案编制不仅要符合法律、法规的要求，还要符合规章和标准的要求。特别增加标准的规定，其目的就是要增强应急预案的科学性、针对性和可操作性。科学性是指预案编制要根据可能发生的事故特点及危险危害等因素，通过风险辨识和评估后进行编制，保证预案的内容科学、合理。针对性是指预案编制要根据不同事故种类、特点和危害风险程度，制定相应的综合性应急预案、单（专）项应急预案或者现场处置方案等。可操作性是指预案的内容要可操作，避免假、大、空。近年来，除了法律、行政法规、地方性法规对应急预案编制作出规定外，有关部门和团体还继续制定出台规章和标准。例如，应急管理部重新制定了《生产安全事故应急预案管理办法》，国家出台了《生产经营单位生产安全事故应急预案编制导则》(GB/T 29639—2020)、《特种设备事故应急预案编制导则》等。

（4）规范了应急预案的修订。实践中，很多政府及部门、生产经营单位编制的生产安全事故应急预案往往多年不修订，放在那里原封不动，形同虚设，早已失去应有的作用。为此，第六条第二款规定，有下列情形之一的，生产安全事故应急救援预案制定单位应当及时修订相关预案：①制定预案所依据的法律、法规、规章、标准发生重大变化；②应急指挥机构及其职责发生调整；③安全生产面临的风险发生重大变化；④重要应急资源发生重大变化；⑤在预案演练或者应急救援中发现需要修订预案的重大问题；⑥其他应当修订的情形。出现上述情况的，有关政府及部门、生产经营单位等预案制定部门应当及时修订相应的应急预案。

2. 规范了预案的备案

预案备案是加强应急管理的重要内容。《安全生产法》规定所有生产经营单位都应当制定相应的生产安全事故应急救援预案，但实践中要求所有应急预案都向政府部门备案是不可能的，况且有些生产经营单位风险很小，也无必要。为此，《应急条例》仅对高危生产经营单位和人员密集场所经营单位做出备案规定，其他生产经营单位的应急预案由单位自己管理。《应急条例》从政府部门应急预案和生产经营单位应急预案两个方面对备案作出规定。

（1）政府部门的应急预案向本级人民政府备案。第七条规定，县级以上人民政府负有安全生产监督管理职责的部门应当将其制定的生产安全事故应急救援预案报送本级人民政府备案。

（2）高危生产经营单位和人员密集场所经营单位的应急预案向政府有关部门备案，并依法向社会公布。第七条规定，易燃易爆物品、危险化学品等危险物品的生产、经营、储存、运输单位，矿山、金属冶炼、城市轨道交通运营、建筑施工单位，以及宾馆、商场、娱乐场所、旅游景区等人员密集场所经营单位，应当将其制定的生产安全事故应急救援预案按照国家有关规定报送县级以上人民政府负有安全生产监督管理职责的部门备案，并依法向社会公布。需要注意的是，这里讲的国家规定，既包括法律、行政法规的规定，也包括国务院有关部门规章制度的规定。例如《危险化学品安全管理条例》规定，危险化学品事故应急预案应当向所在地设区的市级人民政府安全生产监督管理部门备案。这里与《应急条例》第五条规定有所不同，生产经营单位制定的应急救援预案要向从业人员公布，但是，高危生产经营单位和人员密集场所经营单位的应急预案要依法向社会公布，要求更严。

3. 规范了预案的演练

应急预案演练是保证应急预案有效性的重要手段。通过应急预案的演练，一方面可以检验应急预案的科学性、针对性和可操作性；另一方面可以发现应急预案存在的问题和不足，及时修订和完善。为此，《应急条例》从三方面对应急预案演练作出规定。

（1）政府及部门应急预案应当至少每 2 年组织 1 次演练。实践中，很多部门的应急预案从编制完成以来，因各种原因，没有开展过一次演练。为此，第八条第一款规定，县级以上地方人民政府以及县级以上人民政府负有安全生产监督管理职责的部门，乡、镇人民政府以及街道办事处等地方人民政府派出机关，应当至少每 2 年组织 1 次生产安全事故应急救援预案演练。根据规定，演练每 2 年至少组织 1 次，也可以针对不同的事故，每年组织 1 次及以上演练，由有关部门和派出机关根据实际情况确定。

（2）高危生产经营单位和人员密集场所经营单位应当至少每半年组织 1 次演练。第八条第二款规定，易燃易爆物品、危险化学品等危险物品的生产、经营、储存、运输单位，矿山、金属冶炼、城市轨道交通运营、建筑施工单位，以及宾馆、商场、娱乐场所、旅游景区等人员密集场所经营单位，应当至少每半年组织 1 次生产安全事故应急救援预案演练，并将演练情况报送所在地县级以上地方人民政府负有安全生产监督管理职责的部门。根据规定，演练每半年至少组织 1 次，也可以针对不同的事故，每半年组织 2 次及以上演练，由高危生产经营单位和人员密集场所经营单位根据实际情况确定。演练结束后，高危生产经营单位和人员密集场所经营单位应当将演练情况报送所在地县级以上地方人民政府负有安全生产监督管理职责的部门，这是法定义务。

（3）规定了政府部门对高危生产经营单位和人员密集场所经营单位演练的监督。对演练的监督，是保证演练取得效果的重要手段和措施。第八条第三款规定，县级以上地方人民政府负有安全生产监督管理职责的部门应当对本行政区域内高危生产经营单位、人员密集场所经营单位等重点单位的生产安全事故应急救援预案演练进行抽查；发现演练不符合要求的，应当责令限期改正。这里讲的抽查，是一种事后监督方式。负有安全生产监督管理职责的部门对本行政区域内高危生产经营单位、人员密集场所经营单位等重点单位上报的生产安全事故应急救援预案演练情况报告，应当进行抽查，一旦发现单位演练不符合要求的，应当责令重新组织演练。

4. 规范了应急救援队伍能力建设

为了加强应急救援队伍建设，提高应急救援人员素质。《应急条例》从以下 7 个方面进行了规范。

（1）明确政府应急救援队伍建设。政府及有关部门建立的综合和专职应急救援队伍，是参与生产安全事故应急救援工作的主要力量。为了避免应急救援队伍的重复建设，第九条从建设规划和队伍建设两个方面做出了规定：一是规定各级人民政府对应急救援队伍建设进行统筹，明确："县级以上人民政府应当加强对生产安全事故应急救援队伍建设的统一规划、组织和指导。"二是规定有关部门可以单独建立，也可以共同建立应急救援队伍，明确："县级以上人民政府负有安全生产监督管理职责的部门根据生产安全事故应急工作的实际需要，在重点行业、领域单独建立或者依托有条件的生产经营单位、社会组织共同建立应急救援队伍。"

（2）明确社会化救援队伍建设。实践中，部分生产经营单位自己建立了专门的应急救援队伍，除了满足自身救援工作外，更多从事社会化救援服务；还有一些专门从事应急救援工作的社会组织，其本身性质也各不相同，有企业性质的，也有事业单位性质的。这些社会救援力量，也是我国应急救援工作的重要支持。为了发挥这些救援力量的作用，第九条第三款规定："国家鼓励和支持生产经营单位和其他社会力量建立提供社会化应急救援服务的应急救援队伍。"从法律上明确了其地位。

（3）明确高危生产经营单位和人员密集场所经营单位应急救援队伍建设。第十条规定，易燃易爆物品、危险化学品等危险物品的生产、经营、储存、运输单位，矿山、金属冶炼、城市轨道交通运营、建筑施工单位，以及宾馆、商场、娱乐场所、旅游景区等人员密集场所经营单位，应当建立应急救援队伍；其中，小型企业或者微型企业等规模较小的生产经营单位，可以不建立应急救援队伍，但应当指定兼职的应急救援人员，并且可以与邻近的应急救援队伍签订应急救援协议。原则上，高危生产经营单位和人员密集场所经营单位都应当建立应急救援队伍。但是，小型企业或者微型企业等规模较小的生产经营单位，可以不建立应急救援队伍，但应当指定兼职的应急救援人员，并且可以与邻近的应急救援队伍签订应急救援协议。这里讲的签订应急救援协议，是自愿行为，不是强制规定。

（4）明确产业聚集区可以联合建立应急救援队伍。实践中，工业园区、开发区等区域内，特别是化工园区内，高危生产经营单位较多，每个单位都建立应急救援队伍，既浪费资源也无必要。为此，第十条规定，工业园区、开发区等产业聚集区域内的生产经营单位，可以联合建立应急救援队伍。

（5）明确应急救援人员素质和培训要求。应急救援人员从事的工作特殊，需要面对火灾、水害、尘毒等各种类型风险，专业极性强，必须具有较高的素质和技能。为此，第十一条从两个方面作出规定：一是对专业知识、技能素质提出要求，明确："应急救援队伍的应急救援人员应当具备必要的专业知识、技能、身体素质和心理素质。"二是对培训提出要求，必须经过培训合格方可参加应急救援工作，明确："应急救援队伍建立单位或者兼职应急救援人员所在单位应当按照国家有关规定对应急救援人员进行培训；应急救援人员经培训合格后，方可参加应急救援工作。"

（6）明确应急救援队伍的训练。应急救援队伍必须经常训练，方可提高应急救援能力。为此，第十一条规定，应急救援队伍应当配备必要的应急救援装备和物资，并定期组织训练。

（7）明确了应急队伍的统筹管理。应急救援队伍的统筹管理和信息化，是调动各方面应急救援力量、提高整体应急救援能力的重要手段。为此，第十二条从两个方面作出规定：一是规定生产经营单位建立的应急救援队伍要向政府部门报告，明确："生产经营单位应当及时将本单位应急救援队伍建立情况按照国家有关规定报送县级以上人民政府负有安全生产监督管理职责的部门，并依法向社会公布。"二是规定政府有关部门建立的应急救援队伍要向本级政府报告，便于统筹管理，明确："县级以上人民政府负有安全生产监督管理职责的部门应当定期将本行业、本领域的应急救援队伍建立情况报送本级人民政府，并依法向社会公布。"

5. 规范了物资储备要求

为了强化生产安全事故应急物资储备，保障应急工作的需要，《应急条例》第十三条从两个方面作出规定。

（1）政府应急物资储备的要求如下："县级以上地方人民政府应当根据本行政区域内可能发生的生产安全事故的特点和危害，储备必要的应急救援装备和物资，并及时更新和补充。"

（2）高危生产经营单位及人员密集场所经营单位的储备要求，明确："易燃易爆物品、危险化学品等危险物品的生产、经营、储存、运输单位，矿山、金属冶炼、城市轨道交通运营、建筑施工单位，以及宾馆、商场、娱乐场所、旅游景区等人员密集场所经营单位，应当根据本单位可能发生的生产安全事故的特点和危害，配备必要的灭火、排水、通风以及危险物品稀释、掩埋、收集等应急救援器材、设备和物资，并进行经常性维护、保养，保证正常运转。"

6. 规范了应急值班制度

这是一项全新的制度。为了保证应急工作的开展，及时联络相关人员和应急救援队伍，以及易燃易爆等高危物品应急救援的技术支撑，《条例》第十四条从两个方面作出规定。

（1）要求三类单位建立应急值班制度，配备应急值班人员。下列单位应当建立应急值班制度，配备应急值班人员：①县级以上人民政府及其负有安全生产监督管理职责的部门；②危险物品的生产、经营、储存、运输单位以及矿山、金属冶炼、城市轨道交通运营、建筑施工单位；③应急救援队伍。

（2）要求易燃易爆等高危物品单位成立应急处置技术组，24 小时值班。规模较大、危险性较高的易燃易爆物品、危险化学品等危险物品的生产、经营、储存、运输单位应当成立应急处置技术组，实行24小时应急值班。

7. 规范了从业人员的应急培训

《突发事件应对法》对政府及部门、相关单位的应急管理人员培训提出了要求，《安全生产法》对生产经营单位从业人员的安全生产教育和培训提出了要求。实践中，生产经营单位往往忽视从业人员的应急能力的提高，导致发生事故后，从业人员不知、不会逃生，不具备基本的应急知识。为了提高从业人员的应急能力，《应急条例》第十五条规定，生产经营单位应当对从业人员进行应急教育和培训，保证从业人员具备必要的应急知识，掌握风险防范技能和事故应急措施。生产经营单位必须按照规定加强对从业人员的应急教育和培训，切实提高从业人员的应急能力，违反规定的，将予以处罚。

8. 规范了应急救援的信息化建设

应急救援的信息化，是保障应急救援有效的重要手段。应急救援队伍、人员、物资、预案等信息必须实现共享、互通。《应急条例》第十六条从两个方面作出了规定。

（1）建立统一的生产安全事故应急救援信息系统，明确："国务院负有安全生产监督管理职责的部门应当按照国家有关规定建立生产安全事故应急救援信息系统，并采取有效措施，实现数据互联互通、信息共享。"根据规定，应急管理部、交通运输部、水利部等负有安全生产监督管理职责的部门，按照各自职责，建立健全相应行业、领域的生产安全事故应急救援信息系统，最终通过大数据，实现互联互通、信息共享，构成全国统一的信息系统，为生产安全事故应急救援提供保障。

（2）规定生产安全事故应急救援信息系统与日常监管相结合，实现"互联网+监督"服务。明确："生产经营单位可以通过生产安全事故应急救援信息系统办理生产安全事故应急救援预案备案手续，报送应急救援预案演练情况和应急救援队伍建设情况；但依法需要保密的除外。"根据规定，应急救援信息系统应当具备办理生产安全事故应急救援预案备案手续、报送应急救援预案演练情况和应急救援队伍建设情况等功能。

### 3.3.3 生产安全事故的现场应急救援

生产安全事故发生后，事故救援往往会出现机制不够完善、救援程序不够明确、救援指挥不够科学等问题，尤其是在一些基层生产经营单位违章指挥、盲目施救现象时有发生。为了规范生产安全事故应急救援工作，在《安全生产法》《突发事件应对法》已有规定的基础上，结合近年来应急救援的实践，《应急条例》从以下几个方面进行了规范。

1. 规范了生产经营单位的初期处置行为

发生事故后，生产经营单位是第一救援力量，必须进行初期处置，避免事态扩大。为此，第十七条规定，发生生产安全事故后，生产经营单位应当立即启动生产安全事故应急救援预案，采取下列一项或者多项应急救援措施，并按照国家有关规定报告事故情况：①迅速控制危险源，组织抢救遇险人员；②根据事故危害程度，组织现场人员撤离或者采取可能的应急措施后撤离；③及时通知可能受到事故影响的单位和人员；④采取必要措施，防止事故危害扩大和次生、衍生灾害发生；⑤根据需要请求邻近的应急救援队伍参加救援，并向参加救援的应急救援队伍提供相关技术资料、信息和处置方法；⑥维护事故现场秩序，保护事故现场和相关证据；⑦法律、法规规定的其他应急救援措施。

针对上述措施，生产经营单位可以针对应急处置的需要，采取其中一项或多项应急措施。如果没有规定，还可以采取《突发事件应对法》《安全生产法》等法律、行政法规、地方性法规规定的其他应急救援措施，不得采取没有法律、法规规定的措施。

2. 规范了政府的应急救援程序

有关地方人民政府及其部门接到生产安全事故报告后，应当按照国家有关规定上报事故情况，立即启动应急响应，开展应急救援工作。为此，《应急条例》第十八条从4个方面作出规定。

（1）按照国家有关规定上报事故情况。《安全生产法》《突发事件应对法》《生产安全事故报告和调查处理条例》等法律、行政法规以及国务院规定都有事故报告的要求，有关地方人民政府及其部门要按照要求及时、准确上报事故，不得迟报、漏报、谎报和瞒报。

（2）启动相应的生产安全事故应急救援预案。针对不同等级和类型的生产安全事故，启动相应的应急预案程序。

（3）按照应急救援预案的规定采取下列一项或者多项应急救援措施。这些措施有：①组织抢救遇险人员，救治受伤人员，研判事故发展趋势以及可能造成的危害；②通知可能受到事故影响的单位和人员，隔离事故现场，划定警戒区域，疏散受到威胁的人员，实施交通管制；③采取必要措施，防止事故危害扩大和次生、衍生灾害发生，避免或者减少事故对环境造成的危害；④依法发布调用和征用应急资源的决定；⑤依法向应急救援队伍下达救援命令；⑥维护事故现场秩序，组织安抚遇险人员和遇险遇难人员亲属；⑦依法发布有关事故情况和应急救援工作的信息；⑧法律、法规规定的其他应急救援措施。

（4）有关地方人民政府不能有效控制生产安全事故的，应当及时向上级人民政府报告。上级人民政府应当及时采取措施，统一指挥应急救援。

3. 设立现场救援指挥部

这是全新的制度创新。实践中，若事故相对简单，政府或者有关部门很容易处理；如果事故比较复杂，救援工作往往很难，救援队伍、人员、政府领导和专家等较多，救援方案难以统一和确定，这种情况下，亟须有一个权威机构来统一指挥救援工作。针对这些情况，《应急条例》规定可以设立现场指挥部，实行总指挥负责制，从两个方面进行规定。

（1）可以设立现场指挥部。第二十条规定，发生生产安全事故后，有关人民政府认为有必要的，可以设立由本级人民政府及其有关部门负责人、应急救援专家、应急救援队伍负责人、事故发生单位负责人等人员组成的应急救援现场指挥部，并指定现场指挥部总指挥。需要说明的是：第一，不是所有生产安全事故发生后，都要设立现场指挥部。第二，现场指挥部的成员由本级人民政府及其有关部门负责人、应急救援专家、应急救援队伍负责人、事故发生单位负责人等人员组成。

（2）实行总指挥负责制。第二十一条规定，现场指挥部实行总指挥负责制，按照本级人民政府的授权组织制定并实施生产安全事故现场应急救援方案，协调、指挥有关单位和个人参加现场应急救援。参加生产安全事故现场应急救援的单位和个人应当服从现场指挥部的统一指挥。总指挥的职责有两项：第一是根据本级人民政府的授权，组织制定并实施生产安全事故现场应急救援方案。第二是协调、指挥有关单位和个人参加现场应急救援。参加生产安全事故现场应急救援的单位和个人应当服从现场指挥部的统一指挥。

4. 设置了应急救援中止

这是新设立的制度。在应急救援过程中，因社会影响等原因，往往救援工作难以停止，盲目施救，可能出现为了救死人导致活人牺牲的情况。为此，第二十二条对应急救援中止作出了规定，明确："在生产安全事故应急救援过程中，发现可能直接危及应急救援人员生命安全的紧急情况时，现场指挥部或者统一指挥应急救援的人民政府应当立即采取相应措施消除隐患，降低或者化解风险，必要时可以暂时撤离应急救援人员。"这在法规上首次予以明确。在应急救援中，现场指挥部或者统一指挥应急救援的人民政府应积极消除隐患，降低或者化解救援风险；在风险难以降低或者化解的情况下，允许暂时停止救援工作，撤离应急救援人员，以保障应急救援人员的生命安全；待条件成熟后，继续实施应急救援工作。

5. 设置了应急救援终止

这是新设立的制度。实践中，应急救援工作什么时候结束，没有具体规定，往往是应急救援没完没了地进行。为此，第二十五条规定，生产安全事故的威胁和危害得到控制或者消除后，有关人民政府应当决定停止执行依照本条例和有关法律、法规采取的全部或者部分应急救援措施。根据规定，生产安全事故的威胁和危害得到控制或者消除后，可以全部或者部分终止应急救援工作。这在法规上首次予以了明确。

### 3.3.4 应急救援保障及后续行为

应急救援保障是应急救援整体过程的重要环节，《突发事件应对法》作出了相应规定。在此基础上，《应急条例》对应急救援过程中的保障作出了相应的补充和完善。

1. 设立了必须履行救援命令或者救援请求的规定

第十九条规定，应急救援队伍接到有关人民政府及其部门的救援命令或者签有应急救援协议的生产经营单位的救援请求后，应当立即参加生产安全事故应急救援。根据规定，一是应急救援队伍接到有关人民政府及其部门的救援命令，必须立即参加生产安全事故应急救援；二是应急救援队伍接到签有应急救援协议的生产经营单位的救援请求后，应当立即参加生产安全事故应急救援。

2. 规范了通信等保障的要求

发生事故后，往往因通信、交通运输等原因，难以保障应急救援工作。为此，在《安全生产法》《突发事件应对法》总体规定的基础上，《应急条例》第二十三条明确规定，生产安全事故发生地人民政府应当为应急救援人员提供必需的后勤保障，并组织通信、交通运输、医疗卫生、气象、水文、地质、电力、供水等单位协助应急救援。根据规定，事故发生后，事故发生地人民政府应当为应急救援人员提供必需的后勤保障，并组织相关部门和人员协助应急救援。

3. 规定了可以调用和征用财产的情形

为了保障应急救援工作的进行，《突发事件应对法》对征用和调用作出了规定。同样，生产安全事故发生后，政府及部门需依法进行征用或者调用。为此，《应急条例》第二十六条规定，有关人民政府及其部门根据生产安全事故应急救援需要依法调用和征用的财产，在使用完毕或者应急救援结束后，应当及时归还。财产被调用、征用或者调用、征用后毁损、灭失的，有关人民政府及其部门应当按照国家有关规定给予补偿。这是法定行为，可以征用或者调用财产，但必须是应急救援工作的需要。根据规定，因应急救援工作的需要，有关人民政府及其部门可以征用或者调用企业、事业、其他组织或者个人的财产，但是，在使用完毕或者应急救援结束后，应当及时归还；财产被调用、征用或者调用、征用后毁损、灭失的，应当按照国家有关规定给予补偿。

4. 规范了应急救援评估

应急救援评估是整体应急工作的重要环节，其目的是评估应急救援工作的有效性，为修订应急预案提供依据和后续应急救援工作提供经验。《应急条例》从以下两个方面作出了规定。

（1）规定了应急救援资料和证据的收集。第二十四条规定，现场指挥部或者统一指挥生产安全事故应急救援的人民政府及其有关部门应当完整、准确地记录应急救援的重要事项，妥善保存相关原始资料和证据。已成立现场指挥部的，由现场指挥部负责应急救援有关资料和证据的收集工作；没有成立现场指挥部的，由统一指挥生产安全事故应急救援的人民政府及其有关部门负责应急救援有关资料和证据的收集工作。

（2）事故调查组负责事故应急救援评估。第二十七条规定，按照国家有关规定成立的生产安全事故调查组应当对应急救援工作进行评估，并在事故调查报告中作出评估结论。事故救援工作结束后，现场指挥部或者统一指挥生产安全事故应急救援的人民政府及其有关部门可能已经解散，事故调查组将成立。这时，现场指挥部或者统一指挥生产安全事故应急救援的人民政府及其有关部门应当将保存的有关应急救援资料或者证据移送给成立的事故调查组，由事故调查组进行评估，并纳入事故调查报告。

5. 明确应急救援费用由事故责任单位承担

生产经营单位是本单位安全生产的责任主体，应当遵守有关安全生产的法律、法规、规章和标准等规定，建立健全安全生产责任制，加强安全管理，完善安全生产条件，防止和减少事故。为了落实生产经营单位的主体责任，明确有关方责任，并借鉴国外的做法，第十九条第二款规定，应急救援队伍根据救援命令参加生产安全事故应急救援所耗费用，由事故责任单位承担；事故责任单位无力承担的，由有关人民政府协调解决。需要说明的是，事故救援费用原则上由事故责任单位承担，责任单位不同于事故发生单位。

6. 明确了救治和抚恤以及烈士评定的要求

为了保障应急救援人员的安全，《应急条例》对救治和抚恤以及评定烈士等作出了规定。第二十八条规定，县级以上地方人民政府应当按照国家有关规定，对在生产安全事故应急救援中伤亡的人员及时给予救治和抚恤；符合烈士评定条件的，按照国家有关规定评定为烈士。在现有国家规定中，《工伤保险条例》对有关救治和抚恤作出了相应规定，《烈士褒扬条例》对评定烈士的条件等作出了规定。如《烈士褒扬条例》第八条规定，公民牺牲符合下列情形之一的，评定为烈士：①在依法查处违法犯罪行为、执行国家安全工作任务、执行反恐怖任务和处置突发事件中牺牲的；②抢险救灾或者其他为了抢救、保护国家财产、集体财产、公民生命财产牺牲的；③在执行外交任务或者国家派遣的对外援助、维持国际和平任务中牺牲的；④在执行武器装备科研试验任务中牺牲的；⑤其他牺牲情节特别突出，堪为楷模的。现役军人牺牲，预备役人员、民兵、民工以及其他人员因参战、参加军事演习和军事训练、执行军事勤务牺牲应当评定烈士的，依照《军人抚恤优待条例》的有关规定评定。

### 3.3.5 法律责任

在法律责任部分，《应急条例》对生产经营单位、有关人员等多种违法行为进行处罚，并与《安全生产法》《突发事件应对法》等法律衔接。

1. 有关政府及部门和有关人员违法行为的处罚

第二十九条规定，地方各级人民政府和街道办事处等地方人民政府派出机关以及县级以上人民政府有关部门违反本条例规定的，由其上级行政机关责令改正；情节严重的，对直接负责的主管人员和其他直接责任人员依法给予处分。

2. 生产经营单位未制定应急预案等违法行为的处罚

第三十条规定，生产经营单位未制定生产安全事故应急救援预案、未定期组织应急救援预案演练、未对从业人员进行应急教育和培训，生产经营单位的主要负责人在本单位发生生产安全事故时不立即组织抢救的，由县级以上人民政府负有安全生产监督管理职责的部门依照《中华人民共和国安全生产法》有关规定追究法律责任。

3. 生产经营单位未对应急救援器材、设备和物资进行经常性维护、保养等违法行为的处罚

第三十一条规定，生产经营单位未对应急救援器材、设备和物资进行经常性维护、保养，导致发生严重生产安全事故或者生产安全事故危害扩大，或者在本单位发生生产安全事故后未立即采取相应的应急救援措施，造成严重后果的，由县级以上人民政府负有安全生产监督管理职责的部门依照《中华人民共和国突发事件应对法》有关规定追究法律责任。

4. 生产经营单位未将生产安全事故应急救援预案报送备案、未建立应急值班制度或者配备应急值班人员的违法行为的处罚

第三十二条规定，生产经营单位未将生产安全事故应急救援预案报送备案、未建立应急值班制度或者配备应急值班人员的，由县级以上人民政府负有安全生产监督管理职责的部门责令限期改正；逾期未改正的，处3万元以上5万元以下的罚款，对直接负责的主管人员和其他直接责任人员处1万元以上2万元以下的罚款。

5. 有关单位人员违反治安管理行为的处罚

第三十三条规定，违反本条例规定，构成违反治安管理行为的，由公安机关依法给予处罚；构成犯罪的，依法追究刑事责任。

## 3.4 生产安全事故应急预案管理办法

生产安全事故应急预案是应急管理体系的重要组成部分。应急预案编制作为突发事件应急管理、预防和控制的一项基础性工作，在党中央、国务院的高度重视下，近几年有了

较快发展。2016 年 6 月 3 日，《生产安全事故应急预案管理办法》由原国家安全生产监督管理总局令第 88 号公布。2018 年国家机构改革后，应急预案的主管部门由“安全生产监督管理部门”改为“应急管理部门”。2019 年 7 月 11 日，应急管理部以部令第 2 号公布《应急管理部关于修改〈生产安全事故应急预案管理办法〉的决定》，自 2019 年 9 月 1 日起施行。

### 3.4.1 应急预案的管理原则

应急预案的管理实行属地为主、分级负责、分类指导、综合协调、动态管理的原则。

（1）应急管理部负责全国应急预案的综合协调管理工作。

（2）国务院其他负有安全生产监督管理职责的部门在各自职责范围内，负责相关行业、领域应急预案的管理工作。

（3）县级以上地方各级人民政府应急管理部门负责本行政区域内应急预案的综合协调管理工作。县级以上地方各级人民政府其他负有安全生产监督管理职责的部门按照各自的职责负责有关行业、领域应急预案的管理工作。

（4）生产经营单位主要负责人负责组织编制和实施本单位的应急预案，并对应急预案的真实性和实用性负责；各分管负责人应当按照职责分工落实应急预案规定的职责。

### 3.4.2 应急预案的编制

应急预案的编制是应急救援准备工作中的重要内容，是开展应急救援工作的重要保障。应急预案编制程序的科学性、合理性是保证应急预案内容实用性和有效性的关键，因此编制应急预案要遵循规范的流程，切实保证预案编制的每一个环节都能执行到位。

1. 应急预案的编制要求

应急预案的编制是保证应急预案质量的基础，编制应急预案的要求如下。

（1）符合有关法律、法规、规章和标准的规定。

（2）符合本地区、本部门、本单位的安全生产实际情况。

（3）符合本地区、本部门、本单位的危险性分析情况。

（4）应急组织和人员的职责分工明确，并有具体的落实措施。

（5）有明确、具体的应急程序和处置措施，并与其应急能力相适应。

（6）有明确的应急保障措施，满足本地区、本部门、本单位的应急工作需要。

（7）应急预案基本要素齐全、完整，应急预案附件提供的信息准确。

（8）应急预案内容与相关应急预案相互衔接。

2. 应急预案编制前的准备工作

应急预案编制前要做的准备工作包括：成立编制工作小组、进行事故风险辨识、评估和应急资源调查。

（1）成立编制工作小组。应急预案编制是一项涉及面广、专业性强的工作。编制应急预案应当成立编制工作小组，由本单位有关负责人任组长，吸收与应急预案有关的职能部门和单位的人员，以及有现场处置经验的人员参加。

（2）事故风险辨识、评估。编制应急预案前，编制单位应当进行事故风险辨识、评估。事故风险辨识、评估是指针对不同事故种类及特点，识别存在的危险有害因素，分析事故可能产生的直接后果以及次生、衍生后果，评估各种后果的危害程度和影响范围，提出防范和控制事故风险措施的过程。

（3）应急资源调查。编制应急预案前，编制单位应当进行应急资源调查。应急资源调查是指全面调查本地区、本单位第一时间可以调用的应急资源状况和合作区域内可以请求援助的应急资源状况，并结合事故风险辨识评估结论制定应急措施的过程。通过应急资源调查，能够全面了解并掌握本地区、本单位应急预案的符合性、应急物资的储备、应急队伍的建设、应急资金的投入、应急人员的培训、外部应急单位的协调等情况。查找各方面存在的不足，逐步完善各项应急保障措施，确保在发生生产安全事故时，能采取有效的救援行动，最大限度地降低事故带来的损失和影响范围。

3. 部门应急预案

地方各级人民政府应急管理部门和其他负有安全生产监督管理职责的部门应当根据法律、法规、规章和同级人民政府以及上一级人民政府应急管理部门和其他负有安全生产监督管理职责的部门的应急预案，结合本地区、本部门的实际情况，组织编制明确信息报告、响应分级、指挥权移交、警戒疏散等内容的相应部门应急预案。

4. 生产经营单位应急预案

生产经营单位应根据有关法律、法规、规章和相关标准，结合本单位组织管理体系、生产规模和可能发生的事故特点，确立本单位的应急预案体系，编制相应的应急预案，并体现自救互救和先期处置等特点。具体内容包括向上级应急管理机构报告的内容、应急组织机构和人员的联系方式、应急物资储备清单等附件信息。

1）生产经营单位应急预案的种类

生产经营单位应急预案分为综合应急预案、专项应急预案和现场处置方案。

（1）综合应急预案。综合应急预案是生产经营单位为应对各种生产安全事故而制定的综合性工作方案，是本单位应对生产安全事故的总体工作程序、措施和应急预案体系的总纲，具体包括应急组织机构及其职责、应急预案体系、事故风险描述、预警及信息报告、应急响应、保障措施、应急预案管理等内容。生产经营单位风险种类多、可能发生多种类型事故的，应组织编制综合应急预案。

（2）专项应急预案。专项应急预案是为应对某一种或者多种类型生产安全事故，或者针对重要生产设施、重大危险源、重大活动等防止发生生产安全事故而制定的专项性工作方案。具体包括应急指挥机构与职责、处置程序和措施等内容。对于某一种或者多种类型的事故风险，生产经营单位可以编制相应的专项应急预案，或将专项应急预案并入综合应急预案。

（3）现场处置方案。现场处置方案是生产经营单位根据不同生产安全事故类型，针对具体场所、装置或者设施所制定的应急处置措施。具体包括应急工作职责、应急处置措施和注意事项等内容。对于危险性较大的场所、装置或者设施，生产经营单位应编制现场处置方案。事故风险单一、危险性小的生产经营单位，可以只编制现场处置方案。

2）应急预案编制注意事项

（1）应急预案的编制应遵循以人为本、依法依规、符合实际、注重实效的原则，以应急处置为核心，明确应急职责、规范应急程序、细化保障措施。

（2）生产经营单位在组织应急预案编制过程中，应当根据法律、法规、规章的规定或实际需要，征求相关的应急救援队伍、公民、法人或者其他组织的意见。

（3）生产经营单位编制的各类应急预案之间应相互衔接，并与相关人民政府及其部门、应急救援队伍和涉及的其他单位的应急预案相衔接。

（4）应急组织机构和人员的联系方式、应急物资储备清单等附件信息发生变化时应及时更新，确保准确有效。

3）应急处置卡

生产经营单位应当在编制应急预案的基础上，针对工作场所、岗位的特点，编制简明、实用、有效的应急处置卡。应急处置卡应当规定重点岗位、人员的应急处置程序和措施，以及相关联络人员和联系方式，便于从业人员携带。

### 3.4.3 应急预案的评审、公布和备案

1. 应急预案的评审

应急预案的评审是保证预案质量的关键，通过应急预案的评审可以及时发现应急预案存在的问题，为完善应急预案体系，提高应急预案的针对性、实用性和操作性，实现应急预案之间的相互衔接，增强事故防范和应急处置能力提供保障。

1）部门应急预案评审要求

地方各级人民政府应急管理部门应当组织有关专家对本部门编制的部门应急预案进行审定；必要时，可以召开听证会，听取社会有关方面的意见。

2）生产经营单位应急预案评审要求

（1）矿山、金属冶炼企业和易燃易爆物品、危险化学品的生产、经营（带储存设施的）、储存、运输企业，以及使用危险化学品达到国家规定数量的化工企业、烟花爆竹生产、批发经营企业和中型规模以上的其他生产经营单位，应当对本单位编制的应急预案进行评审，形成书面评审纪要，其他生产经营单位可根据自身需要对本单位编制的应急预案进行论证。

（2）参加应急预案评审的人员应当包括有关安全生产及应急管理方面的专家，与生产经营单位有利害关系的评审人员应回避。

（3）应急预案的评审或者论证应注重基本要素的完整性、组织体系的合理性、应急处置程序和措施的针对性、应急保障措施的可行性、应急预案的衔接性等内容。

2. 应急预案的公布和备案

1）部门应急预案公布和备案要求

（1）地方各级人民政府应急管理部门的应急预案应报同级人民政府备案，同时抄送上一级人民政府应急管理部门，并依法向社会公布（图 3－1）。

（2）地方各级人民政府其他负有安全生产监督管理职责部门的应急预案，应抄送同级人民政府应急管理部门。

2）生产经营单位应急预案公布和备案要求

（1）生产经营单位的应急预案经评审或者论证后，由本单位主要负责人签署，向本

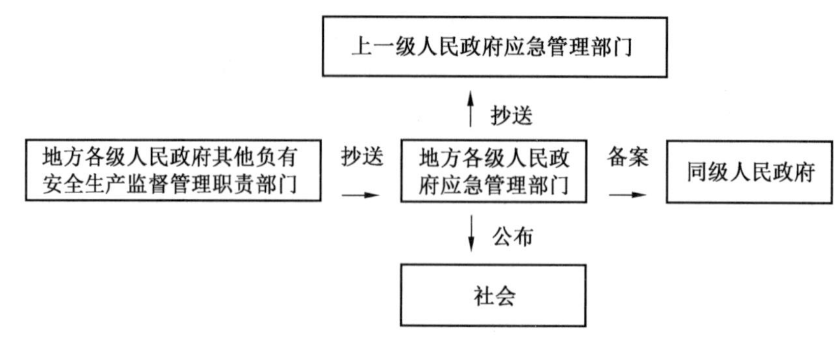


图3-1 部门应急预案的公布和备案

单位从业人员公布，并及时发放到本单位有关部门、岗位和相关应急救援队伍。

（2）事故风险可能影响周边其他单位、人员的，生产经营单位应将有关事故风险的性质、影响范围和应急防范措施告知周边的其他单位和人员（图3-2）。

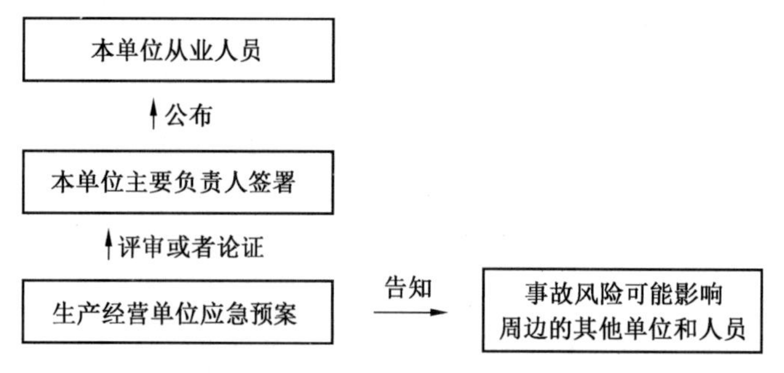


图3-2 一般生产经营单位应急预案的公布

（3）易燃易爆物品、危险化学品等危险物品的生产、经营、储存、运输单位，矿山、金属冶炼、城市轨道交通运营、建筑施工单位，以及宾馆、商场、娱乐场所、旅游景区等人员密集场所经营单位，应在应急预案公布之日起20个工作日内，按照分级属地原则，向县级以上人民政府应急管理部门和其他负有安全生产监督管理职责的部门进行备案，并依法向社会公布（图3-3）。

（4）以上单位属于中央企业的，其总部（上市公司）的应急预案，报国务院主管的负有安全生产监督管理职责的部门备案，并抄送应急管理部；其所属单位的应急预案报所在地的省、自治区、直辖市或者设区的市级人民政府主管的负有安全生产监督管理职责的部门备案，并抄送同级人民政府应急管理部门。

（5）以上单位不属于中央企业的，其中非煤矿山、金属冶炼和危险化学品生产、经营、储存、运输企业，以及使用危险化学品达到国家规定数量的化工企业、烟花爆竹生产、批发经营企业的应急预案，按照隶属关系报所在地县级以上地方人民政府应急管理部

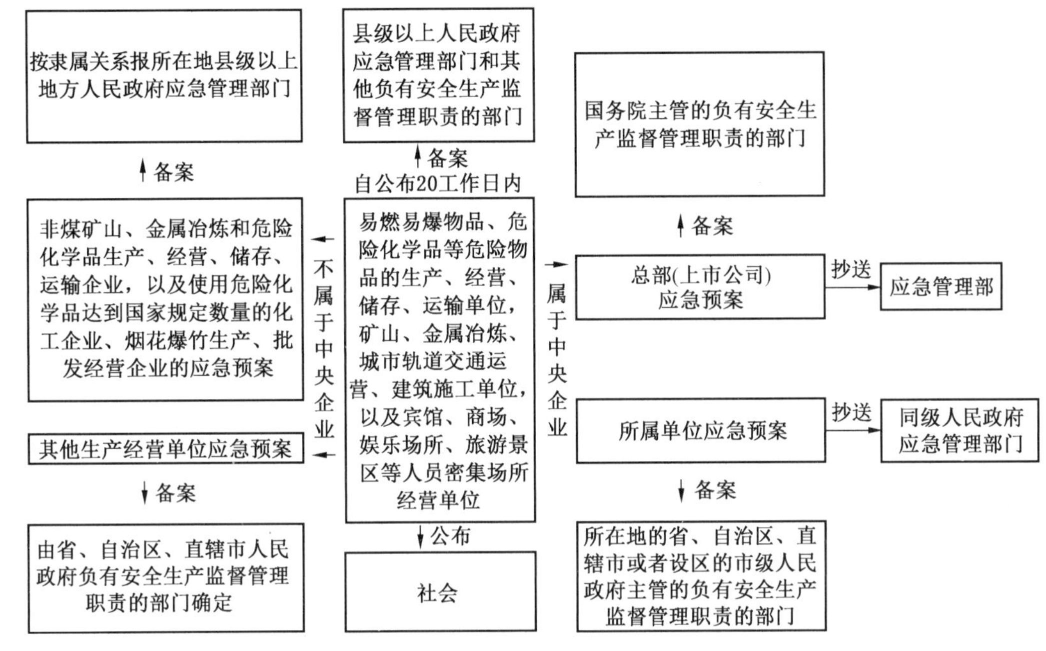


图3-3 特殊生产经营单位应急预案的公布与备案

门备案；其他生产经营单位应急预案的备案，由省、自治区、直辖市人民政府负有安全生产监督管理职责的部门确定。

(6) 油气输送管道运营单位的应急预案除按照以上要求备案外，还应抄送所经行政区域的县级人民政府应急管理部门。

(7) 海洋石油开采企业的应急预案除按照以上要求备案外，还应抄送所经行政区域的县级人民政府应急管理部门和海洋石油安全监管机构。

(8) 煤矿企业的应急预案除按照以上要求备案外，还应抄送所在地的煤矿安全监察机构。

(9) 生产经营单位申报应急预案备案，应提交的材料包括：①由应急管理部统一制定的应急预案备案申报表；②矿山、金属冶炼企业和易燃易爆物品、危险化学品的生产、经营（带储存设施的）、储存、运输企业，以及使用危险化学品达到国家规定数量的化工企业、烟花爆竹生产、批发经营企业和中型规模以上的其他生产经营单位，提供应急预案评审意见；③应急预案电子文档；④风险评估结果和应急资源调查清单。

(10) 实行安全生产许可的生产经营单位，已经进行应急预案备案的，在申请安全生产许可证（矿山企业、建筑施工企业和危险化学品、烟花爆竹、民用爆炸物品生产企业必备证件）时可不提供相应的应急预案，仅提供由应急管理部统一制定的应急预案备案登记表。

3）应急预案的备案的受理

（1）受理备案登记的负有安全生产监督管理职责的部门应在 5 个工作日内对应急预案材料进行核对，材料齐全的，应予以备案并出具应急预案备案登记表；材料不齐全的，不予备案并一次性告知需要补齐的材料。逾期不予备案又不说明理由的，视为已经备案。

（2）各级人民政府负有安全生产监督管理职责的部门应建立应急预案备案登记建档制度，指导、督促生产经营单位做好应急预案的备案登记工作。

### 3.4.4 应急预案的实施

要做到事故突发时能及时正确地启动应急预案，快速处理事故或将事故消灭在萌芽状态，还必须对事故应急预案进行宣传教育、培训和演练，使指挥人员、抢险队伍、企业职工了解和熟悉事故应急的要求和自己的职责。

1. 应急预案的宣传教育与培训

应急预案宣传教育培训的范围包括：政府主管部门、社区居民、企业职工、专业应急救援队伍等。可采用各种手段和方式，如制作宣传片、编发培训教材、举办培训班、开展工作研讨等方式，以提高应急处理能力。

1）部门应急预案的宣传教育与培训

（1）各级人民政府应急管理部门应采取多种形式开展应急预案的宣传教育，普及生产安全事故避险、自救和互救知识，提高从业人员和社会公众的安全意识与应急处置技能。

（2）各级人民政府应急管理部门应将本部门应急预案的培训纳入安全生产培训工作计划，并组织实施本行政区域内重点生产经营单位的应急预案培训工作。

2）生产经营单位应急预案的宣传教育与培训

（1）各类生产经营单位应采取多种形式开展应急预案的宣传教育，普及生产安全事故避险、自救和互救知识，提高从业人员的安全意识与应急处置技能。

（2）生产经营单位应组织开展本单位的应急预案、应急知识、自救互救和避险逃生技能的培训活动，使有关人员了解应急预案内容，熟悉应急职责、应急处置程序和措施。建立本单位的安全生产教育和培训档案，如实记录应急培训的时间、地点、内容、师资、参加人员和考核结果等情况。

2. 应急预案的演练

应急预案的演练是各级政府部门、企事业单位、社会团体组织相关应急人员与群众，针对设定的突发事件情景，按照应急预案所规定的职责和程序，在特定的时间和地域，执行应急响应任务的训练活动。通过演练提高参与者应对突发事件风险意识，检验应急预案的可操作性，增强突发事件应急反应能力。

1）部门应急预案的演练

各级人民政府应急管理部门应当至少每两年组织一次应急预案演练，提高本部门、本地区生产安全事故应急处置能力。

2）生产经营单位应急预案的演练

（1）生产经营单位应制定本单位的应急预案演练计划，根据事故风险特点，每年至少组织一次综合应急预案演练或者专项应急预案演练，每半年至少组织一次现场处置方案演练。

(2) 易燃易爆物品、危险化学品等危险物品的生产、经营、储存、运输单位，矿山、金属冶炼、城市轨道交通运营、建筑施工单位，以及宾馆、商场、娱乐场所、旅游景区等人员密集场所经营单位，应至少每半年组织一次生产安全事故应急预案演练，并将演练情况报送所在地县级以上地方人民政府负有安全生产监督管理职责的部门。县级以上地方人民政府负有安全生产监督管理职责的部门应对本行政区域内以上重点生产经营单位的生产安全事故应急救援预案演练进行抽查；发现演练不符合要求的责令限期改正。

3) 应急预案演练效果评估

应急预案演练结束后，应急预案演练组织单位应对应急预案演练效果进行评估，撰写应急预案演练评估报告，分析存在的问题，并对应急预案提出修订意见。

3. 应急预案的定期评估

为确保预案的持续适用性和有效性，需对生产安全事故应急预案进行定期评估。

(1) 应急预案编制单位应建立应急预案定期评估制度，对预案内容的针对性和实用性进行分析，并对应急预案是否需要修订作出结论。

(2) 矿山、金属冶炼、建筑施工企业和易燃易爆物品、危险化学品等危险物品的生产、经营、储存、运输企业、使用危险化学品达到国家规定数量的化工企业、烟花爆竹生产、批发经营企业和中型规模以上的其他生产经营单位，应每三年进行一次应急预案评估。

(3) 应急预案评估可以邀请相关专业机构或者有关专家、有实际应急救援工作经验的人员参加，必要时可以委托安全生产技术服务机构实施。

4. 应急预案的修订

当出现以下情况时，应急预案编制单位需要对应急预案及时修订并归档。

(1) 依据的法律、法规、规章、标准及上位预案中的有关规定发生重大变化的。

(2) 应急指挥机构及其职责发生调整的。

(3) 安全生产面临的风险发生重大变化的。

(4) 重要应急资源发生重大变化的。

(5) 在应急演练和事故应急救援中发现需要修订预案的重大问题的。

(6) 编制单位认为应当修订的其他情况。

应急预案修订涉及组织指挥体系与职责、应急处置程序、主要处置措施、应急响应分级等内容变更的，修订工作应当参照规定的应急预案编制程序进行，并按照有关应急预案报备程序重新备案。

5. 生产经营单位应急预案的落实

(1) 生产经营单位应按照应急预案的规定，落实应急指挥体系、应急救援队伍、应急物资及装备，建立应急物资、装备配备及其使用档案，并对应急物资、装备进行定期检测和维护，使其处于适用状态。

(2) 生产经营单位发生事故时，应在第一时间启动应急响应，组织有关力量进行救援，将事故信息及应急响应启动情况报告事故发生地县级以上人民政府应急管理部门和其他负有安全生产监督管理职责的部门。

（3）生产安全事故应急处置和应急救援结束后，事故发生单位应当对应急预案实施情况进行总结评估。

### 3.4.5 应急预案的监督管理

（1）各级人民政府应急管理部门和煤矿安全监察机构应当将生产经营单位应急预案工作纳入年度监督检查计划，明确检查的重点内容和标准，并严格按照计划开展执法检查。

（2）地方各级人民政府应急管理部门应对应急预案的监督管理工作情况每年进行总结，并报上一级人民政府应急管理部门。

（3）各级人民政府应急管理部门、生产经营单位对在应急预案管理工作中做出显著成绩的单位和人员可给予表彰和奖励。

### 3.4.6 法律责任

（1）生产经营单位未按照规定编制应急预案或未定期组织应急预案演练的，由县级以上人民政府应急管理等部门依照《安全生产法》第九十四条的规定，责令限期改正，可以处 5 万元以下罚款；逾期未改正的，责令停产停业整顿，并处 5 万元以上 10 万元以下的罚款，对直接负责的主管人员和其他直接责任人员处 1 万元以上 2 万元以下的罚款。

**【案例】** 2019 年 9 月 25 日，厦门市应急管理局执法人员在对厦门某制造有限公司进行监督检查时，发现该公司 2019 年上半年未组织现场处置方案的演练。

行政处罚的种类和依据：该公司违反《生产安全事故应急预案管理办法》，依照《生产安全事故应急预案管理办法》和《安全生产法》有关规定，责令该公司限期改正，并处 1.5 万元罚款的行政处罚。

（2）生产经营单位在应急预案编制前未按照规定开展风险辨识、评估和应急资源调查；未按照规定开展应急预案评审；事故风险可能影响周边单位、人员的，未将事故风险的性质、影响范围和应急防范措施告知周边单位和人员；未按照规定开展应急预案评估；未按照规定进行应急预案修订；未落实应急预案规定的应急物资及装备的，由县级以上人民政府应急管理部门责令限期改正，可以处 1 万元以上 3 万元以下的罚款。

（3）生产经营单位未按照规定进行应急预案备案的，由县级以上人民政府应急管理等部门依照职责责令限期改正；逾期未改正的，处 3 万元以上 5 万元以下的罚款，对直接负责的主管人员和其他直接责任人员处 1 万元以上 2 万元以下的罚款。

## 3.5 其他与事故灾难相关的法律规定

### 3.5.1 《中华人民共和国刑法》相关规定

《中华人民共和国刑法》(简称《刑法》）关于生产安全事故应急管理的规定主要体现

在生产经营单位及有关人员因责任事故犯罪、危险作业罪及其刑事责任等方面。

1. 重大责任事故罪

第一百三十四条规定，在生产、作业中违反有关安全管理的规定，因而发生重大伤亡事故或者造成其他严重后果的，处三年以下有期徒刑或者拘役；情节特别恶劣的，处三年以上七年以下有期徒刑。

重大责任事故罪，是指在生产、作业中违反有关安全管理的规定，因而发生重大伤亡事故或造成其他严重后果的行为。其构成要件如下。

（1）本罪侵犯的客体是生产、作业的安全。生产、作业的安全是各行各业都十分重视的问题。在生产过程中，出现一点问题都有可能导致正常生产秩序的破坏，甚至发生重大伤亡事故，造成财产损失。同时，生产安全也是公共安全的重要组成部分，危害生产安全同样会使不特定多数人的生命、健康或公私财产遭受重大损失。

（2）客观方面表现为在生产、作业中违反有关安全生产的规定，因而发生重大伤亡事故或造成其他严重后果的行为。违反有关安全管理的规定而发生重大伤亡事故或造成其他严重后果，是重大责任事故罪的本质特征。其在实践中多表现为“不服管理”“违反规章制度”。

（3）犯罪主体为一般主体。犯罪主体，包括对生产、作业负有组织、指挥或管理职责的负责人、管理人员、实际控制人、投资人等人员，以及直接从事生产、作业的人员。其中实际控制人是指一些虽然名义上不是法定代表人或具体管理人员，但是实际上指挥、控制企业的生产、经营、安全、投资和人事任免等重大事项和重要任务，或对重大决策起决定作用，是企业实质意义上的负责人。投资人是指负责生产经营管理的投资人，享有生产经营管理权。

（4）主观方面表现为过失。行为人在生产、作业中违反有关安全管理规定，可能是出于故意，但对于其行为引起的严重后果而言，则是过失，因为行为人对其行为造成的严重后果是不希望发生的，之所以发生了安全事故，是由于行为人在生产过程中严重不负责任，疏忽大意或对事故隐患不积极采取补救措施，轻信能够避免，结果导致安全事故的发生。

2. 强令违章冒险作业罪

第一百三十四条规定，强令他人违章冒险作业，或者明知存在重大事故隐患而不排除，仍冒险组织作业，因而发生重大伤亡事故或者造成其他严重后果的，处五年以下有期徒刑或者拘役；情节特别恶劣的，处五年以上有期徒刑。

该罪的犯罪主体，包括对生产、作业负有组织、指挥或者管理职责的负责人、管理人员、实际控制人、投资人等人员，以及直接从事生产、作业的人员。

“强令他人违章冒险作业”包括以下三种情形：①以威逼、胁迫、恐吓等手段，强制他人违章作业的；②利用组织、指挥、管理职权，强制他人违章作业的；③其他强令他人违章冒险作业的情形。

关于重大事故隐患，我国工矿商贸行业均颁布了相应的判定标准。

3. 危险作业罪

第一百三十四条之一规定，在生产、作业中违反有关安全管理的规定，有下列情形之一，具有发生重大伤亡事故或者其他严重后果的现实危险的，处一年以下有期徒刑、拘役或者管制：

（1）关闭、破坏直接关系生产安全的监控、报警、防护、救生设备、设施，或者篡改、隐瞒、销毁其相关数据、信息的；

（2）因存在重大事故隐患被依法责令停产停业、停止施工、停止使用有关设备、设施、场所或者立即采取排除危险的整改措施，而拒不执行的；

（3）涉及安全生产的事项未经依法批准或者许可，擅自从事矿山开采、金属冶炼、建筑施工，以及危险物品生产、经营、储存等高度危险的生产作业活动的。

本条规定了危险作业罪的三种情形，即构成要件。“现实危险”主要是指：已经出现了重大险情，或者出现了非致人伤亡或严重财产损失的轻微事故，虽然最终没有发生严重危害后果，有的是因为被及时制止了，有的是因为开展了有效救援，有的完全是偶然性的客观原因而未发生，此种“千钧一发”的危险属于本罪规定的“具有发生现实危险”。其构成要件如下。

（1）客观方面表现为在生产、作业中违反有关安全管理规定。这里的违反有关安全管理规定，是指违反有关生产安全的法律、法规、规章制度。具有发生重大伤亡事故或者其他严重后果的现实危险是构成危险作业罪的前提，主要表现为第一百三十四条之一规定的三种情形。

（2）本罪犯罪主体，与重大责任事故罪总体一致，包括对生产、作业负有组织、指挥或管理职责的负责人、管理人员、实际控制人、投资人等人员，以及直接从事生产、作业的人员。

（3）主观要件是过失。所谓过失是指行为人对所发生的后果而言，而对于既违章又冒险则是明知的。

**【案例】**为加强对海洋渔业作业船只生产安全的监管，辽宁省东港市渔业行政主管部门在2021年休渔期对辖区内中型及以上渔业生产船舶安装北斗船载终端设备（简称“北斗”），该设备具有天气预报、导航、船只落水自动报警等功能，以保障渔船生产安全和监测渔船依法依规捕捞。2021年9月开渔期间，于某香等捕捞渔船船主、船长为追求高额经济利益，私自拆卸捕捞渔船上的“北斗”，指使渔船趁大风恶劣天气出海进行非法捕捞作业。

2021年11月11日，辽宁省东港市人民检察院以危险作业罪对于某香等14人提起公诉。同年11月29日，东港市人民法院采纳检察机关的指控和量刑建议，当庭宣判，以危险作业罪判处被告人于某香等14人有期徒刑十个月至拘役二个月不等的刑罚。于某香不服判决，提出上诉。2022年1月4日，丹东市中级人民法院作出二审判决，于某香因在二审期间认罪认罚，刑期从有期徒刑十个月改为九个月，其他被告人维持原判。

4. 重大劳动安全事故罪

第一百三十五条规定，安全生产设施或者安全生产条件不符合国家规定，因而发生重大伤亡事故或者造成其他严重后果的，对直接负责的主管人员和其他直接责任人员，处三年以下有期徒刑或者拘役；情节特别恶劣的，处三年以上七年以下有期徒刑。

重大劳动安全事故罪，是指安全生产设施或安全生产条件不符合国家规定，因而发生重大伤亡事故或造成其他严重后果的行为。其构成要件如下。

（1）本罪侵犯的客体是生产安全。保护劳动者在生产过程中的安全与健康，是生产经营单位的法律义务和责任。

（2）客观方面表现为安全生产设施或安全生产条件不符合国家规定，因而发生重大伤亡事故或造成其他严重后果的行为。

（3）犯罪的主体为一般主体，是指对发生重大伤亡事故或造成其他严重后果负有责任的事故发生单位的主管人员和其他直接责任人员。

（4）主观方面由过失构成。即行为人应当预见到安全生产设施或安全生产条件不符合国家规定所产生的后果，但由于疏忽大意没有预见或虽然已经预见，但轻信可以避免，结果导致发生重大安全生产事故。

5. 不报、谎报安全事故罪

第一百三十九条之一规定，在安全事故发生后，负有报告职责的人员不报或谎报事故情况，贻误事故抢救，情节严重的，处三年以下有期徒刑或拘役；情节特别严重的，处三年以上七年以下有期徒刑。

不报、谎报安全事故罪，是指在安全事故发生后，负有报告责任的人员不报或谎报事故情况，贻误事故抢救，情节严重的行为。其构成要件如下。

（1）本罪侵犯的客体是安全事故监管制度。本罪主要是针对近年来一些事故单位的责任人和对安全事故负有监管职责的人员在事故发生后弄虚作假，结果贻误事故抢救，造成人员伤亡和财产损失进一步扩大的行为而增设的。

（2）客观方面表现为安全事故发生之后，负有报告职责的人员不报或谎报事故的情况，贻误事故抢救，情节严重的行为。《安全生产法》第一百一十条规定，生产经营单位的主要负责人在本单位发生生产安全事故时，不立即组织抢救或在事故调查处理期间擅离职守或逃匿的，给予降级、撤职的处分，并由安全生产监督管理部门处上一年年收入百分之六十至百分之一百的罚款；对逃匿的处 15 日以下拘留；构成犯罪的，依照刑法有关规定追究刑事责任。生产经营单位的主要负责人对生产安全事故隐瞒不报、谎报或拖延不报的，依照前款规定处罚。《安全生产法》第一百一十一条规定，有关地方人民政府、负有安全生产监督管理职责的部门，对生产安全事故隐瞒不报、谎报或拖延不报的，对直接负责的主管人员和其他直接责任人员依法给予处分；构成犯罪的，依照刑法有关规定追究刑事责任。

（3）犯罪主体为对安全事故负有报告职责的人员。“安全事故”不仅限于生产经营单位发生的生产安全事故、大型群众性活动中发生的重大伤亡事故，还包括《刑法》第二编分则第二章规定的所有与安全事故有关的犯罪。《刑法》第一百三十九条之一规定的“负有报告职责的人员”是指生产经营单位的负责人、实际控制人、投资人以及其他负有报告职责的人员。

（4）主观方面体现为故意，安全事故发生后明知应当报告，主观上具有不报、谎报事故真相的故意。

6. 消防责任事故罪

第一百三十九条规定，违反消防管理法规，经消防监督机构通知采取改正措施而拒绝执行，造成严重后果的，对直接责任人员，处三年以下有期徒刑或者拘役；后果特别严重的，处三年以上七年以下有期徒刑。

消防责任事故罪是指违反消防管理法规，经消防监督机构通知采取改正措施而拒绝执行，造成严重后果的行为。其构成要件如下。

（1）侵犯的客体。消防责任事故罪侵犯的客体是国家的消防监督制度和公共安全。消防工作关系到国计民生和社会的安定，涉及各行各业和千家万户。违反消防管理法规的行为不仅破坏了国家的消防监督秩序，还可能对不特定多数人的生命、健康以及公私财产安全造成严重威胁。

（2）客观方面表现为违反消防管理法规且经消防监督机构通知采取改正措施而拒绝执行的行为。具体包括以下几点：①违反消防管理法规是指违反了我国《消防法》《消防条例》《消防条例实施细则》等法律法规；②经消防监督机构通知采取改正措施而拒绝执行是指消防监督机构发现火灾隐患后，会发出《火险隐患整改通知书》，行为人接到通知后仍拒绝执行改正措施；③造成严重后果，通常是指造成人员伤亡、死亡或公私财产的重大损失。根据司法解释，造成死亡 1 人以上，或者重伤 3 人以上，或者直接经济损失 100 万元以上的，可认定为“造成严重后果”。

（3）犯罪主体为一般主体，包括自然人和单位。自然人需年满 16 周岁且具有刑事责任能力；单位犯罪的，对直接责任人员追究刑事责任。

（4）主观方面表现为过失，即行为人对违反消防管理法规的行为是明知的，但对于造成的严重后果是过失的。行为人可能轻信能够避免危害结果的发生，或者疏忽大意没有预见到危害结果的发生。

除以上介绍的重大责任事故罪、强令违章冒险作业罪、危险作业罪、重大劳动安全事故罪和不报、谎报事故罪外，《刑法》还规定了非法储存爆炸物罪、工程重大安全事故罪、提供虚假证明文件罪、出具证明文件重大失实罪和伪造、买卖国家机关证件罪等涉及安全生产领域的犯罪及其处罚。

### 3.5.2 《中华人民共和国矿山安全法》相关规定

《中华人民共和国矿山安全法》(简称《矿山安全法》) 关于生产安全事故应急管理的规定主要体现在事故防范和救护、监督和处理等方面。

1. *矿山事故防范和救护*

《矿山安全法》第三十条规定，矿山企业必须制定矿山事故防范措施，并组织落实。第三十一条规定，矿山企业应当建立由专职或者兼职人员组成的救护和医疗急救组织，配备必要的装备、器材和药物。

2. *矿山安全监督和管理*

第三十五条规定，劳动行政主管部门的矿山安全监督人员有权进入矿山企业，在现场检查安全状况；发现有危及职工安全的紧急险情时，应当要求矿山企业立即处理。

3. *矿山事故处理*

第三十六条规定，发生矿山事故，矿山企业必须立即组织抢救，防止事故扩大，减少人员伤亡和财产损失，对伤亡事故必须立即如实报告劳动行政主管部门和管理矿山企业的主管部门。

第三十七条规定，发生一般矿山事故，由矿山企业负责调查和处理。发生重大矿山事故，由政府及其有关部门、工会和矿山企业按照行政法规的规定进行调查和处理。

第三十八条规定，矿山企业对矿山事故中伤亡的职工按照国家规定给予抚恤或者补偿。

第三十九条规定，矿山事故发生后，应当尽快消除现场危险，查明事故原因，提出防范措施。现场危险消除后，方可恢复生产。

### 3.5.3 《中华人民共和国特种设备安全法》相关规定

《特种设备安全法》关于生产安全事故应急管理的规定主要体现在生产、经营、使用过程、监督管理、事故应急救援与调查处理等方面。

1. 生产、经营、使用方面的规定

第三十四条规定，特种设备使用单位应当建立岗位责任、隐患治理、应急救援等安全管理制度，制定操作规程，保证特种设备安全运行。

第四十一条规定，特种设备安全管理人员应当对特种设备使用状况进行经常性检查，发现问题应当立即处理；情况紧急时，可以决定停止使用特种设备并及时报告本单位有关负责人。特种设备作业人员在作业过程中发现事故隐患或者其他不安全因素，应当立即向特种设备安全管理人员和单位有关负责人报告；特种设备运行不正常时，特种设备作业人员应当按照操作规程采取有效措施保证安全。

2. 监督管理方面的规定

第六十二条规定，负责特种设备安全监督管理的部门在依法履行职责过程中，发现违反本法规定和安全技术规范要求的行为或者特种设备存在事故隐患时，应当以书面形式发出特种设备安全监察指令，责令有关单位及时采取措施予以改正或者消除事故隐患。紧急情况下要求有关单位采取紧急处置措施的，应当随后补发特种设备安全监察指令。

3. 事故应急救援与调查处理方面的规定

第六十九条规定，国务院负责特种设备安全监督管理的部门应当依法组织制定特种设备重特大事故应急预案，报国务院批准后纳入国家突发事件应急预案体系。县级以上地方各级人民政府及其负责特种设备安全监督管理的部门应当依法组织制定本行政区域内特种设备事故应急预案，建立或者纳入相应的应急处置与救援体系。特种设备使用单位应当制定特种设备事故应急专项预案，并定期进行应急演练。

第七十条规定，特种设备发生事故后，事故发生单位应当按照应急预案采取措施，组织抢救，防止事故扩大，减少人员伤亡和财产损失，保护事故现场和有关证据，并及时向事故发生地县级以上人民政府负责特种设备安全监督管理的部门和有关部门报告。县级以上人民政府负责特种设备安全监督管理的部门接到事故报告，应当尽快核实情况，立即向本级人民政府报告，并按照规定逐级上报。必要时，负责特种设备安全监督管理的部门可以越级上报事故情况。对特别重大事故、重大事故，国务院负责特种设备安全监督管理的部门应当立即报告国务院并通报国务院安全生产监督管理部门等有关部门。与事故相关的单位和人员不得迟报、谎报或者瞒报事故情况，不得隐匿、毁灭有关证据或者故意破坏事故现场。

第七十一条规定，事故发生地人民政府接到事故报告，应当依法启动应急预案，采取应急处置措施，组织应急救援。

第七十二条规定，特种设备发生特别重大事故，由国务院或者国务院授权有关部门组织事故调查组进行调查。发生重大事故，由国务院负责特种设备安全监督管理的部门会同有关部门组织事故调查组进行调查。发生较大事故，由省、自治区、直辖市人民政府负责特种设备安全监督管理的部门会同有关部门组织事故调查组进行调查。发生一般事故，由设区的市级人民政府负责特种设备安全监督管理的部门会同有关部门组织事故调查组进行调查。事故调查组应当依法、独立、公正开展调查，提出事故调查报告。

第七十三条规定，组织事故调查的部门应当将事故调查报告报本级人民政府，并报上一级人民政府负责特种设备安全监督管理的部门备案。有关部门和单位应当依照法律、行政法规的规定，追究事故责任单位和人员的责任。事故责任单位应当依法落实整改措施，预防同类事故发生。事故造成损害的，事故责任单位应当依法承担赔偿责任。

### 3.5.4 《中华人民共和国道路交通安全法》相关规定

《中华人民共和国道路交通安全法》(简称《道路交通安全法》）关于事故应急管理的规定主要体现在道路通行规定、交通事故处理等方面。

1. 道路通行规定

第四十八条规定，机动车载物应当符合核定的载质量，严禁超载；载物的长、宽、高不得违反装载要求，不得遗洒、飘散载运物。机动车运载超限的不可解体的物品，影响交通安全的，应当按照公安机关交通管理部门指定的时间、路线、速度行驶，悬挂明显标志。在公路上运载超限的不可解体的物品，并应当依照公路法的规定执行。机动车载运爆炸物品、易燃易爆化学物品以及剧毒、放射性等危险物品，应当经公安机关批准后，按指定的时间、路线、速度行驶，悬挂警示标志并采取必要的安全措施。

第五十三条规定，警车、消防车、救护车、工程救险车执行紧急任务时，可以使用警报器、标志灯具；在确保安全的前提下，不受行驶路线、行驶方向、行驶速度和信号灯的限制，其他车辆和行人应当让行。警车、消防车、救护车、工程救险车非执行紧急任务时，不得使用警报器、标志灯具，不享有前款规定的道路优先通行权。

2. 道路交通事故处理规定

第七十条规定，在道路上发生交通事故，车辆驾驶人应当立即停车，保护现场；造成人身伤亡的，车辆驾驶人应当立即抢救受伤人员，并迅速报告执勤的交通警察或者公安机关交通管理部门。因抢救受伤人员变动现场的，应当标明位置。乘车人、过往车辆驾驶人、过往行人应当予以协助。在道路上发生交通事故，未造成人身伤亡，当事人对事实及成因无争议的，可以即行撤离现场，恢复交通，自行协商处理损害赔偿事宜；不即行撤离现场的，应当迅速报告执勤的交通警察或者公安机关交通管理部门。在道路上发生交通事故，仅造成轻微财产损失，并且基本事实清楚的，当事人应当先撤离现场再进行协商处理。

### 3.5.5 《安全生产许可证条例》相关规定

《安全生产许可证条例》第六条规定，企业取得安全生产许可证，应当具备下列安全生产条件：①建立、健全安全生产责任制，制定完备的安全生产规章制度和操作规程；②安全投入符合安全生产要求；③设置安全生产管理机构，配备专职安全生产管理人员；④主要负责人和安全生产管理人员经考核合格；⑤特种作业人员经有关业务主管部门考核合格，取得特种作业操作资格证书；⑥从业人员经安全生产教育和培训合格；⑦依法参加工伤保险，为从业人员缴纳保险费；⑧厂房、作业场所和安全设施、设备、工艺符合有关安全生产法律、法规、标准和规程的要求；⑨有职业危害防治措施，并为从业人员配备符合国家标准或者行业标准的劳动防护用品；⑩依法进行安全评价；⑪有重大危险源检测、评估、监控措施和应急预案；⑫有生产安全事故应急救援预案、应急救援组织或者应急救援人员，配备必要的应急救援器材、设备；⑬法律、法规规定的其他条件。

### 3.5.6 《生产安全事故报告和调查处理条例》相关规定

《生产安全事故报告和调查处理条例》关于生产安全事故应急管理的规定主要体现在事故等级划分、事故报告、事故调查和处理等方面。

1. 事故等级划分

第三条规定，根据生产安全事故（简称事故）造成的人员伤亡或者直接经济损失，事故一般分为以下等级：①特别重大事故，是指造成 30 人以上死亡，或者 100 人以上重伤（包括急性工业中毒，下同），或者 1 亿元以上直接经济损失的事故；②重大事故，是指造成 10 人以上 30 人以下死亡，或者 50 人以上 100 人以下重伤，或者 5000 万元以上 1 亿元以下直接经济损失的事故；③较大事故，是指造成 3 人以上 10 人以下死亡，或者 10 人以上 50 人以下重伤，或者 1000 万元以上 5000 万元以下直接经济损失的事故；④一般事故，是指造成 3 人以下死亡，或者 10 人以下重伤，或者 1000 万元以下直接经济损失的事故。

2. 事故报告

第九条规定，事故发生后，事故现场有关人员应当立即向本单位负责人报告；单位负责人接到报告后，应当于 1 小时内向事故发生地县级以上人民政府安全生产监督管理部门和负有安全生产监督管理职责的有关部门报告。情况紧急时，事故现场有关人员可以直接向事故发生地县级以上人民政府安全生产监督管理部门和负有安全生产监督管理职责的有关部门报告。

第十条规定，安全生产监督管理部门和负有安全生产监督管理职责的有关部门接到事故报告后，应当依照下列规定上报事故情况，并通知公安机关、劳动保障行政部门、工会和人民检察院：①特别重大事故、重大事故逐级上报至国务院安全生产监督管理部门和负有安全生产监督管理职责的有关部门；②较大事故逐级上报至省、自治区、直辖市人民政府安全生产监督管理部门和负有安全生产监督管理职责的有关部门；③一般事故上报至设区的市级人民政府安全生产监督管理部门和负有安全生产监督管理职责的有关部门。

安全生产监督管理部门和负有安全生产监督管理职责的有关部门依照前款规定上报事故情况，应当同时报告本级人民政府。国务院安全生产监督管理部门和负有安全生产监督管理职责的有关部门以及省级人民政府接到发生特别重大事故、重大事故的报告后，应当立即报告国务院。必要时，安全生产监督管理部门和负有安全生产监督管理职责的有关部门可以越级上报事故情况。

第十一条规定，安全生产监督管理部门和负有安全生产监督管理职责的有关部门逐级上报事故情况，每级上报的时间不得超过 2 小时。

第十三条规定，事故报告后出现新情况的，应当及时补报。自事故发生之日起 30 日内，事故造成的伤亡人数发生变化的，应当及时补报。道路交通事故、火灾事故自发生之日起 7 日内，事故造成的伤亡人数发生变化的，应当及时补报。

第十四条规定，事故发生单位负责人接到事故报告后，应当立即启动事故相应应急预案，或者采取有效措施，组织抢救，防止事故扩大，减少人员伤亡和财产损失。

第十五条规定，事故发生地有关地方人民政府、安全生产监督管理部门和负有安全生产监督管理职责的有关部门接到事故报告后，其负责人应当立即赶赴事故现场，组织事故救援。

3. 事故调查和处理

第十九条规定，特别重大事故由国务院或者国务院授权有关部门组织事故调查组进行调查。重大事故、较大事故、一般事故分别由事故发生地省级人民政府、设区的市级人民政府、县级人民政府负责调查。省级人民政府、设区的市级人民政府、县级人民政府可以直接组织事故调查组进行调查，也可以授权或者委托有关部门组织事故调查组进行调查。未造成人员伤亡的一般事故，县级人民政府也可以委托事故发生单位组织事故调查组进行调查。

第二十条规定，上级人民政府认为必要时，可以调查由下级人民政府负责调查的事故。自事故发生之日起 30 日内（道路交通事故、火灾事故自发生之日起 7 日内），因事故伤亡人数变化导致事故等级发生变化，依照本条例规定应当由上级人民政府负责调查的，上级人民政府可以另行组织事故调查组进行调查。

第二十一条规定，特别重大事故以下等级事故，事故发生地与事故发生单位不在同一个县级以上行政区域的，由事故发生地人民政府负责调查，事故发生单位所在地人民政府应当派人参加。

第二十九条规定，事故调查组应当自事故发生之日起 60 日内提交事故调查报告；特殊情况下，经负责事故调查的人民政府批准，提交事故调查报告的期限可以适当延长，但延长的期限最长不超过 60 日。

第三十条规定，事故调查报告应当包括下列内容：①事故发生单位概况；②事故发生经过和事故救援情况；③事故造成的人员伤亡和直接经济损失；④事故发生的原因和事故性质；⑤事故责任的认定以及对事故责任者的处理建议；⑥事故防范和整改措施。事故调查报告应当附具有关证据材料。事故调查组成员应当在事故调查报告上签名。

第三十二条规定，重大事故、较大事故、一般事故，负责事故调查的人民政府应当自收到事故调查报告之日起 15 日内做出批复；特别重大事故，30 日内做出批复，特殊情况下，批复时间可以适当延长，但延长的时间最长不超过30日。有关机关应当按照人民政府的批复，依照法律、行政法规规定的权限和程序，对事故发生单位和有关人员进行行政处罚，对负有事故责任的国家工作人员进行处分。事故发生单位应当按照负责事故调查的人民政府的批复，对本单位负有事故责任的人员进行处理。负有事故责任的人员涉嫌犯罪的，依法追究刑事责任。

### 3.5.7 《煤矿安全生产条例》相关规定

2024年1月24日，国务院总理李强签署第774号国务院令，公布《煤矿安全生产条例》（简称《条例》），自2024年5月1日起施行。《条例》在充分吸收《煤矿安全监察条例》和《国务院关于预防煤矿生产安全事故的特别规定》等立法经验的基础上，着力构建以“国家监察、地方监管、企业负责”为基本框架的煤矿安全生产依法治理体系。“国家监察、地方监管、企业负责”，成为新时代煤矿安全生产法治化的基本特征。《条例》关于煤矿安全生产应急管理的规定主要体现在煤矿企业主体责任、政府监管责任、矿山安全监察职责、煤矿安全生产违法行为责任追究等方面。

1. 煤矿企业主体责任

《条例》主要从以下3个方面夯实煤矿企业主体责任。

（1）严格准入条件。煤矿建设项目应当进行安全设施设计，安全设施经验收合格后，煤矿企业还应取得安全生产许可证，方可进行生产。

（2）落实企业全员安全生产责任制。明确煤矿企业主要负责人（含实际控制人）、安全生产管理机构和人员、从业人员的全员安全生产责任。

（3）加强煤矿灾害治理。要求煤矿企业进行煤矿灾害鉴定并按照灾害程度和类型进行治理。

2. 政府监管责任

《条例》主要从以下3个方面严格落实政府监管责任。

（1）坚持地方党政同责。要求煤矿安全生产实行地方党政领导干部安全生产责任制。

（2）明确监管部门。县级以上人民政府负有煤矿安全生产监督管理职责的部门对煤矿安全生产实施监督管理。

（3）明确监管职责。省、自治区、直辖市人民政府负有煤矿安全生产监督管理职责的部门负责审查煤矿建设项目安全设施设计，颁发煤矿企业安全生产许可证；县级以上地方人民政府负有煤矿安全生产监督管理职责的部门监督检查煤矿企业特别是一线生产作业场所安全生产情况，对停产整顿的煤矿企业整改情况组织验收。

3. 矿山安全监察职责

《条例》主要从以下3个方面明确矿山安全监察机构的职责。

（1）监督检查地方政府监管工作。矿山安全监察机构负责对地方政府煤矿安全生产监管工作进行监督检查，提出改善和加强煤矿安全生产工作的监察意见和建议。

（2）有权进入煤矿现场并采取处置措施。矿山安全监察机构履行煤矿安全监察职责，有权进入煤矿作业场所，发现现场存在事故隐患或者有安全生产违法行为的，有权要求立即排除或者停止作业等；发现紧急情况时，有权要求撤出作业人员。

（3）组织事故调查。对煤矿重大、较大、一般事故，由矿山安全监察机构依法组织调查处理。

4. 煤矿安全生产违法行为责任追究

《条例》加大对煤矿安全生产违法行为的惩处力度，规定了罚款、行业和职业禁入、责令停产整顿、予以关闭等法律责任。

第六十一条规定，未依法取得安全生产许可证等擅自进行煤矿生产的，应当责令立即停止生产，没收违法所得和开采出的煤炭以及采掘设备；违法所得在10万元以上的，并处违法所得2倍以上5倍以下的罚款；没有违法所得或者违法所得不足10万元的，并处10万元以上20万元以下的罚款。

关闭的煤矿企业擅自恢复生产的，依照前款规定予以处罚。

第六十四条规定，对存在重大事故隐患仍然进行生产的煤矿企业，责令停产整顿，明确整顿的内容、时间等具体要求，并处50万元以上200万元以下的罚款；对煤矿企业主要负责人处3万元以上15万元以下的罚款。

第七十条规定，煤矿企业存在下列情形之一的，应当提请县级以上地方人民政府予以关闭：

（1）未依法取得安全生产许可证等擅自进行生产的；

（2）3个月内2次或者2次以上发现有重大事故隐患仍然进行生产的；

（3）经地方人民政府组织的专家论证在现有技术条件下难以有效防治重大灾害的；

（4）有《中华人民共和国安全生产法》规定的应当提请关闭的其他情形。

第七十二条规定，承担安全评价、认证、检测、检验等职责的煤矿安全生产技术服务机构有出具失实报告、租借资质、挂靠、出具虚假报告等情形的，对该机构及直接负责的主管人员和其他直接责任人员，应当依照《中华人民共和国安全生产法》有关规定予以处罚并追究相应责任。其主要负责人对重大、特别重大煤矿生产安全事故负有责任的，终身不得从事煤矿安全生产相关技术服务工作。

此外，《条例》还规定，违反本条例规定，构成犯罪的，依法追究刑事责任。

### 3.5.8 《危险化学品安全管理条例》相关规定

《危险化学品安全管理条例》关于应急管理的规定主要包括危险化学品单位的安全责任、危险化学品的登记与事故应急救援等方面。

1. 危险化学品单位的安全责任

第四条规定，危险化学品安全管理，应当坚持安全第一、预防为主、综合治理的方针，强化和落实企业的主体责任。生产、储存、使用、经营、运输危险化学品的单位（以下统称危险化学品单位）的主要负责人对本单位的危险化学品安全管理工作全面负责。危险化学品单位应当具备法律、行政法规规定和国家标准、行业标准要求的安全条件，建立、健全安全管理规章制度和岗位安全责任制度，对从业人员进行安全教育、法制教育和岗位技术培训。从业人员应当接受教育和培训，考核合格后上岗作业；对有资格要求的岗位，应当配备依法取得相应资格的人员。

第十八条规定，生产列入国家实行生产许可证制度的工业产品目录的危险化学品包装物、容器的企业，应当依照《中华人民共和国工业产品生产许可证管理条例》的规定，取得工业产品生产许可证；其生产的危险化学品包装物、容器经国务院质量监督检验检疫部门认定的检验机构检验合格，方可出厂销售。运输危险化学品的船舶及其配载的容器，应当按照国家船舶检验规范进行生产，并经海事管理机构认定的船舶检验机构检验合格，方可投入使用。对重复使用的危险化学品包装物、容器，使用单位在重复使用前应当进行检查；发现存在安全隐患的，应当维修或者更换。使用单位应当对检查情况作出记录，记录的保存期限不得少于2年。

第二十条规定，生产、储存危险化学品的单位，应当根据其生产、储存的危险化学品的种类和危险特性，在作业场所设置相应的监测、监控、通风、防晒、调温、防火、灭火、防爆、泄压、防毒、中和、防潮、防雷、防静电、防腐、防泄漏以及防护围堤或者隔离操作等安全设施、设备，并按照国家标准、行业标准或者国家有关规定对安全设施、设备进行经常性维护、保养，保证安全设施、设备的正常使用。生产、储存危险化学品的单位，应当在其作业场所和安全设施、设备上设置明显的安全警示标志。

*2. 危险化学品的登记与事故应急救援*

1）危险化学品登记管理

第六十六条规定，国家实行危险化学品登记制度，并为危险化学品安全管理、事故预防和应急救援提供技术、信息支持。

2）危险化学品事故应急预案

第七十条规定，危险化学品单位应当制定本单位事故应急救援预案，配备应急救援人员和必要的应急救援器材、设备，并定期组织演练。危险化学品单位应当将其危险化学品事故应急预案报所在地设区的市级人民政府安全生产监督管理部门备案。

3）危险化学品事故救援

第七十一条规定，发生危险化学品事故，事故单位主要负责人应当立即按照本单位危险化学品应急预案，组织救援，并向当地安全生产监督管理部门和环境保护、公安、卫生主管部门报告；道路运输、水路运输过程中发生危险化学品事故的，驾驶人员、船员或者押运人员还应当向事故发生地交通运输主管部门报告。

第七十二条规定，发生危险化学品事故，有关地方人民政府应当立即组织安全生产监督管理、环境保护、公安、卫生、交通运输等有关部门，按照本地区危险化学品事故应急预案组织实施救援，不得拖延、推诿。有关地方人民政府及其有关部门并应当按照下列规定，采取必要措施，减少事故损失，防止事故蔓延、扩大：

（1）立即组织营救和救治受害人员，疏散、撤离或者采取其他措施保护危害区域内的其他人员；

（2）迅速控制危害源，测定危险化学品的性质、事故的危害区域及危害程度；

（3）针对事故对人体、动植物、土壤、水源、大气造成的现实危害和可能产生的危害，迅速采取封闭、隔离、洗消等措施；

（4）对危险化学品事故造成的环境污染和生态破坏状况进行监测、评估，并采取相应的环境污染治理和生态修复措施。

第七十三条规定，有关危险化学品单位应当为危险化学品事故应急救援提供技术指导和必要的协助。

### 3.5.9 《烟花爆竹安全管理条例》相关规定

《烟花爆竹安全管理条例》关于事故应急管理的规定主要体现在以下两个方面。

1. 烟花爆竹生产企业应当具备的安全生产条件

第八条规定，生产烟花爆竹的企业，应当具备下列条件：①符合当地产业结构规划；②基本建设项目经过批准；③选址符合城乡规划，并与周边建筑、设施保持必要的安全距离；④厂房和仓库的设计、结构和材料以及防火、防爆、防雷、防静电等安全设备、设施符合国家有关标准和规范；⑤生产设备、工艺符合安全标准；⑥产品品种、规格、质量符合国家标准；⑦有健全的安全生产责任制；⑧有安全生产管理机构和专职安全生产管理人员；⑨依法进行安全评价；⑩有事故应急救援预案、应急救援组织和人员，并配备必要的应急救援器材、设备；⑪法律、法规规定的其他条件。

第十二条规定，生产烟花爆竹的企业，应当对生产作业人员进行安全生产知识教育，对从事药物混合、造粒、筛选、装药、筑药、压药、切引、搬运等危险工序的作业人员进行专业技术培训。从事危险工序的作业人员经设区的市人民政府安全生产监督管理部门考核合格，方可上岗作业。

2. 烟花爆竹批发企业、零售经营者的条件

第十七条规定，从事烟花爆竹批发的企业，应当具备下列条件：①具有企业法人条件；②经营场所与周边建筑、设施保持必要的安全距离；③有符合国家标准的经营场所和储存仓库；④有保管员、仓库守护员；⑤依法进行了安全评价；⑥有事故应急救援预案、应急救援组织和人员，并配备必要的应急救援器材、设备；⑦法律、法规规定的其他条件。

第十八条规定，烟花爆竹零售经营者，应当具备下列条件：①主要负责人经过安全知识教育；②实行专店或者专柜销售，设专人负责安全管理；③经营场所配备必要的消防器材，张贴明显的安全警示标志；④法律、法规规定的其他条件。

### 3.5.10 《建设工程安全生产管理条例》相关规定

《建设工程安全生产管理条例》关于事故应急管理的规定主要体现在建设单位、勘察单位、设计单位、施工单位、工程监理单位的安全责任和应急救援和调查处理等方面。

1. 建设单位的安全责任

建设单位是建设工程的投资主体，在建设活动中居于主导地位。建设单位的安全责任包括：如实向施工单位提供有关施工资料；不得向有关单位提出非法要求、不得压缩合同工期；必须保证必要的安全投入；不得明示或者暗示施工单位购买不符合安全要求的设备、设施、器材和用具；开工前报送有关安全施工措施的资料；建设单位应当将拆除工程发包给具有相应资质等级的施工单位，并在施工 15 日前，将相关资料报送建设工程所在地县级以上人民政府建设行政主管部门或者其他有关部门备案。

2. 勘察、设计及工程监理等单位的安全责任

1）勘察单位的安全责任

勘察单位应当按照法律、法规和工程建设强制性标准进行勘察，提供的勘察文件应当真实、准确，满足建设工程安全生产的需要。勘察单位在勘察作业时，应当严格执行操作规程，采取措施保证各类管线、设施和周边建筑物、构筑物的安全。

2）设计单位的安全责任

设计单位应当按照法律、法规和工程建设强制性标准进行设计，防止因设计不合理导致生产安全事故的发生。设计单位应当考虑施工安全操作和防护的需要，对涉及施工安全的重点部位和环节在设计文件中注明，并对防范生产安全事故提出指导意见。采用新结构、新材料、新工艺的建设工程和特殊结构的建设工程，设计单位应当在设计中提出保障施工作业人员安全和预防生产安全事故的措施建议。设计单位和注册建筑师等注册执业人员应当对其设计负责。

3）工程监理单位的安全责任

工程监理单位应当审查施工组织设计中的安全技术措施或者专项施工方案是否符合工程建设强制性标准。工程监理单位在实施监理过程中，发现存在安全事故隐患的，应当要求施工单位整改；情况严重的，应当要求施工单位暂时停止施工，并及时报告建设单位。施工单位拒不整改或者不停止施工的，工程监理单位应当及时向有关主管部门报告。工程监理单位和监理工程师应当按照法律、法规和工程建设强制性标准实施监理，并对建设工程安全生产承担监理责任。

3. 施工单位的安全责任

1）主要负责人和项目负责人的安全施工责任

施工单位主要负责人依法对本单位的安全生产工作全面负责。

施工单位的项目负责人应当由取得相应执业资格的人员担任，对建设工程项目的安全施工负责，落实安全生产责任制、安全生产规章制度和操作规程，确保安全生产费用的有效使用，并根据工程的特点组织制定安全施工措施，消除安全事故隐患，及时、如实报告生产安全事故。

2）安全管理机构和安全管理人员的配置

施工单位应当设立安全生产管理机构，配备专职安全生产管理人员。专职安全生产管理人员负责对安全生产进行现场监督检查。

3）总承包单位与分包单位的安全管理

建设工程实行施工总承包的，由总承包单位对施工现场的安全生产负总责。总承包单位应当自行完成建设工程主体结构的施工。总承包单位依法将建设工程分包给其他单位的，分包合同中应当明确各自的安全生产方面的权利、义务。总承包单位和分包单位对分包工程的安全生产承担连带责任。分包单位应当服从总承包单位的安全生产管理，分包单位不服从管理导致生产安全事故的，由分包单位承担主要责任。

4）安全警示标志和危险部位的安全防护措施

施工单位应在施工现场入口、起重机械、临时用电设施、隧道口等危险部位，设置明显的安全警示标志。施工单位应当根据不同施工阶段和周围环境及季节、气候的变化，在施工现场采取相应的安全施工措施。

4. 应急救援和调查处理

第四十七条规定，县级以上地方人民政府建设行政主管部门应当根据本级人民政府的要求，制定本行政区域内建设工程特大生产安全事故应急救援预案。

第四十八条规定，施工单位应当制定本单位生产安全事故应急救援预案，建立应急救援组织或者配备应急救援人员，配备必要的应急救援器材、设备，并定期组织演练。

第四十九条规定，施工单位应当根据建设工程施工的特点、范围，对施工现场易发生重大事故的部位、环节进行监控，制定施工现场生产安全事故应急救援预案。实行施工总承包的，由总承包单位统一组织编制建设工程生产安全事故应急救援预案，工程总承包单位和分包单位按照应急救援预案，各自建立应急救援组织或者配备应急救援人员，配备救援器材、设备，并定期组织演练。

第五十条规定，施工单位发生生产安全事故，应当按照国家有关伤亡事故报告和调查处理的规定，及时、如实地向负责安全生产监督管理的部门、建设行政主管部门或者其他有关部门报告；特种设备发生事故的，还应当同时向特种设备安全监督管理部门报告。接到报告的部门应当按照国家有关规定，如实上报。实行施工总承包的建设工程，由总承包单位负责上报事故。

第五十一条规定，发生生产安全事故后，施工单位应当采取措施防止事故扩大，保护事故现场。需要移动现场物品时，应当做出标记和书面记录，妥善保管有关证物。

## 【本章重点】

1. 应急救援体系。应急救援体系是指应对突发事件所需的组织、人力、物力、财力等各种要素及其相互关系的总和，主要包括“一案三制（预案、体制、机制、法制）”及应急救援物资装备。应急救援体系的建设和完善是一项复杂的系统工程，需要以国情、各地情况、企业情况为依据，以专项公共资源的配置、整合为手段，以社会力量为依托，以提高突发事件应急救援能力和效率为目标，坚持常抓不懈、稳步推进。2003 年以来，我国出台和下发了一系列的规划和规范文件，并在《安全生产法》等有关法律法规中明确了相关部门在应急救援体系建设中的职责，推动了我国应急救援体系建设的不断发展和进步。

2. 生产安全事故的应急准备。应急准备是整个应急工作的基础和前提，为突发事件的及时、有效响应提供了保障。《突发事件应对法》对有关应急准备作出了规定，《安全生产法》对有关应急预案和应急队伍、物资配备也作出了相应规定。在此基础上，结合生产安全事故应急工作的实际需要，《生产安全事故应急条例》设立专章，共 12 条，从预案编制、预案备案、预案演练、队伍建设、值班制度、人员培训、物资储备、信息系统 8 个方面进行规范。

3. 生产安全事故现场应急救援。现场应急救援是应急管理工作的重点，是检验应急管理各项工作优劣的重要参考。实践中，生产安全事故发生后，事故现场救援机制不够完善、救援程序不够明确、救援指挥不够科学等问题，尤其是在一些基层生产经营单位违章指挥、盲目施救现象时有发生。为了规范生产安全事故现场应急救援工作，《安全生产法》和《突发事件应对法》都作出了相应的规定，结合近年来应急救援的实践，《生产安全事故应急条例》在生产经营单位的初期处置、政府的应急救援、设立现场救援指挥部、设置应急救援中止和终止条件等方面做了明确规定，确定了救援过程中的主要任务、工作程序及主要工作内容等。

4. 应急预案管理。应急预案是突发事件应急准备的重要内容，应急预案管理是为了提高应急预案质量、进一步发挥应急预案在突发事件救援中的作用而采取的一系列管理活动，包括应急预案编制、应急预案评审和发布、应急预案备案、应急预案实施、应急预案宣传和培训、应急预案演练、应急预案修订等一系列工作。我国制定了《生产安全事故应急预案管理办法》，进一步规范了生产安全事故应急预案管理工作。其中应急预案编制工作是应急预案管理工作的重点和难点，我国为此制定了《生产经营单位生产安全事故应急预案编制导则》，规范应急预案编制的程序、主要工作内容等。

## 【复习思考题】

1. 根据《安全生产法》的规定，生产经营单位在事故应急救援中主要承担哪些职责？
2. 根据《生产安全事故应急条例》，生产经营单位应对生产安全事故的准备工作有哪些？
3. 根据《生产安全事故应急条例》，应急预案的编制要求有哪些？
4. 根据《生产安全事故应急条例》，应急预案需修订的情形有哪些？
5. 生产经营单位应急预案的演练时间有什么要求？
6. 重大责任事故罪和危险作业罪有何区别？
7. 简述机关、团体、企业、事业等单位应当履行的消防安全职责。
8. 简述危险品生产经营单位设置的消防安全要求。
9. 危险化学品事故应急预案有哪些规定？

## 阅读材料

### 某化工有限公司“3·21”特别重大爆炸事故责任追究案例

2019年3月21日14时48分许，江苏某化工有限公司发生特别重大爆炸事故，造成78人死亡，76人重伤，640人住院治疗，直接经济损失19.86亿元。

事故发生后，在党中央、国务院坚强领导下，江苏省和应急管理部等立即启动应急响应，迅速调集综合性消防救援队伍和危险化学品专业救援队伍开展救援，至3月22日5时许，该公司的储罐和其他企业等8处明火被全部扑灭，未发生次生事故；至3月24日24时，失联人员全部找到，救出86人，搜寻到遇难者78人。江苏省和国家卫生健康委全力组织伤员救治，至4月15日危重伤员、重症伤员经救治全部脱险。生态环境部门对爆炸核心区水体、土壤、大气环境密切监测，实施堵、控、引等措施，未发生次生污染；至8月25日，除残留在装置内的物料外，生态化工园区内的危险物料全部转运完毕。

“3·21”特别重大爆炸事故是一起长期违法贮存危险废物导致自燃进而引发爆炸的特别重大生产安全责任事故。江苏省纪检监察机关按照干部管理权限，依规依纪依法对事故中涉嫌违纪违法问题的61名公职人员进行严肃问责。同时，江苏省公安机关对涉嫌违法问题的44名企业人员立案侦查并采取刑事强制措施。

江苏省公安机关对涉嫌违法问题的44名企业涉事人员依据《刑法》第一百三十五条重大劳动安全事故罪立案侦查并采取刑事强制措施。第一百三十五条规定，安全生产设施或者安全生产条件不符合国家规定，因而发生重大伤亡事故或者造成其他严重后果的，对直接负责的主管人员和其他直接责任人员，处三年以下有期徒刑或者拘役；情节特别恶劣的，处三年以上七年以下有期徒刑。

依据《安全生产法》第九十一条和《生产安全事故报告和调查处理条例》第四十条，吊销某化工有限公司安全生产许可证等有关证照，并处罚款。

# 4

# 自然灾害应急管理法律法规

我国是世界上自然灾害最严重的少数国家之一，灾害种类多，发生频率高，分布地域广，造成损失大。

自20世纪80年代后期开始，我国颁布了许多关于自然灾害防治的法律、法规及规章，我国自然灾害防治工作走上法治化的道路。目前，我国在防震减灾、火灾应急管理、洪涝灾害应急管理、环境灾害防治等领域已经形成了一套较为完整的自然灾害防治法律体系，为保护广大人民的生命财产、调整自然灾害防治中的各种社会关系提供了有效的法律保障。

## 4.1 地质地震灾害类应急管理法律法规

### 4.1.1 中华人民共和国防震减灾法

我国幅员辽阔，地震活动具有频度高、强度大、分布广、震源浅的特点，地震灾害已经成为我国重大灾害之一。2008年5月12日的汶川特大地震，造成直接经济损失8451亿元，因地震引发的崩塌、滑坡、泥石流、堰塞湖等次生灾害更是举世罕见。防震减灾不仅涉及政府，也涉及每个公民个人。防震减灾法的立法目的在于调整社会各个方面在防震减灾中的社会关系，以明确各级人民政府及其职能部门的职权和职责，以及任何单位和公民个人在防震减灾活动中的权利和义务。

《中华人民共和国防震减灾法》(简称《防震减灾法》）由第八届全国人民代表大会常务委员会第二十九次会议于1997年12月29日通过，自1998年3月1日起施行。2008年12月27日，第十一届全国人民代表大会常务委员会第六次会议修订，自2009年5月1日起施行。《防震减灾法》对我国防震减灾领域中各个方面的社会关系作了全面的法律规定，是调整防震减灾领域中各方面社会关系的基本法律规范。

1. 防震减灾规划

防震减灾规划是加强地震灾害预防、提高综合防震减灾能力的重要依据。防震减灾是一项社会系统工程，制定防震减灾规划，是贯彻落实“预防为主”方针的具体步骤，是增强防震减灾能力的需要。

国家防震减灾规划由国务院地震工作主管部门会同国务院有关组织编制，报国务院批准后组织实施。县级以上地方人民政府负责管理地震工作的部门或者机构会同同级有关部门根据上一级防震减灾规划和本行政区域的实际情况，组织编制本行政区域的防震减灾规划，报本级人民政府批准后组织实施。规划经批准后，编制部门要及时对规划的主要目标和任务进行分解，明确责任，保障规划的实施落到实处。

1）编制原则和依据

《防震减灾法》第十三条规定，编制防震减灾规划，应当遵循统筹安排、突出重点、合理布局、全面预防的原则，以震情和震害预测结果为依据，并充分考虑人民生命和财产安全及经济社会发展、资源环境保护等需要。县级以上地方人民政府有关部门应当根据编制防震减灾规划的需要，及时提供有关资料。

防震减灾规划的编制依据是震情和震害预测结果。震情是指有关地震活动和地震影响的情况；震害预测是指全国或某一地区在地震危险性分析、地震区划或小区划、工程建筑易损性分析的基础上，对未来某一时段地震可能造成的人员伤亡、经济损失及其分布的估计。防震减灾规划的编制要充分考虑人民生命和财产安全及经济社会发展、资源环境保护等需要，这是本法立法宗旨的体现。

2）编制内容

《防震减灾法》第十四条规定，防震减灾规划的内容应当包括：震情形势和防震减灾总体目标，地震监测台网建设布局，地震灾害预防措施，地震应急救援措施，以及防震减灾技术、信息、资金、物资等保障措施。编制防震减灾规划，应当对地震重点监视防御区的地震监测台网建设、震情跟踪、地震灾害预防措施、地震应急准备、防震减灾知识宣传教育等作出具体安排。

为贯彻预防为主的方针，规划的内容必须涵盖防震减灾的方方面面，才能保证规划的目标、工作重点更具针对性，更为切合实际。地震重点监视防御区是指未来10～15年内，存在发生破坏性地震危险或者受破坏性地震影响，可能造成严重的地震灾害损失的地区和城市。我国国土广阔，地震分布范围广，在广阔的国土上平均使用力量和资源不符合国力和震情特点。综合考虑震情和可能发生的灾情，在不同时期划出特定的重点地区，加强工作措施以提高防震减灾工作的实效，是必要而可行的做法。

防震减灾规划的编写建议提纲：①编制的背景及本地区防震减灾工作现状；②指导思想、编制原则及规划的总体目标；③防震减灾工作体系建设；④防震减灾法规体系建设；⑤防震减灾基础设施与技术现代化建设；⑥防震减灾科学技术发展规划；⑦地震监测预报方案；⑧国土利用规划，新建、改建、扩建建设工程抗震设防，已建成建（构）筑物抗震加固，次生灾害防范；⑨地震应急及紧急救援工作体系；⑩震后救灾与恢复重建准备；⑪防震减灾宣传教育。

3）规划的公布与修改

《防震减灾法》第十六条规定，防震减灾规划一经批准公布，应当严格执行；因震情形势变化和经济社会发展的需要确需修改的，应当按照原审批程序报送审批。

防震减灾规划经批准后应当对社会公布。这样做的原因：一是确保社会公众对规划的知情权，可以保证公众的有效参与；二是确保社会公众对规划的参与权，保证公众的有效监督；三是确保社会公众对规划的监督权，有利于推动社会主义和谐社会的建设。实践证明，在规划的编制、实施过程中遵循公开民主的原则，便于公众对规划进行监督，保证规划的顺利实施。

震情并不是一成不变，而是动态变化的。因此，规划编制部门要根据震情形势变化和经济社会发展适时对规划进行调整和修订。防震减灾规划一经批准，就具有法定效力，任何单位和个人不得随意修改，以维护规划的权威性、严肃性。因此，规划的修改必须严格按照法定程序进行，应当按照原审批程序报送审批。

2. 地震监测预报

地震监测是防震减灾的基础和重要环节。在“一五”期间，我国先后建立了昆明、成都、兰州、南京、上海、拉萨、广州、北京、长春、西安、武汉、包头 12 个地震台，组成我国第一批地震监测网；2004 年又成立了中国地震台网中心；“十一五”期间组建了中国大陆构造环境监测网络（陆态网络），对中国大陆及其邻区的地壳运动、重力场变化、大气水汽变化和电离层变化等进行实时与非实时相结合的综合监测。

1）建立多学科地震监测系统

《防震减灾法》第十七条规定，国家加强地震监测预报工作，建立多学科地震监测系统，逐步提高地震监测预报水平。

我国地震监测预报采用多手段综合观测、多学科综合分析的方式，它涉及的学科很广，既包括地球物理学、地球化学、地质学、大地测量学等学科，也包括数学、物理学、信息技术、空间技术等学科。要提高地震监测预报水平，必须建立多学科、功能完备、稳定可靠的地震监测系统，并坚持不懈地在地震预测研究上狠下功夫。

2）专用地震监测台网和强震动监测设施

《防震减灾法》第十九条规定，水库、油田、核电站等重大建设工程的建设单位，应当按照国务院有关规定，建设专用地震监测台网或者强震动监测设施，其建设资金和运行经费由建设单位承担。

该项明确专用地震监测台网或者设置强震动监测设施应当按照国务院有关规定进行，其建设资金和运行经费由建设单位承担。水库、油田、核电站等重大建设工程建设专用地震监测台网的目的是保障重大建设工程的安全和人员生命财产安全，服务生产，这些台站归属于本企业，是为本单位服务的。这类工程哪些需要建设专用地震监测台网或者强震动监测设施，按照《地震监测管理条例》规定执行。在水库大坝、核电站等重大建设工程设置强震动监测设施有两个目的：①与其他地区设置的强震动监测设施一起构成区域性地震烈度速报系统和大地震预警系统，有利于各级人民政府及时掌握地震灾情和灾情发展趋势，有利于管理机构迅速决策，采取地震应急措施；②通过积累近场强地震动数据，可以制定更科学、更具有实用价值的抗震设计参数。

3）海域地震活动监测和火山活动监测

《防震减灾法》第二十二条规定，沿海县级以上地方人民政府负责管理地震工作的部门或者机构，应当加强海域地震活动监测预测工作。海域地震发生后，县级以上地方人民政府负责管理地震工作的部门或者机构，应当及时向海洋主管部门和当地海事管理机构等通报情况。火山所在地的县级以上地方人民政府负责管理地震工作的部门或者机构，应当利用地震监测设施和技术手段，加强火山活动监测预测工作。

减轻海域地震灾害，需要地震主管部门、海洋主管部门和当地海事管理机构等部门的通力合作。因此，本条规定一旦发生了海域地震，县级以上地方人民政府负责管理地震工作的部门或者机构，应当及时向海洋主管部门和当地海事管理机构等通报情况。及时地通报已发生地震的情况，能使这些部门最快地启动地震应急预案，以应对地震对海域工程构筑物、海域设施等可能造成的灾害，使地震灾害减轻到尽可能低的程度，并为海洋主管部门做出海啸预警提供地震资料。

火山活动总伴随着地震的发生，火山的喷发还伴有地壳形变、重力、地磁、化学气体变化等现象。因此，可以利用地震监测设施和技术手段，监测预测火山活动，通过对火山地震、地壳形变、重力、地磁、化学气体的监测，研究火山的活动规律，预测火山的喷发。

4）地震监测信息共享平台建设

《防震减灾法》第二十五条规定，国务院地震工作主管部门建立健全地震监测信息共享平台，为社会提供服务。县级以上地方人民政府负责管理地震工作的部门或者机构，应当将地震监测信息及时报送上一级人民政府负责管理地震工作的部门或者机构。专用地震监测台网和强震动监测设施的管理单位，应当将地震监测信息及时报送所在地省、自治区、直辖市人民政府负责管理地震工作的部门或者机构。

2004 年 10 月中国地震局成立了中国地震台网中心，具体承担中国地震局业务工作信息的网络发布和数据共享服务，承担数据共享门户网站的建设与运行管理，以及数字地震、前兆资料库建设与共享技术研究。中国地震台网中心在“十五”期间完成的中国地震局重点项目“中国数字地震观测网络”，包括 1 个国家级地震信息服务系统中心，40 个区域级地震信息服务系统节点，60 个大中城市地震信息服务系统节点，300 个县级地震信息服务系统节点，300 个地震台站地震信息服务系统节点，5 个高校、科研单位地震信息服务系统节点，2 套地震现场地震信息应急通信系统。中国地震信息服务系统在上述行业网络的基础上，建设地震数据信息共享系统和网络地震信息服务系统及中国地震局政务信息系统，构成完整的中国地震信息服务系统。

中国地震信息服务系统的建设，保证了国务院抗震救灾指挥部和区域抗震救灾指挥部在大地震时应急指挥信息和通信的需要，大大提高了我国地震信息系统的服务能力。

5）地震重点监视防御区的地震监测工作

《防震减灾法》第三十条规定，国务院地震工作主管部门根据地震活动趋势和震害预测结果，提出确定地震重点监视防御区的意见，报国务院批准。国务院地震工作主管部门应当加强地震重点监视防御区的震情跟踪，对地震活动趋势进行分析评估，提出年度防震减灾工作意见，报国务院批准后实施。地震重点监视防御区的县级以上地方人民政府应当根据年度防震减灾工作意见和当地的地震活动趋势，组织有关部门加强防震减灾工作。地震重点监视防御区的县级以上地方人民政府负责管理地震工作的部门或者机构，应当增加地震监测台网密度，组织做好震情跟踪、流动观测和可能与地震有关的异常现象观测以及群测群防工作，并及时将有关情况报上一级人民政府负责管理地震工作的部门或者机构。

地震重点监视防御区的县级以上地方人民政府负责管理地震工作的部门或者机构落实防震减灾工作的职责有：增加地震监测台网密度、制定短期与临震预报方案、建立震情跟踪会商制度、提高地震监测预报能力、加强群测群防工作等。其中增加地震监测台网密度是最为重要的一项，地震监测台网的密度关系到地震监测信息的质量和数量，是保障监测结果准确性的基础。地震重点监视防御区意味着它比一般的非重点地区要有所加强，因此在台网密度上要有所加强，以保障地震监测工作得以强化。

一般情况下，地震重点监视防御区的时间尺度是 10 ~ 15 年。在未来 10 ~ 15 年，地震重点监视防御区存在发生地震灾害的危险，必须立足于早震、当年有震做好准备，把准备工作落实到年度工作中。国务院地震主管部门根据地震活动性异常、中期前兆异常的时空分布，以及地震活动性的大区域动态变化，提出年度防震减灾工作意见，报国务院批准后实施。

6）地震烈度速报系统建设

《防震减灾法》第三十一条规定，国家支持全国地震烈度速报系统的建设。地震灾害发生后，国务院地震工作主管部门应当通过全国地震烈度速报系统快速判断致灾程度，为指挥抗震救灾工作提供依据。

地震烈度速报系统，是强震动观测仪监测系统，一旦发生地震，便可测定不同地区的地震动（烈度）的大小，据此可以快速判断地震致灾程度和灾害分布情况。地震烈度速报系统对指挥抗震救灾工作具有重要的意义。我国地震台网适用地震烈度速报系统已于 2013 年 4 月 1 日起正式提供自动地震速报服务，可对大多数国内中东部 3 级以上地震、西部（内蒙古、新疆、青海、西藏）和中国台湾地区 4 级以上地震，国外 6 级以上地震提供比较可靠的自动速报结果。由于我国幅员辽阔，要建设更为可靠的全国地震烈度速报系统，需要相当一段时间，因此本法第三十一条规定“国家支持全国地震烈度速报系统的建设”，为这一系统建设提供了保障。

7）地震预报的统一发布

《防震减灾法》第二十九条规定，国家对地震预报意见实行统一发布制度。全国范围内的地震长期和中期预报意见，由国务院发布。省、自治区、直辖市行政区域内的地震预报意见，由省、自治区、直辖市人民政府按照国务院规定的程序发布。除发表本人或者本单位对长期、中期地震活动趋势的研究成果及进行相关学术交流外，任何单位和个人不得向社会散布地震预测意见。任何单位和个人不得向社会散布地震预报意见及其评审结果。

该条款主要规定了地震预报意见由国家专门的部门或者机构统一发布，无权发布地震预报的部门或者机构不得发布地震预报。同时，根据地震预测类型所涉及的范围，对不同级别的政府作出了发布权限的划分：①全国范围内地震的长期或中期预报意见，由国务院发布；②省、自治区、直辖市行政区域内的地震预报意见（包括长期、中期、短期及临震预报意见），由省、自治区、直辖市人民政府按照国务院规定的程序发布，见表 4 - 1。另外，该条款还规定了任何单位和个人不得向社会散布地震预测意见、地震预报意见及其评审结果。

表4-1 破坏性地震预报类型

| 预报类型 | 时间尺度 | 预报主体 | 地震预报程序 | | | 备注 |
|---|---|---|---|---|---|---|
| | | | 依据、提出 | 批准、发布 | 发布方式 | |
| 长期预报<br>(1) 全国<br>(2) 省级 | 十年（地域、强度） | 国务院<br>省级人民政府 | 国务院地震行政主管部门<br>省级政府地震行政主管部门 | 国务院<br>省级人民政府 | 文件 | 确定全国地震重点监视防御区的依据 |
| 中期预报<br>(1) 全国<br>(2) 省级 | 一、二年（地域、强度） | 国务院<br>省级人民政府 | 依据年度地震趋势会商会国务院地震行政主管部门<br>省级政府地震行政主管部门 | 国务院<br>省级人民政府 | 文件 | 部署防震减灾工作的基础 |
| 短期预报 | 三个月内（时间、地点、震级） | 省级人民政府 | 中期预报基础上的跟踪监测分析<br>月会商会 | 发布前报告国务院地震行政主管部门 | 文件 | 加强监视，捕捉临震异常，做防震减灾准备 |
| 临震预报<br>特殊情况 | 十日内（时、空、强）<br>四十八小时 | 省级人民政府<br>市县人民政府 | 已经发布的短期预报地区<br>及时会商提出、发现临震异常 | 发布前报告上级地震工作部门<br>市县人民政府 | 书面、广播、电视<br>边报告边发布 | 采取避震防护、应急措施临震应急 |

3. 地震灾害预防

地震灾害预防包括工程性预防与非工程性预防两大部分。工程性预防措施是指人们为了防止建（构）筑物在地震时遭受破坏而采取的预防措施，包括选择场地，采取适当的地基处理措施，合理的结构布局与抗震设计演算和构造措施，合适的材料，以及严格按抗震设计施工和维护保养措施。非工程性的防御措施主要指各级人民政府及其有关部门或者机构和社会公众依法开展的各项减灾活动，这些活动旨在提高抗御地震灾害能力，增强社会的防震减灾意识，包括建立健全防震减灾工作体系，编制防震减灾规划，开展防震减灾知识的宣传，抗震救灾资金和物资的适当储备，以及地震灾害保险等。

1）有关建设工程的强制性标准应当与抗震设防要求相衔接

《防震减灾法》第三十六条规定，有关建设工程的强制性标准，应当与抗震设防要求相衔接。其具体要求：国务院建设行政主管部门与国务院铁路、交通、民用航空、水利和其他有关专业主管部门制定的建设工程强制性标准，应当与地震安全评价报告所确定的抗震设防要求相衔接；一般工业及民用建设工程，必须按照国家颁布的地震烈度规划图或者地震参数区划图规定的抗震设防要求进行抗震设防，有关建设工程的强制性标准，应当与其相衔接。

2）组织制定地震小区划图

《防震减灾法》第三十七条规定，国家鼓励城市人民政府组织制定地震小区划图。地震小区划图由国务院地震工作主管部门负责审定。

地震小区划与全国地震区划都是为抗震设计提供地震动参数。全国地震区划是在平均场地条件下对全国范围内的地震安全环境进行的区域划分。地震小区划是对某一城镇、厂矿或开发区范围内可能遭遇的地震影响的分布，包括设计地震动参数的分布和地震地面破坏的分布。因此，地震小区划应包括地震动参数小区划和地震地质灾害小区划，其中地震动小区划的结果是用于一般建设工程的抗震设计、加固及预测结构振动破坏等的地震输入，即提供一套设计地震动参数。

3）加强农村民居抗震设防管理

《防震减灾法》第四十条规定，县级以上地方人民政府应当加强对农村村民住宅和乡村公共设施抗震设防的管理，组织开展农村实用抗震技术的研究和开发，推广达到抗震设防要求、经济适用、具有当地特色的建筑设计和施工技术，培训相关技术人员，建设示范工程，逐步提高农村村民住宅和乡村公共设施的抗震设防水平。国家对需要抗震设防的农村村民住宅和乡村公共设施给予必要支持。

我国农村地区，有三分之二以上居民居住在地震烈度Ⅵ度以上区域。长期以来，受社会和经济发展水平的制约，广大农村居民防震意识淡薄，缺乏抗震知识，国家又未将农村民房建设纳入规范管理，农民民房多为农民自行建造，抗震能力普遍较差，“小震致大灾，大震致巨灾”是我国地震灾害的显著特点。从 2004 年开始，我国实施了“农村民居地震安全工程”。2007 年国务院办公厅转发地震局建设部《关于实施农村民居地震安全工程的意见》(国办发〔2007〕1 号)，各地广泛开展示范工程建设，引导农民主动参与农村居民地震安全工程。

4）统筹安排地震应急避难场所建设

《防震减灾法》第四十一条规定，城乡规划应当根据地震应急避难的需要，合理确定应急疏散通道和应急避难场所，统筹安排地震应急避难所必需的交通、供水、供电、排污等基础设施建设。

5）依靠科技推进建设工程抗震设防

《防震减灾法》第四十三条规定，国家鼓励、支持研究开发和推广使用符合抗震设防要求、经济实用的新技术、新工艺、新材料。

在近年发展起来的抗震新技术中，结构控制技术取得了引人注目的进展。具有水平柔性的基底隔震支座可有效降低结构体系的自振周期，被动吸振器和阻尼器可以提高建筑体系的耗能能力，主动控制、半主动控制和混合控制为改变体系的刚度和阻尼特性，提高结构抗震能力提供了更加灵活和有效的手段。在已建工程抗震加固方面，一些新技术、新工艺越来越受到人们的关注。例如，在桥梁和建筑物加固领域中，预应力抗震加固技术克服了应力滞后的弱点，保证了新旧材料和结构的整体性与协同工作。

6）安排地震重点监视防御区的抗震救灾资金、物资储备

《防震减灾法》第四十二条规定，地震重点监视防御区的县级以上地方人民政府应当根据实际需要，在本级财政预算和物资储备中安排抗震救灾资金、物资。

对于地震重点监视防御区，在地方财政预算和物资储备中安排适当的抗震救灾资金和物资是重点监视防御区地震灾害预防，特别是非工程性预防的重要措施之一。一旦有地震发生，资金和物资马上可以用于应急和救灾，这无疑会缩短抗震救灾的进程，加快灾区的恢复。地方人民政府根据实际需要，在本级财政预算和物资储备中安排适当的抗震救灾资

金和物资，这也是贯彻“坚持经济建设同减灾一起抓”“把减灾纳入国民经济和社会发展总体规划中去”这一方针的具体体现。

7）做好防震减灾知识宣传教育工作

《防震减灾法》第四十四条规定，县级人民政府及其有关部门和乡、镇人民政府、城市街道办事处等基层组织，应当组织开展地震应急知识的宣传普及活动和必要的地震应急救援演练，提高公民在地震灾害中自救互救的能力。机关、团体、企业、事业等单位，应当按照所在地人民政府的要求，结合各自实际情况，加强对本单位人员的地震应急知识宣传教育，开展地震应急救援演练。学校应当进行地震应急知识教育，组织开展必要的地震应急救援演练，培养学生的安全意识和自救互救能力。新闻媒体应当开展地震灾害预防和应急、自救互救知识的公益宣传。国务院地震工作主管部门和县级以上地方人民政府负责管理地震工作的部门或者机构，应当指导、协助、督促有关单位做好防震减灾知识的宣传教育和地震应急救援演练等工作。

我国是多地震灾害的国家，又是一个人口众多的国家，要在全国普及地震应急知识，做到应知应会，家喻户晓，是一个复杂的系统工程，必须动员全社会的力量共同完成。因此，本条把开展地震应急知识的宣传普及活动和必要的地震应急救援演练，规定为各级地方政府基层组织的共同责任，这既是法定的职责，又是应尽的义务。在我国强有感地震和灾害性地震中，学校往往会不同程度地出现由于避险不当造成伤亡的现象。因此，本条对学校的地震应急知识的宣传和演练做出了特别的规定，明确要求学校应当进行地震应急知识教育，组织开展必要的地震应急救援演练，培养学生的安全意识和自救互救能力。新闻媒体宣传具有传播速度快、覆盖面广的优势，受众多、形式生动活泼等特点，在防震减灾知识宣传中具有其他方法无法比拟的作用。因此，本条对新闻媒体的地震知识的宣传作出了特别的规定，明确应当开展地震灾害预防和应急、自救互救知识的公益宣传。

国务院地震工作主管部门和县级以上地方人民政府负责管理地震工作的部门或者机构，有责任承担防震减灾知识的宣传教育和地震应急救援演练等工作的管理和监督；作为专业性部门，具有地震专业知识，应当指导、协助、督促有关单位做好防震减灾知识的宣传教育和地震应急救援演练等工作。

8）完善地震灾害保险制度

《防震减灾法》第四十五条规定，国家发展有财政支持的地震灾害保险事业，鼓励单位和个人参加地震灾害保险。

地震灾害保险是地震灾害预防的重要措施之一，它的主要特征是调动全社会的力量来减轻地震灾害给公民生命和财产所造成的损失。设置本条的目的：一是促进有国家财政支持的地震保险制度的逐步建立和完善；二是鼓励单位和个人参加地震灾害保险。地震灾害保险也是地震灾害经济损失补偿方式之一，是完成抗震救灾、恢复重建家园工作的重要组成部分。

4. 地震应急救援

地震应急救援包括震前应急防御和震后应急救援。震前应急是指在地震发生之前，按照地震应急预案（地震应急预案是指在破坏性地震发生前预先制定的，应对地震灾害发生时和发生后紧急避险、抢险救灾的计划方案，包括人员的职责分工、平时的准备和震时的紧急处置等内容，并对如何启动应急响应进行规范），做好各项临震紧急避险和震后抢险救灾准备。震后应急救援主要是指根据破坏性地震发生后对地震（发震时间、地点、震级）的快速测定和地震灾害的可能等级，组织实施相应等级的地震应急预案，开展抢险救灾（抢险救灾包括受灾人员的抢救、次生灾害的处理、生命线工程抢险和灾民紧急安置、伤病员抢救和防疫、恢复生产和社会生活正常秩序等）。

1）建立地震灾害紧急救援队伍

《防震减灾法》第五十四条规定，国务院建立国家地震灾害紧急救援队伍。省、自治区、直辖市人民政府和地震重点监视防御区的市、县人民政府可以根据实际需要，充分利用消防等现有队伍，按照一队多用、专职与兼职相结合的原则，建立地震灾害紧急救援队伍。地震灾害紧急救援队伍应当配备相应的装备、器材，开展培训和演练，提高地震灾害紧急救援能力。地震灾害紧急救援队伍在实施救援时，应当首先对倒塌建筑物、构筑物压埋人员进行紧急救援。

第五十七条规定，国务院地震工作主管部门会同有关部门和单位，组织协调外国救援队和医疗队在中华人民共和国开展地震灾害紧急救援活动。国务院抗震救灾指挥机构负责外国救援队和医疗队的统筹调度，并根据其专业特长，科学、合理地安排紧急救援任务。地震灾区的地方各级人民政府，应当对外国救援队和医疗队开展紧急救援活动予以支持和配合。

国内外地震灾害实践表明，及时、高效地抢救生命的关键在于有先进适用的技术装备，例如便携、灵活、高效的搜寻、探生、定位与切割、扩展、顶升、吊装、近人定向爆破等救助技术和装备，同时还必须有能熟练掌握这些技术和装备的队伍。

2）完善地震应急预案

汶川、唐山等地震灾害的地震应急实践表明，灾区基层政府的组织，灾区人民的自救互救，灾区基层单位的应急处置，在减少人员伤亡，减轻经济损失中发挥了关键的作用。《防震减灾法》第四十六条规定，县级以上地方人民政府及其有关部门和乡、镇人民政府，应当根据有关法律、法规、规章、上级人民政府及其有关部门的地震应急预案和本行政区域的实际情况，制定本行政区域的地震应急预案和本部门的地震应急预案。省、自治区、直辖市和较大的市的地震应急预案，应当报国务院地震工作主管部门备案。交通、铁路、水利、电力、通信等基础设施和学校、医院等人员密集场所的经营管理单位，以及可能发生次生灾害的核电、矿山、危险物品等生产经营单位，应当制定地震应急预案，并报所在地的县级人民政府负责管理地震工作的部门或者机构备案。

3）地震分级响应机制

《防震减灾法》第四十九条规定，按照社会危害程度、影响范围等因素，地震灾害分为一般、较大、重大和特别重大四级。具体分级标准按照国务院规定执行。一般或者较大地震灾害发生后，地震发生地的市、县人民政府负责组织有关部门启动地震应急预案；重大地震灾害发生后，地震发生地的省、自治区、直辖市人民政府负责组织有关部门启动地震应急预案；特别重大地震灾害发生后，国务院负责组织有关部门启动地震应急预案。

4）震情、灾情的上报和发布

《防震减灾法》第五十二条规定，地震灾区的县级以上地方人民政府应当及时将地震震情和灾情等信息向上一级人民政府报告，必要时可以越级上报，不得迟报、谎报、瞒报。地震震情、灾情和抗震救灾等信息按照国务院有关规定实行归口管理，统一、准确、及时发布。

地震发生后，短时间内地震震情和灾情信息等信息的报告，首先要突出一个“快”字，根据“尽快了解、了解一点、报告一点，不断补充改正”的原则，尽量争取快速进行第一次汇报；其次还要实事求是，知道多少就报多少，不得谎报、瞒报。地震灾害发生后，社会各界对震情和灾情予以极大关注，及时向社会公众发布震情、灾情信息，做好宣传报道，有利于制止地震谣言的散播，有利于稳定灾区的社会秩序，有利于动员社会力量支援灾区的救灾工作，有利于争取国际援助，同时也是大力开展防震减灾宣传教育，提高全社会防震减灾意识的有利时机。

5）震后紧急措施

《防震减灾法》第五十条规定，地震灾害发生后，抗震救灾指挥机构应当立即组织有关部门和单位迅速查清受灾情况，提出地震应急救援力量的配置方案，并采取以下紧急措施：①迅速组织抢救被压埋人员，并组织有关单位和人员开展自救互救；②迅速组织实施紧急医疗救护，协调伤员转移和接收与救治；③迅速组织抢修毁损的交通、铁路、水利、电力、通信等基础设施；④启用应急避难场所或者设置临时避难场所，设置救济物资供应点，提供救济物品、简易住所和临时住所，及时转移和安置受灾群众，确保饮用水消毒和水质安全，积极开展卫生防疫，妥善安排受灾群众生活；⑤迅速控制危险源，封锁危险场所，做好次生灾害的排查与监测预警工作，防范地震可能引发的火灾、水灾、爆炸、山体滑坡和崩塌、泥石流、地面塌陷，或者剧毒、强腐蚀性、放射性物质大量泄漏等次生灾害以及传染病疫情的发生；⑥依法采取维持社会秩序、维护社会治安的必要措施。

5. 地震灾后过渡性安置和恢复重建

地震灾后过渡性安置和恢复重建指地震灾害发生后的过渡性安置、恢复生产、重建家园以及善后工作等活动。地震灾后过渡性安置和恢复重建是防震减灾的一个重要环节，对减轻地震灾害有着十分重要的意义。

1）地震灾后过渡性安置

《防震减灾法》第五十九条规定，地震灾区受灾群众需要过渡性安置的，应当根据地震灾区的实际情况，在确保安全的前提下，采取灵活多样的方式进行安置。

对于特别重大和重大地震灾害来说，恢复重建可能要在数年内才能完成，必须搭建过渡性安置房，或称简易住房，解决地震灾区受灾群众过渡性安置的问题。过渡性安置，是妥善安排受灾群众生活、稳定人心、维护社会秩序，保障地震紧急救援向地震灾后恢复重建平稳过渡的重要环节，是灾后恢复重建的基础性工作。过渡性安置没有特定的方式，要根据实际情况选择对受灾群众最方便、成本最低的安置方式。

第六十条规定，过渡性安置点应当设置在交通条件便利、方便受灾群众恢复生产和生活的区域，并避开地震活动断层和可能发生严重次生灾害的区域。过渡性安置点的规模应当适度，并采取相应的防灾、防疫措施，配套建设必要的基础设施和公共服务设施，确保受灾群众的安全和基本生活需要。

过渡性安置点选址的基本原则是便利和安全。首先，安置点要有利于灾民生产、生活的恢复，能够为灾民生产自救创造条件，这也是以人为本恢复重建工作方针的具体体现。其次，安置点要保证安全，避开危险因素，即避开地震活动断层和可能发生严重次生灾害的区域，防止对灾民造成二次灾害。

第六十一条规定，实施过渡性安置应当尽量保护农用地，并避免对自然保护区、饮用水水源保护区以及生态脆弱区域造成破坏。过渡性安置用地按照临时用地安排，可以先行使用，事后依法办理有关用地手续；到期未转为永久性用地的，应当复垦后交还原土地使用者。

实施过渡性安置应当占用废弃地、空旷地，尽量不占用或者少占用农田，如果占用少量农田的，施工方法及材料选用应当考虑将来复耕的要求。安置区选址应尽量避开集中式饮用水源保护区，防止影响饮用水安全；安置区选址不应在自然保护区、风景名胜区、历史文化遗产等特殊需要保护区域内；安置区应该配备必要的环保设施，以满足过渡期内集中处理废水、废物的需要。

第六十二条规定，过渡性安置点所在地的县级人民政府，应当组织有关部门加强对次生灾害、饮用水水质、食品卫生、疫情等的监测，开展流行病学调查，整治环境卫生，避免对土壤、水环境等造成污染。过渡性安置点所在地的公安机关，应当加强治安管理，依法打击各种违法犯罪行为，维护正常的社会秩序。

过渡性安置点容易发生火灾、疾病流行、环境污染等灾害。由于其规模大，一旦发生灾害，影响的人多、面广，容易造成很大损失。预防方法主要有两个：①监测，及时发现，及时处置；②预防，整治环境卫生。

第六十三条规定，地震灾区的县级以上地方人民政府及其有关部门和乡、镇人民政府，应当及时组织修复毁损的农业生产设施，提供农业生产技术指导，尽快恢复农业生产；优先恢复供电、供水、供气等企业的生产，并对大型骨干企业恢复生产提供支持，为全面恢复农业、工业、服务业生产经营提供条件。

2）地震灾后损失调查评估

《防震减灾法》第五十八条规定，国务院或者地震灾区的省、自治区、直辖市人民政府应当及时组织对地震灾害损失进行调查评估，为地震应急救援、灾后过渡性安置和恢复重建提供依据。地震灾害损失调查评估的具体工作，由国务院地震工作主管部门或者地震灾区的省、自治区、直辖市人民政府负责管理地震工作的部门或者机构和财政、建设、民政等有关部门按照国务院的规定承担。

地震灾害损失调查评估是对地震造成的损失进行综合评价的工作，地震灾害损失调查评估是一项基础工作，是为制订地震应急救援力量的配置方案、制订灾后过渡性安置和恢复重建规划提供依据的活动。准确的地震灾害损失调查评估结果，对于实施地震应急救援、灾后过渡性安置和恢复重建，迅速恢复重建灾区的社会、生产和生活秩序具有十分重要的意义。

### 4.1.2 破坏性地震应急条例

《破坏性地震应急条例》是为了加强对破坏性地震应急活动的管理，减轻地震灾害损失，保障国家财产和公民人身、财产安全，维护社会秩序而制定的条例。该条例于1995

年2月11日国务院令第172号发布，自1995年4月1日起施行，2011年进行了修订。

1. 应急机构

《破坏性地震应急条例》第六条规定，国务院防震减灾工作主管部门指导和监督全国地震应急工作。国务院有关部门按照各自的职责，具体负责本部门的地震应急工作。

第七条规定，造成特大损失的严重破坏性地震发生后，国务院设立抗震救灾指挥部，国务院防震减灾工作主管部门为其办事机构；国务院有关部门设立本部门的地震应急机构。

第八条规定，县级以上地方人民政府防震减灾工作主管部门指导和监督本行政区域内的地震应急工作。破坏性地震发生后，有关县级以上地方人民政府应当设立抗震救灾指挥部，对本行政区域内的地震应急工作实行集中领导，其办事机构设在本级人民政府防震减灾工作主管部门或者本级人民政府指定的其他部门；国务院另有规定的，从其规定。

2. 应急预案

防震减灾应急预案是各级政府、有关部门和专业救灾队伍在破坏性地震发生前后所采取的整套技术措施、管理方法和行动方案。制定应急预案应根据地震部门提出的地震预报预测意见，在当地政府的支持和指导下设计各级应急组织和社会行动组织的系统方案，然后提交当地防震减灾机构讨论、审定，并报同级政府批准印发，同时各部门、各系统和下级政府应依次制定各有关应急预案或应急措施，并按照既定方案进行必要的准备。《破坏性地震应急条例》第十三条规定，破坏性地震应急预案应当包括下列主要内容：①应急机构的组成和职责；②应急通信保障；③抢险救援的人员、资金、物资准备；④灾害评估准备；⑤应急行动方案。

国家的破坏性地震应急预案，由国务院防震减灾工作主管部门会同国务院有关部门制定，报国务院批准。国务院有关部门应当根据国家的破坏性地震应急预案，制定本部门的破坏性地震应急预案，并报国务院防震减灾工作主管部门备案。根据地震灾害预测，可能发生破坏性地震地区的县级以上地方人民政府防震减灾工作主管部门应当会同同级有关部门以及有关单位，参照国家的破坏性地震应急预案，制定本行政区域内的破坏性地震应急预案，报本级人民政府批准；省、自治区和人口在100万以上的城市的破坏性地震应急预案，还应报国务院防震减灾工作主管部门备案。

制定应急预案还必须遵循充分预测、详尽周密和实用可行的原则。这就要充分预测本地区、本部门在破坏性地震后可能造成损失的程度以及各种问题、困难，详尽设计多种备选方案；同时应急对策应实用有效、简便易行、富有操作性。同时第十四条规定，制定破坏性地震应急预案的部门和地方，应当根据震情的变化以及实施中发现的问题，及时对其制定的破坏性地震应急预案进行修订、补充；涉及重大事项调整的，应当报经原批准机关同意。

3. 临震应急

临震应急是指政府发布了地震临震预报后，地震发生之前在预报区采取的紧急防御行动和措施。随着地震临震预报的发布，预报区立即进入临震应急期，实施地震应急预案，采取有效的避震和紧急防护措施，保护人民的生命财产，保护重要设施不受或少受损失。

《破坏性地震应急条例》第十五条规定，地震临震预报，由省、自治区、直辖市人民政府依照国务院有关发布地震预报的规定统一发布，其他任何组织或者个人不得发布地震预报。任何组织或者个人都不得传播有关地震的谣言。发生地震谣传时，防震减灾工作主管部门应当协助人民政府迅速予以平息和澄清。

第十六条规定，破坏性地震临震预报发布后，有关省、自治区、直辖市人民政府可以宣布预报区进入临震应急期，并指明临震应急期的起止时间。临震应急期一般为 10 日；必要时，可以延长 10 日。

在临震应急期，有关地方人民政府应当根据震情，统一部署破坏性地震应急预案的实施工作，并对临震应急活动中发生的争议采取紧急处理措施，向预报区的居民以及其他人员提出避震撤离的劝告；情况紧急时，应当有组织地进行避震疏散。在临震应急期间，地方人民政府有权在本行政区域内紧急调用物资、设备、人员和占用场地，任何组织或者个人都不得阻拦；调用物资、设备或者占用场地的，事后应当及时归还或者给予补偿。各级防震减灾工作主管部门应当协助本级人民政府对实施破坏性地震应急预案工作进行检查，同时有关部门应当对生命线工程和次生灾害源采取紧急防护措施。

4. *震后应急*

重大、特别重大地震发生后，震区进入震后应急期，这时的地震应急是为了在灾害发生后迅速开展应急抢险救援活动，并采取措施减少损失和防止灾害的扩大，迅速恢复社会秩序，以便顺利转入地震救灾与重建。

《破坏性地震应急条例》第二十二条规定，破坏性地震发生后，有关的省、自治区、直辖市人民政府应当宣布灾区进入震后应急期，并指明震后应急期的起止时间。震后应急期一般为 10 日；必要时，可以延长 20 日。

在破坏性地震发生后，抗震救灾指挥部应当及时组织实施破坏性地震应急预案，及时将震情、灾情及其发展趋势等信息报告上一级人民政府。防震减灾工作主管部门应当加强现场地震监测预报工作，并及时会同有关部门评估地震灾害损失；灾情调查结果，应当及时报告本级人民政府抗震救灾指挥部和上一级防震减灾工作主管部门。国内非灾区提供的紧急救援，由抗震救灾指挥部负责接受和安排；国际社会提供的紧急救援，由国务院民政部门负责接受和安排；国外红十字会和国际社会通过中国红十字会提供的紧急救援，由中国红十字会负责接受和安排。因严重破坏性地震应急的需要，可以在灾区实行特别管制措施。其他各有关部门都应根据震情实际情况和上级指示依次、有序完成震后的救援重建任务。

5. *奖励和处罚*

《破坏性地震应急条例》第三十六条规定，在破坏性地震应急活动中有下列事迹之一的，由其所在单位、上级机关或者防震减灾工作主管部门给予表彰或者奖励：①出色完成破坏性地震应急任务的；②保护国家、集体和公民的财产或者抢救人员有功的；③及时排除险情，防止灾害扩大，成绩显著的；④对地震应急工作提出重大建议，实施效果显著的；⑤因震情、灾情测报准确和信息传递及时而减轻灾害损失的；⑥及时供应用于应急救灾的物资和工具或者节约经费开支，成绩显著的；⑦有其他特殊贡献的。

第三十七条规定，有下列行为之一的，对负有直接责任的主管人员和其他直接责任人员依法给予行政处分；属于违反治安管理行为的，依照治安管理处罚法的规定给予处罚；

构成犯罪的，依法追究刑事责任：①不按照本条例规定制定破坏性地震应急预案的；②不按照破坏性地震应急预案的规定和抗震救灾指挥部的要求实施破坏性地震应急预案的；③违抗抗震救灾指挥部命令，拒不承担地震应急任务的；④阻挠抗震救灾指挥部紧急调用物资、人员或者占用场地的；⑤贪污、挪用、盗窃地震应急工作经费或者物资的；⑥有特定责任的国家工作人员在临震应急期或者震后应急期不坚守岗位，不及时掌握震情、灾情，临阵脱逃或者玩忽职守的；⑦在临震应急期或者震后应急期哄抢国家、集体或者公民的财产的；⑧阻碍抗震救灾人员执行职务或者进行破坏活动的；⑨不按照规定和实际情况报告灾情的；⑩散布谣言，扰乱社会秩序，影响破坏性地震应急工作的；⑪有对破坏性地震应急工作造成危害的其他行为的。

### 4.1.3 其他地震灾害应急管理法规

1. 地震监测管理条例

《地震监测管理条例》于2004年6月17日中华人民共和国国务院令第409号公布，2004年9月1日起施行。2024年11月22日，《国务院关于修改和废止部分行政法规的决定》对其进行了修改。本条例是为了加强对地震监测活动的管理，提高地震监测能力而制定的，适用于地震监测台网的规划、建设和管理，以及地震监测设施和地震观测环境的保护。

1）地震监测台网的规划、建设和管理

第九条规定，编制地震监测台网规划，应当坚持布局合理、资源共享的原则，并与土地利用总体规划和城乡规划相协调。

第十条规定，全国地震监测台网总体规划和国家地震监测台网规划，由国务院地震工作主管部门根据全国地震监测预报方案商国务院有关部门制定，并负责组织实施；省级地震监测台网规划，由省、自治区、直辖市人民政府负责管理地震工作的部门或者机构，根据全国地震监测台网总体规划和本行政区域地震监测预报方案制定，报本级人民政府批准后实施；市、县地震监测台网规划，由市、县人民政府负责管理地震工作的部门或者机构，根据省级地震监测台网规划制定，报本级人民政府批准后实施。

地震监测台网的建设，应当依据规划，遵循法律、法规和国家有关标准，符合国家规定的固定资产投资项目建设程序，保证台网建设质量。

在地震监测台网建成并正式运行后，不得擅自中止或者终止；确需中止或者终止的，应报由相关部门批准。

2）地震监测设施和地震观测环境的保护

第二十六条规定，禁止占用、拆除、损坏下列地震监测设施：①地震监测仪器、设备和装置；②供地震监测使用的山洞、观测井（泉）；③地震监测台网中心、中继站、遥测点的用房；④地震监测标志；⑤地震监测专用无线通信频段、信道和通信设施；⑥用于地震监测的供电、供水设施。

第二十八条规定，禁止在已划定的地震观测环境保护范围内从事下列活动：①爆破、采矿、采石、钻井、抽水、注水；②在测震观测环境保护范围内设置无线信号发射装置、进行振动作业和往复机械运动；③在电磁观测环境保护范围内铺设金属管线、电力电缆线路、堆放磁性物品和设置高频电磁辐射装置；④在地形变观测环境保护范围内进行振动作业；⑤在地下流体观测环境保护范围内堆积和填埋垃圾、进行污水处理；⑥在观测线和观测标志周围设置障碍物或者擅自移动地震观测标志。

当有新建、扩建、改建建设工程时，应当遵循国家有关测震、电磁、形变、流体等地震观测环境保护的标准，避免对地震监测设施和地震观测环境造成危害。若建设国家重点工程，确实无法避免对地震监测设施和地震观测环境造成破坏的，建设单位应当增建抗干扰设施或者新建地震监测设施后，方可进行建设。地震监测设施附近应设立保护标志，标明地震监测设施和地震观测环境保护的要求。

3）法律责任

第三十五条规定，违反本条例的规定，有下列行为之一的，由国务院地震工作主管部门或者县级以上地方人民政府负责管理地震工作的部门或者机构责令改正，并要求采取相应的补救措施，对主管人员和其他直接责任人员，依法给予行政处分：①未按照有关法律、法规和国家有关标准进行地震监测台网建设的；②未按照国务院地震工作主管部门的规定采用地震监测设备和软件的；③擅自中止或者终止地震监测台网运行的。

建设单位从事建设活动时，未按照要求增建抗干扰设施或者新建地震监测设施，对地震监测设施或者地震观测环境造成破坏的；外国的组织或者个人未经批准，擅自在中华人民共和国领域和中华人民共和国管辖的其他海域进行地震监测活动的，都要负相应的法律责任。

第三十六条规定，有本条例第二十六条、第二十八条所列行为之一的，由国务院地震工作主管部门或者县级以上地方人民政府负责管理地震工作的部门或者机构责令停止违法行为，恢复原状或者采取其他补救措施。单位有前款所列违法行为，情节严重的，处 2 万元以上 20 万元以下的罚款；个人有前款所列违法行为，情节严重的，处 2000 元以下的罚款。构成犯罪的，依法追究刑事责任；造成损失的，依法承担赔偿责任。

2. 地震预报管理条例

《地震预报管理条例》于 1998 年 12 月 17 日颁布并实施，旨在加强对地震预报的管理，规范发布地震预报行为。

1）地震预报的类型

第三条规定，地震预报包括下列类型：①地震长期预报，是指对未来 10 年内可能发生破坏性地震的地域的预报；②地震中期预报，是指对未来一二年内可能发生破坏性地震的地域和强度的预报；③地震短期预报，是指对 3 个月内将要发生地震的时间、地点、震级的预报；④临震预报，是指对 10 日内将要发生地震的时间、地点、震级的预报。

2）地震预报意见的形成、评审和发布

地震预报意见由地震工作主管部门和机构组织召开的地震震情会商会，对各种地震预测意见和与地震有关的异常现象进行综合分析研究后形成。任何单位和个人不得向国（境）外提出地震预测意见；对国（境）内提出的地震预测意见，应向地震工作主管部门和机构提交书面报告，不得向社会散布。

第九条规定，地震预报意见实行评审制度。评审包括下列内容：①地震预报意见的科学性、可能性；②地震预报的发布形式；③地震预报发布后可能产生的社会、经济影响。

第十四条规定，国家对地震预报实行统一发布制度。新闻媒体刊登或者播发地震预报消息，必须依照本条例的规定，以国务院或者省、自治区、直辖市人民政府发布的地震预报为准。发生地震谣言，扰乱社会正常秩序时，地震工作主管部门和机构应立即采取措施，迅速予以澄清。

3）法律责任

《地震预报管理条例》规定，从事地震工作的专业人员违反本条例规定，擅自向社会散布地震预测意见、地震预报意见及其评审结果的，依法给予行政处分；违反本条例规定，制造地震谣言，扰乱社会正常秩序的，依法给予治安管理处罚；违反本条例规定，向国（境）外提出地震预测意见的，由国务院地震工作主管部门给予警告，并可以由其所在单位根据造成的不同后果依法给予纪律处分；从事地震工作的国家工作人员玩忽职守，构成犯罪的，依法追究刑事责任；尚不构成犯罪的，依法给予行政处分。

3. 汶川地震灾后恢复重建条例

《汶川地震灾后恢复重建条例》是为了保障汶川地震灾后恢复重建工作有力、有序、有效地开展，积极、稳妥恢复灾区群众正常的生活、生产、学习、工作条件，促进灾区经济社会的恢复和发展而制定。该条例于 2008 年 6 月 4 日国务院第 11 次常务会议通过，2008 年 6 月 8 日发布，自公布之日起施行。

1）地震灾后恢复重建的方针和原则

《汶川地震灾后恢复重建条例》第二条规定，地震灾后恢复重建应当坚持以人为本、科学规划、统筹兼顾、分步实施、自力更生、国家支持、社会帮扶的方针。第三条规定，地震灾后恢复重建应当遵循以下原则：①受灾地区自力更生、生产自救与国家支持、对口支援相结合；②政府主导与社会参与相结合；③就地恢复重建与异地新建相结合；④确保质量与注重效率相结合；⑤立足当前与兼顾长远相结合；⑥经济社会发展与生态环境资源保护相结合。

2）过渡性安置

《汶川地震灾后恢复重建条例》对地震灾后的过渡性安置作出了以下规定：①明确灵活多样的过渡性安置方式；②过渡性安置地点应当选在交通条件便利、方便受灾群众恢复生产和生活的区域，并避开地震活动断层和可能因地震而引发一系列次生灾害的地区；③确保受灾群众的基本生活条件；④强化对资金与物资的分配和使用管理；⑤要求各级政府积极组织生产自救。

3）调查评估

《汶川地震灾后恢复重建条例》第二十一条规定，地震灾害调查评估应当包括下列事项：①城镇和乡村受损程度和数量；②人员伤亡情况，房屋破坏程度和数量，基础设施、公共服务设施、工农业生产设施与商贸流通设施受损程度和数量，农用地毁损程度和数量等；③需要安置人口的数量，需要救助的伤残人员数量，需要帮助的孤寡老人及未成年人的数量，需要提供的房屋数量，需要恢复重建的基础设施和公共服务设施，需要恢复重建的生产设施，需要整理和复垦的农用地等；④环境污染、生态损害以及自然和历史文化遗产毁损等情况；⑤资源环境承载能力以及地质灾害、地震次生灾害和隐患等情况；⑥水文地质、工程地质、环境地质、地形地貌以及河势和水文情势、重大水利水电工程的受影响情况；⑦突发公共卫生事件及其隐患；⑧编制地震灾后恢复重建规划需要调查评估的其他事项。

4）恢复重建规划和实施

为了保障恢复重建规划的科学性、严肃性和权威性，《汶川地震灾后恢复重建条例》明确了规划的编制和审批主体，以及规划编制的原则。第二十七条规定，编制地震灾后恢复重建规划，应当全面贯彻落实科学发展观，坚持以人为本，优先恢复重建受灾群众基本生活和公共服务设施；尊重科学、尊重自然，充分考虑资源环境承载能力；统筹兼顾，与推进工业化、城镇化、新农村建设、主体功能区建设、产业结构优化升级相结合，并坚持统一部署、分工负责，区分缓急、突出重点，相互衔接、上下协调，规范有序、依法推进的原则。

同时，编制地震灾后恢复重建规划，应当使用地震灾后调查评估获得的地质、勘察、测绘、水文、环境等基础资料，依据经复核的地震动参数区划图，并重点对城镇和乡村的布局、住房建设、基础设施建设、公共服务设施建设、防灾减灾和生态环境保护等做出安排。

《汶川地震灾后恢复重建条例》对地震灾后恢复重建的具体职责作了明确规定，如发展改革部门具体负责灾后恢复重建的统筹规划、政策建议、投资计划、组织协调和重大建设项目的安排；财政部门会同有关部门负责提出资金安排和政策建议，并具体负责灾后恢复重建财政资金的拨付和管理；交通运输、水利、铁路、电力、通信、广播电视等部门按照职责分工，具体组织实施有关基础设施的灾后恢复重建；建设部门具体组织实施房屋和市政公用设施的灾后恢复重建等。

5）资金筹集与政策扶持

《汶川地震灾后恢复重建条例》规定，应设立地震灾后恢复重建基金，专款专用。同时鼓励社会投资，鼓励公民、法人和其他组织依法投资地震灾区基础设施和公共服务设施的恢复重建。国家对地震灾后的恢复重建实行税收优惠，对地震灾区的各项行政事业收费适当减免，向地震灾后恢复重建贷款提供财政贴息，在安排建设资金时优先考虑地震灾区的基础设施和公共服务设施以及关系国家安全的重点工程设施建设。

6）监督管理

《汶川地震灾后恢复重建条例》从4个方面对捐赠款物及地震灾后恢复重建资金和物资的监管作了规定。

（1）规范地震灾后恢复重建资金的物资分配和来源。第六十七条规定，地震灾区的各级人民政府应当定期公布地震灾后恢复重建资金和物资的来源、数量、发放和使用情况，接受社会监督。

（2）严格对捐赠款物的监管。第六十八条规定，财政部门应当加强对地震灾后恢复重建资金的拨付和使用的监督管理。发展改革、建设、交通运输、水利、电力、铁路、工业和信息化等部门按照职责分工，组织开展对地震灾后恢复重建项目的监督检查。国务院发展改革部门组织开展对地震灾后恢复重建的重大建设项目的稽查。

（3）规范档案管理。第七十条规定，地震灾区的各级人民政府及有关部门和单位，应当对建设项目以及地震灾后恢复重建资金和物资的筹集、分配、拨付、使用情况登记造册，建立、健全档案，并在建设工程竣工验收和地震灾后恢复重建结束后，及时向建设主管部门或者其他有关部门移交档案。

（4）建立举报制度。第七十二条规定，任何单位和个人对地震灾后恢复重建中的违法违纪行为，都有权进行举报。接到举报的人民政府或者有关部门应当立即调查，依法处理，并为举报人保密。实名举报的，应当将处理结果反馈举报人。社会影响较大的违法违纪行为，处理结果应当向社会公布。

7）法律责任

《汶川地震灾后恢复重建条例》规定，有以下行为的，要负法律责任：①有关地方人民政府及政府部门侵占、截留、挪用地震灾后恢复重建资金或者物资的；②在地震灾后恢复重建中，有关地方人民政府及政府有关部门拖欠施工单位工程款，或者明示、暗示设计单位、施工单位违反抗震设防要求和工程建设强制性标准，降低建设工程质量，造成重大安全事故的；③建设单位、勘察单位、设计单位、施工单位或者工程监理单位，降低建设工程质量的；④对毁损严重的基础设施、公共服务设施和其他建设工程，在调查评估中经鉴定确认工程质量存在重大问题的；⑤在地震灾后恢复重建中，扰乱社会公共秩序，构成违反治安管理行为的。

### 4.1.4 地质灾害防治条例

地质灾害指由自然因素或者人为活动引发的危害人民生命和财产安全的山体崩塌、滑坡、泥石流、地面塌陷、地裂缝、地面沉降等与地质作用有关的灾害。《地质灾害防治条例》是为了防治地质灾害，避免和减轻地质灾害造成的损失，维护人民生命和财产安全，促进经济和社会的可持续发展而制定的法规。2003 年 11 月 19 日，《地质灾害防治条例》由国务院第 29 次常务会议通过，2003 年 11 月 24 日国务院令第 394 号公布，自 2004 年 3 月 1 日起施行。

1. 防治原则

《地质灾害防治条例》第三条规定，地质灾害防治工作，应当坚持预防为主、避让与治理相结合和全面规划、突出重点的原则。

1）以人为本，预防为主

牢固树立以人为本理念，将保护人民群众生命财产安全放在首位，强化隐患调查排查和易发区地质灾害危险性评估，完善群测群防，推进群专结合，提高预警的准确性和时效性，增强全民防灾减灾意识，提升公众自救互救技能，切实减少人员伤亡和财产损失。

2）分级分类，属地管理

按照险情灾情等级，地方各级党委政府分级负责，承担主体责任，中央发挥统筹指导作用，国土资源部门负责组织、协调、指导和监督，相关部门密切配合，各司其职。人为工程活动等引发的地质灾害，按照谁引发，谁治理的原则，由责任单位承担治理等责任。

3）统筹部署，突出重点

紧密围绕全面建成小康社会、脱贫攻坚任务和国家重大发展战略等，科学规划，突出重点部署地质灾害调查评价、监测预警、综合治理、应急防治和基层防灾能力建设任务，服务社会经济发展大局。

4）依法依规，科学减灾

加强地质灾害防治法律法规、标准规范体系建设，充分认识地质灾害突发性、隐蔽性、破坏性和动态变化性特点，强化基础研究，把握其发生变化规律，促进新技术的应用和推广，科学防灾减灾。

2. 地质灾害防治规划

《地质灾害防治条例》第十条规定，国家实行地质灾害调查制度。国务院国土资源主管部门会同国务院建设、水利、铁路、交通等部门结合地质环境状况组织开展全国的地质灾害调查；县级以上地方人民政府国土资源主管部门会同同级建设、水利、交通等部门结合地质环境状况组织开展本行政区域的地质灾害调查。在调查的基础上编制相应的地质灾害防治规划。地质灾害防治规划包括以下内容：①地质灾害现状和发展趋势预测；②地质灾害的防治原则和目标；③地质灾害易发区、重点防治区；④地质灾害防治项目；⑤地质灾害防治措施等。

3. 地质灾害预防

1）建立地质灾害监测网络和预警系统

《地质灾害防治条例》第十四条规定，国家建立地质灾害监测网络和预警信息系统。县级以上人民政府国土资源主管部门应当会同建设、水利、交通等部门加强对地质灾害险情的动态监测。因工程建设可能引发地质灾害的，建设单位应当加强地质灾害监测。

建立地质灾害监测网络是做好地质灾害防治工作的基础和前提，也是预报预警最基本的手段。对于自然引发的危害公共安全的地质灾害监测，其所需的经费应当根据总则规定的地质灾害分级管理原则，分别列入各级政府的财政预算，具体工作则应当由国土资源主管部门会同建设、水利、交通等部门进行；对于由建设工程引发的地质灾害，监测责任单位则为建设单位。

2）加强地质灾害群测群防工作

《地质灾害防治条例》第十五条规定，地质灾害易发区的县、乡、村应当加强地质灾害的群测群防工作。在地质灾害重点防范期内，乡镇人民政府、基层群众自治组织应当加强地质灾害险情的巡回检查，发现险情及时处理和报告。国家鼓励单位和个人提供地质灾害前兆信息。

地质灾害重点防范期，就是每年的主汛期，一般为5月至9月。由于突发性地质灾害大部分是强降雨引发的，每年汛期灾害造成的人员伤亡和经济损失占全年的80%以上，且大部分造成人员伤亡的地质灾害发生在经济欠发达的山区，因此地质灾害易发地区的群测群防工作对避免人员伤亡尤其重要。地质灾害前兆信息是监测和判别地质灾害的重要依据，鼓励有关单位和个人提供地质灾害前兆信息。对于提供重要地质灾害前兆信息、在地质灾害防治工作中做出突出贡献的单位和个人，政府应当给予奖励。

3）地质灾害预报制度

《地质灾害防治条例》第十七条规定，国家实行地质灾害预报制度。预报内容主要包括地质灾害可能发生的时间、地点、成灾范围和影响程度等。地质灾害预报由县级以上人民政府国土资源主管部门会同气象主管机构发布。任何单位和个人不得擅自向社会发布地质灾害预报。

地质灾害预报制度，是指地质灾害防治过程中为了避免或者减轻地质灾害给人民生命财产造成损失，针对不同地质灾害实行事先预报的一项基本法律制度。发生地点，是指地质灾害危险体所处的具体地理位置。成灾范围，是指可能形成灾害的范围。影响程度，是指地质灾害对成灾范围内的破坏程度。地质灾害预报要重点放在短期预报（几个月内）和临灾预报（几天内）上。为了避免引起不必要的恐慌和混乱，在总结国土资源部和中国气象局现行地质灾害预警预报经验的基础上，由县级以上人民政府国土资源主管部门会同气象主管机构发布，其他单位和个人不得擅自向社会发布地质灾害预报。

4）县级以上地方人民政府要制定年度地质灾害防治方案并公布实施

《地质灾害防治条例》第十八条规定，县级以上地方人民政府国土资源主管部门会同同级建设、水利、交通等部门依据地质灾害防治规划，拟订年度地质灾害防治方案，报本级人民政府批准后公布。年度地质灾害防治方案包括下列内容：①主要灾害点的分布；②地质灾害的威胁对象、范围；③重点防范期；④地质灾害防治措施；⑤地质灾害的监测、预防责任人。

年度地质灾害防治方案，是指县级以上地方人民政府国土资源主管部门会同同级建设、水利、交通等行业部门，依据地质灾害防治规划以及上一年度地质灾害发生情况，对本行政区域本年度内可能发生的地质灾害所作出的防治工作的总体部署。不同级别的年度地质灾害防治方案内容各有侧重。省级年度地质灾害防治方案，主要是以区域灾害预报为主，同时兼顾重大地质灾害隐患点防治；市级、县级年度地质灾害防治方案，主要是以重要地质隐患点的防治和减灾措施为主。

5）工程建设地质灾害危险性评估制度

《地质灾害防治条例》第二十一条规定，在地质灾害易发区内进行工程建设应当在可行性研究阶段进行地质灾害危险性评估，并将评估结果作为可行性研究报告的组成部分；可行性研究报告未包含地质灾害危险性评估结果的，不得批准其可行性研究报告。

地质灾害易发区，是指具备地质灾害发生的地质构造、地形地貌和气候条件，容易或者可能发生地质灾害的区域；地质灾害危险性评估，是指对建设工程诱发或者加剧地质灾害的可能性和建设工程遭受地质灾害的危险性作出评价，提出防治措施，编制评估报告的技术活动。

6）地质灾害危险性评估和地质灾害防治工程资质管理制度

《地质灾害防治条例》第二十二条、第三十六条规定，凡是从事地质灾害危险性评估和地质灾害防治工程勘查、设计、施工及监理的单位，都必须经省级以上人民政府国土资源主管部门对其资质条件进行审查，取得相应的资质证书后，方可在资质等级许可范围内从事相应工作。

地质灾害危险性评估是一项专业性很强的工作，需要具有专门资质的单位按统一的要求进行评估。所谓专门资质，就是经省级以上人民政府国土资源主管部门审查批准的从事地质灾害危险性评估工作的资质。所谓统一要求，就是国务院国土资源部发布的《地质灾害危险性评估技术要求（试行）》。地质灾害防治工程，是一般建设工程特别是工业与民用建筑工程不能包含的特殊工程，其勘查、设计、施工和监理等工程活动必须由具备特殊专业素质的队伍而不是一般建设工程队伍来承担。

7）与建设工程配套实施的地质灾害治理工程的“三同时”制度

《地质灾害防治条例》第二十四条规定，对经评估认为可能引发地质灾害或者可能遭受地质灾害危害的建设工程，应当配套建设地质灾害治理工程。地质灾害治理工程的设计、施工和验收应当与主体工程的设计、施工、验收同时进行。配套的地质灾害治理工程未经验收或者经验收不合格的，主体工程不得投入生产或者使用。

经过地质灾害评估，认为建设工程可能引发地质灾害或者可能遭受地质灾害危害的，建设单位在进行工程建设时，必须配套建设地质灾害防治工程。配套建设的地质灾害治理工程与主体工程同时设计、施工、验收制度（即配套建设的地质灾害治理工程与主体工程“三同时”制度），就是指进行主体工程设计的同时进行地质灾害治理工程的设计、进行主体工程施工的同时进行地质灾害治理工程的施工、进行主体工程验收的同时进行地质灾害治理工程的验收。配套的地质灾害治理工程竣工后，必须进行验收。

4. 地质灾害应急处置

1）县级以上人民政府要制定突发性地质灾害应急预案并公布实施

《地质灾害防治条例》第二十五条规定，国务院国土资源主管部门会同国务院建设、水利、铁路、交通等部门拟订全国突发性地质灾害应急预案，报国务院批准后公布。县级以上地方人民政府国土资源主管部门会同同级建设、水利、交通等部门拟订本行政区域的突发性地质灾害应急预案，报本级人民政府批准后公布。

《地质灾害防治条例》第二十六条规定，突发性地质灾害应急预案包括下列内容：①应急机构和有关部门的职责分工；②抢险救援人员的组织和应急、救助装备、资金、物资的准备；③地质灾害的等级与影响分析准备；④地质灾害调查、报告和处理程序；⑤发生地质灾害时的预警信号、应急通信保障；⑥人员财产撤离、转移路线、医疗救治、疾病控制等应急行动方案。

2）成立地质灾害抢险救灾指挥机构

《地质灾害防治条例》第二十七条规定，发生特大型或者大型地质灾害时，有关省、自治区、直辖市人民政府应当成立地质灾害抢险救灾指挥机构。必要时，国务院可以成立地质灾害抢险救灾指挥机构。发生其他地质灾害或者出现地质灾害险情时，有关市、县人民政府可以根据地质灾害抢险救灾工作的需要，成立地质灾害抢险救灾指挥机构。地质灾害抢险救灾指挥机构由政府领导负责、有关部门组成，在本级人民政府的领导下，统一指挥和组织地质灾害的抢险救灾工作。

5. 法律责任

1）刑事责任

《地质灾害防治条例》第四十条、第四十一条、第四十三条、第四十四条、第四十五条、第四十六条所列的有关县级以上地方人民政府、国土资源主管部门和其他有关部门的违法行为，建设单位的违法行为，地质灾害危险性评估单位、地质灾害治理工程勘查、设计、施工、监理单位的违法行为，以及其他有关单位和个人的违法行为，构成犯罪的，要依法追究刑事责任。

2）民事责任

第四十二条、第四十三条、第四十四条规定，建设单位、地质灾害危险性评估单位、地质灾害治理工程勘查、设计、施工、监理单位和个人的违法行为，给他人造成损失的，应当依法承担赔偿责任；第四十六条规定，对侵占、损毁、损坏地质灾害监测设施或者地质灾害治理工程设施的，应当限期恢复原状或者采取其他补救措施。

3）行政责任

第四十条对国家机关工作人员在地质灾害防治工作中的违法行为，规定了三种行政处分，分别是降级、撤职、开除；第四十一条至第四十六条对有关单位和个人在地质灾害防治工作中的违法行为，规定了警告、罚款、责令限期治理、责令停业整顿、降低资质等级、吊销资质证书、没收违法所得的处罚。

## 4.2 洪涝灾害类应急管理法律法规

### 4.2.1 中华人民共和国防洪法

《中华人民共和国防洪法》(简称《防洪法》) 是为了防治洪水，防御、减轻洪涝灾害，维护人民的生命和财产安全，保障社会主义现代化建设顺利进行而制定的法律。1997年8月29日第八届全国人民代表大会常务委员会第二十七次会议通过，2009年8月27日第十一届全国人民代表大会常务委员会第十次会议《关于修改部分法律的决定》第一次修正，2015年4月24日第十二届全国人民代表大会常务委员会第十四次会议《关于修改〈中华人民共和国港口法〉等七部法律的决定》第二次修正，2016年7月2日第十二届全国人民代表大会常务委员会第二十一次会议通过的《关于修改〈中华人民共和国节约能源法〉等六部法律的决定》第三次修正。

1. 防洪工作的原则及管理制度

《防洪法》规定了防洪工作的原则：全面规划、统筹兼顾、预防为主、综合治理、局部利益服从全局利益；基本管理制度：流域或者区域实行统一规划、分级实施和流域管理与行政区域管理相结合。防洪工程设施建设，应当纳入国民经济和社会发展计划，防洪费用按照政府投入同受益者合理承担相结合的原则筹集，任何单位和个人都有保护防洪工程设施和依法参加防汛抗洪的义务。开发利用和保护水资源，应当服从防洪总体安排，实行兴利与除害相结合的原则。江河、湖泊治理及防洪工程设施建设应当符合流域综合规划，与流域水资源的综合开发相结合。

2. 防洪规划

《防洪法》第九条规定，防洪规划是指为防治某一流域、河段或者区域的洪涝灾害而制定的总体部署，包括国家确定的重要江河、湖泊的流域防洪规划，其他江河、河段、湖泊的防洪规划以及区域防洪规划。防洪规划应当服从所在流域、区域的综合规划；区域防洪规划应当服从所在流域的流域防洪规划。防洪规划是江河、湖泊治理和防洪工程设施建设的基本依据。

1）河段、湖泊、江河及流域和城市的防洪规划

第十条规定，国家确定的重要江河、湖泊的防洪规划，由国务院水行政主管部门依据该江河、湖泊的流域综合规划，会同有关部门和有关省、自治区、直辖市人民政府编制，

报国务院批准。其他江河、河段、湖泊的防洪规划或者区域防洪规划，由县级以上地方人民政府水行政主管部门分别依据流域综合规划、区域综合规划，会同有关部门和有关地区编制，报本级人民政府批准，并报上一级人民政府水行政主管部门备案；跨省、自治区、直辖市的江河、河段、湖泊的防洪规划由有关流域管理机构会同江河、河段、湖泊所在地的省、自治区、直辖市人民政府水行政主管部门、有关主管部门拟定，分别经有关省、自治区、直辖市人民政府审查提出意见后，报国务院水行政主管部门批准。城市防洪规划，由城市人民政府组织水行政主管部门、建设行政主管部门和其他有关部门依据流域防洪规划、上一级人民政府区域防洪规划编制，按照国务院规定的审批程序批准后纳入城市总体规划。修改防洪规划，应当报经原批准机关批准。

我国七大江河及流域，由于其覆盖了我国大部分水域，是洪涝灾害的主要发生地区，因此七大流域防洪规划具有全局性，对其他江河、湖泊的防洪规划起着提纲挈领的作用。《防洪法》规定七大江河及流域的防洪规划由国务院批准；编制机关由国务院水行政主管部门牵头，会同国务院有关部门如国家计划行政主管部门、交通行政主管部门等及该江河、湖泊所在的省、自治区、直辖市人民政府编制。

除国家确定的重要江河、湖泊以外的其他江河、河段、湖泊的防洪规划以及区域防洪规划，由县级以上地方人民政府水行政主管部门，会同有关部门分别依据流域综合规划、区域综合规划编制；跨省、自治区、直辖市的江河、河段、湖泊的防洪规划由有关流域管理机构会同有关部门拟定，分别经有关省、自治区、直辖市人民政府审查提出意见后，报国务院水行政主管部门批准。

城市是我国社会经济发展的重地，人口稠密、财富集中，一遇洪水，所造成的损失往往难以弥补。进入20世纪90年代以来，随着经济的进一步发展，城市防洪已成为整个防洪工作的重中之重，我国许多大城市都制定了城市防洪规划。由于城市防洪规划既与流域防洪规划和有关江河、湖泊的防洪规划密不可分，又是城市建设总体规划的一部分，编制和批准时需要综合考虑，具有一定的复杂性；同时，根据我国现行城市防洪的管理体制，在城市防洪规划的编制和批准过程中又涉及水行政主管部门、建设行政主管部门等部门。根据上述具体情况，《防洪法》规定城市防洪规划由城市人民政府组织编制。对审批机关未直接规定，而是授权国务院规定。

2）受风暴潮威胁地区的防洪规划

第十二条规定，受风暴潮威胁的沿海地区的县级以上地方人民政府，应当把防御风暴潮纳入本地区的防洪规划，加强海堤（海塘）、挡潮闸和沿海防护林等防御风暴潮工程体系建设，监督建筑物、构筑物的设计和施工符合防御风暴潮的需要。

我国沿海地区如广东、广西、福建、浙江、江苏、上海、山东等省、市几乎每年都受到风暴潮的威胁，而这些地区通常又是人口稠密、经济较为发达的地区，如果对风暴潮的危害认识不足，采取措施不得力，将会造成较大的损失。因此，防御风暴潮是这些地区防洪工作的重要内容，《防洪法》规定，此地区县级以上地方人民政府应在确保重点，兼顾一般的原则指导下制定防御风暴潮的规划，确定防御工作的总体部署，并将其纳入本地区的防洪规划；针对风暴潮对海堤等破坏较大的特点，加强海堤、挡潮闸和沿海防护林等工程的建设，使其能够抵御风暴潮的侵袭；在这些地区建造建筑物和构筑物，其设计和施工都应符合防御风暴潮的特殊需要，要防患于未然。

3）受山洪威胁地区的防洪规划

第十三条规定，山洪可能诱发山体滑坡、崩塌和泥石流的地区以及其他山洪多发地区的县级以上地方人民政府，应当组织负责地质矿产管理工作的部门、水行政主管部门和其他有关部门对山体滑坡、崩塌和泥石流隐患进行全面调查，划定重点防治区，采取防治措施。城市、村镇和其他居民点以及工厂、矿山、铁路和公路干线的布局，应当避开山洪威胁；已经建在受山洪威胁的地方的，应当采取防御措施。

在我国的西南、西北和华北山区多有泥石流和山洪。山洪的形成主要是由于水文气象的原因，同时也与发生地区的地形、表层地质及植被情况有关，山洪的防治涉及水利、气象、地质等部门，并且由于山洪预报的预见期短，往往预见以后没有足够的时间采取防护措施，这就使及早发现隐患，及早采取措施显得更为重要。根据山洪发生的上述特点，《防洪法》规定山洪多发地区的县级以上地方人民政府，有义务组织有关部门如地质矿产管理部门、水行政主管部门等对山体滑坡、崩塌和泥石流等隐患进行全面调查，确定重点防治区，密切注视有无上述灾害的先兆，及时采取防治措施。

由于山洪及其所引发的泥石流等灾害破坏性大，暴发时往往冲毁村镇、铁路及其他设施，为了避免人民生命财产和经济活动遭受山洪的损害，《防洪法》规定，建设城市、村镇等居民区、工厂、矿山、铁路及公路等应当避开山洪经常发生的地区，有关部门在建设的规划和布局时要统筹考虑，统一规划，避开山洪的威胁。对已经建在上述地区的有关设施，应当采取防御措施。

4）平原、洼地、水网圩区、山谷、盆地等易涝地区的防洪规划

第十四条规定，平原、洼地、水网圩区、山谷、盆地等易涝地区的有关地方人民政府，应当制定除涝治涝规划，组织有关部门、单位采取相应的治理措施，完善排水系统，发展耐涝农作物种类和品种，开展洪涝、干旱、盐碱综合治理。城市人民政府应当加强对城区排涝管网、泵站的建设和管理。

平原、洼地、水网圩区、山谷、盆地等地区由于其地势的原因，遇到连续降雨天气，排水不利，常易发生涝灾。这些地区的有关人民政府应当根据涝灾的发生规律，结合当地的地理、水文情况，对当地治涝、除涝工作统筹安排，根据该地区防洪安全的需要，确定防涝标准，部署修建防涝设施工程及其他防涝措施，坚持全面规划，综合防治的原则，制定除涝治涝规划。除涝治涝的关键在排水，要尽量利用当地的自然地理条件，使更多的水自流排出，在外河水位较高的低洼地区，利用排涝泵站，进行抽水排水。同时要坚持因地制宜、综合治理、变害为利的防治原则。比如，在地势较低的地区种植向日葵和麻类等耐涝作物；根据易涝地区往往交替发生干旱、盐碱等灾害的规律，开展洪涝、干旱和盐碱的综合治理；对于排水十分困难的地区，可以作为滞涝区，发展水产业。

3. *治理与防护*

第十八条规定，防治江河洪水，应当蓄泄兼施，充分发挥河道行洪能力和水库、洼淀、湖泊调蓄洪水的功能，加强河道防护，因地制宜地采取定期清淤疏浚等措施，保持行洪畅通。防治江河洪水，应当保护、扩大流域林草植被，涵养水源，加强流域水土保持综合治理。

在洪水的治理与防护中，河道、水库、洼淀、湖泊等占据着十分重要的位置。其中河道是洪水下泄的主要通道，并可以形成一定的行洪能力；水库、洼淀、湖泊是调蓄洪水的重要场所，保证必要的调蓄面积，就会给洪水留有容身之地，充分发挥水库、洼淀、湖泊调蓄洪水的功能，就可以调节洪水流量、减轻洪水压力。要充分发挥河道的行洪能力，就需要加强对河道的治理与保护，避免在河道内设置障碍物阻拦洪水下泄，并定期清除淤积在河道内的泥沙，对河道进行疏浚，保持和增强河道的行洪能力，确保行洪畅通。我国许多中小河流由于河道淤积，导致防洪能力下降，大堤加高的作用被河道淤积抵消了，只有进行水土保持综合治理，保护和扩大流域林草植被，涵养水源，才能防止水土流失，保护土壤不受暴雨冲刷，从而减少入河泥沙量，减轻河道淤积。

第十九条规定，整治河道和修建控制引导河水流向、保护堤岸等工程，应当兼顾上下游、左右岸的关系，按照规划治导线实施，不得任意改变河水流向。

整治河道、湖泊，涉及航道的，应当兼顾航运需要；整治航道，应当符合江河、湖泊防洪安全要求。在竹木流放的河流和渔业水域整治河道的，应当兼顾竹木水运和渔业发展的需要，且不得影响行洪和防洪工程设施的安全。

第二十一条规定，河道、湖泊管理实行按水系统一管理和分级管理相结合的原则，加强防护，确保畅通。

河道、湖泊管理范围内的土地和岸线的利用，应当符合行洪、输水的要求。禁止在河道、湖泊管理范围内建设妨碍行洪的建筑物、构筑物，倾倒垃圾、渣土，从事影响河势稳定、危害河岸堤防安全和其他妨碍河道行洪的活动。禁止在行洪河道内种植阻碍行洪的林木和高秆作物。在船舶航行可能危及堤岸安全的河段，应当限定航速。禁止围湖造地；已经围垦的，应当按照国家规定的防洪标准进行治理，有计划地退地还湖。禁止围垦河道；确需围垦的，应当进行科学论证，经水行政主管部门确认不妨碍行洪、输水后，报省级以上人民政府批准。

第二十四条规定，对居住在行洪河道内的居民，当地人民政府应当有计划地组织外迁。

第二十五条规定，护堤护岸的林木，由河道、湖泊管理机构组织营造和管理。护堤护岸林木，不得任意砍伐。采伐护堤护岸林木的，应当依法办理采伐许可手续，并完成规定的更新补种任务。

第二十六条规定，对壅水、阻水严重的桥梁、引道、码头和其他跨河工程设施，根据防洪标准，有关水行政主管部门可以报请县级以上人民政府按照国务院规定的权限责令建设单位限期改建或者拆除。

4. 防汛抗洪

1）防汛指挥机构及职责

第三十九条规定，国务院设立国家防汛指挥机构，负责领导、组织全国的防汛抗洪工作，其办事机构设在国务院水行政主管部门。在国家确定的重要江河、湖泊可以设立由有关省、自治区、直辖市人民政府和该江河、湖泊的流域管理机构负责人等组成的防汛指挥机构，指挥所管辖范围内的防汛抗洪工作，其办事机构设在流域管理机构。有防汛抗洪任务的县级以上地方人民政府设立由有关部门、当地驻军、人民武装部负责人等组成的防汛指挥机构，在上级防汛指挥机构和本级人民政府的领导下，指挥本地区的防汛抗洪工作，其办事机构设在同级水行政主管部门；必要时，经城市人民政府决定，防汛指挥机构也可以在建设行政主管部门设城市市区办事机构，在防汛指挥机构的统一领导下，负责城市市区的防汛抗洪日常工作。

国务院设立的国家防汛指挥机构，主要负责领导、组织全国的防汛抗洪工作，执行国家有关防汛工作的方针、政策，拟定防汛法规，组织制定重要江河的防御洪水方案，督促检查各地防汛计划和防汛准备，协调国务院有关部门的防汛工作，会同国务院有关部门审定防洪资金和防汛补助经费，负责全国重点防汛物资储备、调拨及管理，在汛期掌握水情、汛情、灾情，及时向国务院提出报告，对防汛抗洪重大问题提出处理建议，开展防汛抗洪宣传教育和技术培训等。

有防汛抗洪任务的县级以上地方人民政府设置的地方防汛指挥机构，其主要职责是：执行有关法律、法规和上级命令，制定和审批所辖范围内江河、湖泊防御洪水方案和防汛工作计划，督促检查防汛准备和防洪工程的修复，会同有关部门安排防洪经费，储备和管理防汛物资，掌握本地区的水情、汛情、灾情，向上级提出报告和建议，发布洪水预报、警报，下达和执行防汛调度命令，组织防汛队伍，指挥防汛抢险及灾区人员安全转移，开展防汛工作的宣传教育和培训工作。

重要江河、湖泊防汛指挥机构，其主要职责是负责本流域所管辖范围内的防汛抗洪工作，与各级地方防汛指挥机构的有关职责基本一致。

2）防御洪水方案的制定

第四十条规定，有防汛抗洪任务的县级以上地方人民政府根据流域综合规划、防洪工程实际状况和国家规定的防洪标准，制定防御洪水方案（包括对特大洪水的处置措施）。长江、黄河、淮河、海河的防御洪水方案，由国家防汛指挥机构制定，报国务院批准；跨省、自治区、直辖市的其他江河的防御洪水方案，由有关流域管理机构会同有关省、自治区、直辖市人民政府制定，报国务院或者国务院授权的有关部门批准。防御洪水方案经批准后，有关地方人民政府必须执行。各级防汛指挥机构和承担防汛抗洪任务的部门和单位，必须根据防御洪水方案做好防汛抗洪准备工作。

防御洪水方案的制定：①有防洪任务的县级以上地方人民政府，都应当对本行政区域内的防洪工作制定防御洪水方案；②跨省的其他江河的防御洪水方案，由有关流域管理机构会同有关省级人民政府制定，报国务院或者国务院授权的有关部门批准。其中，对于跨县或者跨市的防御洪水方案，由其共同的上一级人民政府负责制定，即由有关市级人民政府或者省级人民政府制定；③重要江河，即长江、黄河、淮河、海河的防御洪水方案由国家防汛指挥机构制定，报国务院批准。因为重要江河洪水灾害较为严重，防洪任务艰巨，事关大局，并且这些江河流域面积大，每条河流一般都穿越数省，因此其防御洪水方案的制定、审批较为严格。

防御洪水方案是指导各级人民政府防汛抗洪的重要对策和方案，防御洪水方案一经制定并批准，就必须严格执行。为保证防御洪水方案的执行，保证防洪工作的顺利进行，各级防汛指挥机构和承担防汛抗洪任务的部门和单位，必须根据防御洪水方案做好防汛抗洪准备工作。

3）汛期、紧急防汛期

第四十一条规定，省、自治区、直辖市人民政府防汛指挥机构根据当地的洪水规律，规定汛期起止日期。当江河、湖泊的水情接近保证水位或者安全流量，水库水位接近设计洪水位，或者防洪工程设施发生重大险情时，有关县级以上人民政府防汛指挥机构可以宣布进入紧急防汛期。

我国每年的防汛抗洪工作主要依据规定的汛期来部署。确定汛期，能够有效集中安排和统一指导防汛工作，有利于提高防汛抗洪工作的效率，规范防汛抗洪行动，并避免因防汛抗洪工作不统一造成的不应有的失误。汛期的起止日期，实际上是依据当地的洪水规律而定。由于地理和气候条件等因素的影响，降水、融雪、冰凌及台风等自然活动有一定的时间性和规律，因此，我国大部分地区进入汛期受季节的影响十分明显。同时，台风活动亦有明显的季节性，我国东南沿海每年登陆的台风有四分之三以上集中出现在7—9月。

紧急防汛期与汛期并不相同，紧急防汛期一般是指汛期内的某一时段，在防汛中出现某种险情而宣布的一种防汛工作的紧急时期。实践中，紧急防汛期表现情形主要包括江河、湖泊的水情接近或者超过警戒保证水位或者安全流量、水库水位接近设计洪水位、防洪工程设施发生重大险情等。在紧急防汛期，发生较大洪水灾害的可能性较大，并且情势急迫，防汛抗洪任务十分紧急，在这种非常时期有必要采取一些非常的防汛抗洪措施。为了便于充分调动各方面力量，加强防汛抗洪的领导和组织工作，在防汛抗洪工作中采取应急措施，规定紧急防汛期是十分必要的。宣布进入紧急防汛期，一方面要果断、准确、及时，否则贻误战机，后果不堪设想；另一方面也要慎重，否则会影响社会的正常生产、生活，也会造成人力、物力的浪费。

第四十三条规定，在汛期，气象、水文、海洋等有关部门应当按照各自的职责，及时向有关防汛指挥机构提供天气、水文等实时信息和风暴潮预报；电信部门应当优先提供防汛抗洪通信的服务；运输、电力、物资材料供应等有关部门应当优先为防汛抗洪服务。中国人民解放军、中国人民武装警察部队和民兵应当执行国家赋予的抗洪抢险任务。

第四十四条规定，在汛期，水库、闸坝和其他水工程设施的运用，必须服从有关的防汛指挥机构的调度指挥和监督。在汛期，水库不得擅自在汛期限制水位以上蓄水，其汛期限制水位以上的防洪库容的运用，必须服从防汛指挥机构的调度指挥和监督。在凌汛期，有防凌汛任务的江河的上游水库的下泄水量必须征得有关的防汛指挥机构的同意，并接受其监督。

第四十五条规定，在紧急防汛期，防汛指挥机构根据防汛抗洪的需要，有权在其管辖范围内调用物资、设备、交通运输工具和人力，决定采取取土占地、砍伐林木、清除阻水障碍物和其他必要的紧急措施；必要时，公安、交通等有关部门按照防汛指挥机构的决定，依法实施陆地和水面交通管制。

依照前款规定调用的物资、设备、交通运输工具等，在汛期结束后应当及时归还；造成损坏或者无法归还的，按照国务院有关规定给予适当补偿或者作其他处理。取土占地、砍伐林木的，在汛期结束后依法向有关部门补办手续；有关地方人民政府对取土后的土地组织复垦，对砍伐的林木组织补种。

4）启用蓄滞洪区的规定

第四十六条规定，江河、湖泊水位或者流量达到国家规定的分洪标准，需要启用蓄滞洪区时，国务院，国家防汛指挥机构，流域防汛指挥机构，省、自治区、直辖市人民政府，省、自治区、直辖市防汛指挥机构，按照依法经批准的防御洪水方案中规定的启用条件和批准程序，决定启用蓄滞洪区。依法启用蓄滞洪区，任何单位和个人不得阻拦、拖延；遇到阻拦、拖延时，由有关县级以上地方人民政府强制实施。

发生洪涝灾害后，有关人民政府应当组织有关部门、单位做好灾区的生活供给、卫生防疫、救灾物资供应、治安管理、学校复课、恢复生产和重建家园等救灾工作以及所管辖地区的各项水毁工程设施修复工作。水毁防洪工程设施的修复，应当优先列入有关部门的年度建设计划。国家鼓励、扶持开展洪水保险。

5. 法律责任

《防洪法》规定，对于违反以下行为的，要负法律责任：①未经水行政主管部门签署规划同意书，擅自在江河、湖泊上建设防洪工程和其他水工程、水电站；②未按照规划治导线整治河道和修建控制引导河水流向、保护堤岸等工程，影响防洪的；③在河道、湖泊管理范围内建设妨碍行洪的建筑物、构筑物的；在河道、湖泊管理范围内倾倒垃圾、渣土，从事影响河势稳定、危害河岸堤防安全和其他妨碍河道行洪的活动的；在行洪河道内种植阻碍行洪的林木和高秆作物的；④围海造地、围湖造地、围垦河道的；⑤未经水行政主管部门对其工程建设方案审查同意或者未按照有关水行政主管部门审查批准的位置、界限，在河道、湖泊管理范围内从事工程设施建设活动的；⑥在洪泛区、蓄滞洪区内建设非防洪建设项目，未编制洪水影响评价报告或者洪水影响评价报告未经审查批准开工建设的；防洪工程设施未经验收，即将建设项目投入生产或者使用的；⑦因城市建设擅自填堵原有河道沟叉、贮水湖塘洼淀和废除原有防洪围堤的；⑧破坏、侵占、毁损堤防、水闸、护岸、抽水站、排水渠系等防洪工程和水文、通信设施以及防汛备用的器材、物料的；⑨阻碍、威胁防汛指挥机构、水行政主管部门或者流域管理机构的工作人员依法执行职务，构成犯罪的；⑩截留、挪用防洪、救灾资金和物资，构成犯罪的。

国家工作人员有下列行为构成犯罪的，依法追究刑事责任；尚不构成犯罪的，给予行政处分：①严重影响防洪的；②滥用职权，玩忽职守，徇私舞弊，致使防汛抗洪工作遭受重大损失的；③拒不执行防御洪水方案、防汛抢险指令或者蓄滞洪方案、措施、汛期调度运用计划等防汛调度方案；④违反本法规定，导致或者加重毗邻地区或者其他单位洪灾损失。

### 4.2.2 中华人民共和国防汛条例

《中华人民共和国防汛条例》(简称《防汛条例》) 于 1991 年 7 月 2 日中华人民共和国国务院令第 86 号发布实施，2005 年 7 月 15 日《国务院关于修改〈中华人民共和国防汛条例〉的决定》第一次修订，2011 年 1 月 8 日《国务院关于废止和修改部分行政法规的决定》第二次修订，并于发布之日起施行。

1. 防汛组织

《防汛条例》第六条规定，国务院设立国家防汛总指挥部，负责组织领导全国的防汛抗洪工作，其办事机构设在国务院水行政主管部门。长江和黄河，可以设立由有关省、自治区、直辖市人民政府和该江河的流域管理机构（简称流域机构）负责人等组成的防汛指挥机构，负责指挥所辖范围的防汛抗洪工作，其办事机构设在流域机构。长江和黄河的重大防汛抗洪事项须经国家防汛总指挥部批准后执行。国务院水行政主管部门所属的淮河、海河、珠江、松花江、辽河、太湖等流域机构，设立防汛办事机构，负责协调本流域的防汛日常工作。

我国地域辽阔，水系复杂，防洪工作的具体要求也不尽相同，多年的实践证明有必要在统一领导的基础上实行分级、分部门管理。同时，根据水系运动的客观规律，决定了治水必须以流域为基础。因此，我国防洪工作的管理体制采取统一领导，分级、分部门管理，流域管理和行政区域管理相结合的制度。

第七条规定，有防汛任务的县级以上地方人民政府设立防汛指挥部，由有关部门、当地驻军、人民武装部负责人组成，由各级人民政府首长担任指挥。各级人民政府防汛指挥部在上级人民政府防汛指挥部和同级人民政府的领导下，执行上级防汛指令，制定各项防汛抗洪措施，统一指挥本地区的防汛抗洪工作。各级人民政府防汛指挥部办事机构设在同级水行政主管部门；城市市区的防汛指挥部办事机构也可以设在城建主管部门，负责管理所辖范围的防汛日常工作。

第八条规定，石油、电力、邮电、铁路、公路、航运、工矿以及商业、物资等有防汛任务的部门和单位，汛期应当设立防汛机构，在有管辖权的人民政府防汛指挥部统一领导下，负责做好本行业和本单位的防汛工作。

第九条规定，河道管理机构、水利水电工程管理单位和江河沿岸在建工程的建设单位，必须加强对所辖水工程设施的管理维护，保证其安全正常运行，组织和参加防汛抗洪工作。

2. 防汛准备

1）防御洪水方案制定和审批制度

第十一条规定，有防汛任务的县级以上人民政府，应当根据流域综合规划、防洪工程实际状况和国家规定的防洪标准，制定防御洪水方案（包括对特大洪水的处置措施）。长江、黄河、淮河、海河的防御洪水方案，由国家防汛总指挥部制定，报国务院批准后施行；跨省、自治区、直辖市的其他江河的防御洪水方案，有关省、自治区、直辖市人民政府制定后，经有管辖权的流域机构审查同意，由省、自治区、直辖市人民政府报国务院或其授权的机构批准后施行。有防汛抗洪任务的城市人民政府，应当根据流域综合规划和江河的防御洪水方案，制定本城市的防御洪水方案，报上级人民政府或其授权的机构批准后施行。防御洪水方案经批准后，有关地方人民政府必须执行。

2）洪水调度方案审批制度

第十二条规定，有防汛任务的地方，应当根据经批准的防御洪水方案制定洪水调度方案。长江、黄河、淮河、海河（海河流域的永定河、大清河、漳卫南运河和北三河）、松花江、辽河、珠江和太湖流域的洪水调度方案，由有关流域机构会同有关省、自治区、直辖市人民政府制定，报国家防汛总指挥部批准。跨省、自治区、直辖市的其他江河的洪水调度方案，由有关流域机构会同有关省、自治区、直辖市人民政府制定，报流域防汛指挥机构批准；没有设立流域防汛指挥机构的，报国家防汛总指挥部批准。其他江河的洪水调度方案，由有管辖权的水行政主管部门会同有关地方人民政府制定，报有管辖权的防汛指挥机构批准。洪水调度方案经批准后，有关地方人民政府必须执行。修改洪水调度方案，应当报经原批准机关批准。

3）汛期调度运用计划审批制度

第十四条规定，水库、水电站、拦河闸坝等工程的管理部门，应当根据工程规划设计、经批准的防御洪水方案和洪水调度方案以及工程实际状况，在兴利服从防洪，保证安全的前提下，制定汛期调度运用计划，经上级主管部门审查批准后，报有管辖权的人民政府防汛指挥部备案，并接受其监督。经国家防汛总指挥部认定的对防汛抗洪关系重大的水电站，其防洪库容的汛期调度运用计划经上级主管部门审查同意后，须经有管辖权的人民政府防汛指挥部批准。汛期调度运用计划经批准后，由水库、水电站、拦河闸坝等工程的管理部门负责执行。有防凌任务的江河，其上游水库在凌汛期间的下泄水量，必须征得有管辖权的人民政府防汛指挥部的同意，并接受其监督。

4）防汛检查制度

各级防汛指挥部应当在汛前对各类防洪设施组织检查，发现影响防洪安全的问题，责成责任单位在规定的时间内处理，不得贻误防汛抗洪工作。有关部门和单位按照防汛指挥部的统一部署，对所管辖的防洪工程设施进行汛前检查，将影响防洪安全的问题和处理措施报有管辖权的防汛指挥部和上级主管部门，并按照防汛指挥部的要求进行整改。

5）防汛物资储备制度

第二十一条规定，各级防汛指挥部应当储备一定数量的防汛抢险物资，由商业、供销、物资部门代储的，可以支付适当的保管费。受洪水威胁的单位和群众应当储备一定的防汛抢险物料。防汛抢险所需的主要物资，由计划主管部门在年度计划中予以安排。

3. 防汛与抢险

第二十三条规定，省级人民政府防汛指挥部，可以根据当地的洪水规律，规定汛期起止日期。当江河、湖泊、水库的水情接近保证水位或者安全流量时，或者防洪工程设施发生重大险情，情况紧急时，县级以上地方人民政府可以宣布进入紧急防汛期，并报告上级人民政府防汛指挥部。

在防汛期间：河道、水库、水电站、闸坝等水工程管理单位必须按照规定对水工程进行巡查，发现险情，必须立即采取抢护措施，并及时向防汛指挥部和上级主管部门报告；公路、铁路、航运、民航等部门应当及时运送防汛抢险人员和物资，电力部门应当保证防汛用电；电力调度通信设施必须服从防汛工作需要；邮电部门必须保证汛情和防汛指令的及时、准确传递，电视、广播、公路、铁路、航运、民航、公安、林业、石油等部门应当运用本部门的通信工具优先为防汛抗洪服务；电视、广播、新闻单位应当根据人民政府防汛指挥部提供的汛情，及时向公众发布防汛信息。

在紧急防汛期间：地方人民政府防汛指挥部必须由人民政府负责人主持工作，组织动员本地区各有关单位和个人投入抗洪抢险；所有单位和个人必须听从指挥，承担人民政府防汛指挥部分配的抗洪抢险任务；公安部门应当按照人民政府防汛指挥部的要求，加强治安管理和安全保卫工作，必要时须由有关部门依法实行陆地和水面交通管制；防汛指挥部有权在其管辖范围内，调用物资、设备、交通运输工具和人力，事后应当及时归还或者给予适当补偿。因抢险需要取土占地、砍伐林木、清除阻水障碍物的，任何单位和个人不得阻拦。

4. 善后工作

洪涝灾害发生后，有关人民政府应当及时组织有关部门、单位做好灾区的生活供给、卫生防疫、救灾物资供应、治安管理、学校复课、恢复生产和重建家园等救灾工作以及所管辖地区的各项水毁工程设施的修复工作，这些都是减少灾害损失的重要环节。

第三十六条规定，在发生洪水灾害的地区，物资、商业、供销、农业、公路、铁路、航运、民航等部门应当做好抢险救灾物资的供应和运输；民政、卫生、教育等部门应当做好灾区群众的生活供给、医疗防疫、学校复课以及恢复生产等救灾工作；水利、电力、邮电、公路等部门应当做好所管辖的水毁工程的修复工作。第三十七条规定，地方各级人民政府防汛指挥部，应当按照国家统计部门批准的洪涝灾害统计报表的要求，核实和统计所管辖范围的洪涝灾情，报上级主管部门和同级统计部门，有关单位和个人不得虚报、瞒报、伪造、篡改。

第三十八条规定，洪水灾害发生后，各级人民政府防汛指挥部应当积极组织和帮助灾区群众恢复和发展生产。修复水毁工程所需费用，应当优先列入有关主管部门年度建设计划。

## 4.3 森林、草原火灾应急管理行政法规

### 4.3.1 森林防火条例

《森林防火条例》是根据《中华人民共和国森林法》制定的，该条例于 2008 年 11 月 19 日国务院第 36 次常务会议修订通过，2008 年 12 月 1 日发布，自 2009 年 1 月 1 日起施行。

1. 森林防火工作方针和指挥机构

森林火灾是一种突发性强、破坏性大、危险性高、处置困难的自然灾害。森林防火工作实行预防为主、积极消灭的方针。

国家森林防火指挥机构负责组织、协调和指导全国的森林防火工作。国务院林业主管部门负责全国森林防火的监督和管理工作，承担国家森林防火指挥机构的日常工作。国务院其他有关部门按照职责分工，负责有关的森林防火工作。

县级以上地方人民政府根据实际需要设立的森林防火指挥机构，负责组织、协调和指导本行政区域的森林防火工作。县级以上地方人民政府林业主管部门负责本行政区域森林防火的监督和管理工作，承担本级人民政府森林防火指挥机构的日常工作。县级以上地方人民政府其他有关部门按照职责分工，负责有关的森林防火工作。森林、林木、林地的经营单位和个人，在其经营范围内承担森林防火责任。

森林防火工作涉及两个以上行政区域的，有关地方人民政府应当建立森林防火联防机制，确定联防区域，建立联防制度，实行信息共享，并加强监督检查。

2. 森林火灾的预防

1）规划

国家和各地的森林防火规划，是整个森林防火工作的规范性指导文件，是森林防火设施体系和综合能力建设的总体安排部署。

《森林防火条例》第十四条规定，国务院林业主管部门应当根据全国森林火险区划等级和实际工作需要，编制全国森林防火规划，报国务院或者国务院授权的部门批准后组织实施。县级以上地方人民政府林业主管部门根据全国森林防火规划，结合本地实际，编制本行政区域的森林防火规划，报本级人民政府批准后组织实施。

第十五条规定，国务院有关部门和县级以上地方人民政府应当按照森林防火规划，加强森林防火基础设施建设，储备必要的森林防火物资，根据实际需要整合、完善森林防火指挥信息系统。国务院和省、自治区、直辖市人民政府根据森林防火实际需要，充分利用卫星遥感技术和现有军用、民用航空基础设施，建立相关单位参与的航空护林协作机制，完善航空护林基础设施，并保障航空护林所需经费。

在森林防火基础设施中，航空护林以其机动灵活性和“发现早、行动快、灭在小”的优势，在森林火灾预防和扑救工作中具有其他手段不可替代的作用。飞机巡护具有机动灵活、侦察火情定位准确、反应快捷、打早打了、空中救援，便捷快速等许多优点，扑灭重特大森林火灾离不开航空消防。

2）应急预案

第十六条规定，国务院林业主管部门应当按照有关规定编制国家重大、特别重大森林火灾应急预案，报国务院批准。县级以上地方人民政府林业主管部门应当按照有关规定编制森林火灾应急预案，报本级人民政府批准，并报上一级人民政府林业主管部门备案。县级人民政府应当组织乡（镇）人民政府根据森林火灾应急预案制定森林火灾应急处置办法；村民委员会应当按照森林火灾应急预案和森林火灾应急处置办法的规定，协助做好森林火灾应急处置工作。县级以上人民政府及其有关部门应当组织开展必要的森林火灾应急预案的演练。

第十七条规定，森林火灾应急预案应当包括下列内容：①森林火灾应急组织指挥机构及其职责；②森林火灾的预警、监测、信息报告和处理；③森林火灾的应急响应机制和措施；④资金、物资和技术等保障措施；⑤灾后处置。

2006 年国务院发布《国家突发公共事件总体应急预案》《国家处置重、特大森林火灾应急预案》，细化了森林火灾处置程序、相关部门的职责和应急保障措施，为指导预防和处置突发重特大森林火灾提供了依据。地方各级人民政府、森林防火指挥部及成员单位分别制定了相应的应急预案。根据森林火灾发展态势，按照分级响应的原则，及时调整扑火组织指挥机构的级别和相应的职责，随着灾情的不断加重，扑火指挥机构的级别也相应提高。

预案对森林火灾的预防预警、应急响应、应急保障和善后的各个环节应该采取的工作措施，进行了详尽的规范。在什么阶段、出现什么情况、应该采取什么措施、由谁来采取措施、需要如何保障等，有着明确的操作程序。森林火灾发生后，各级森林防火指挥机构只要根据应急预案进行操作，既可以使应急工作高度规范，又可以有效避免一些盲目操作。

3）防火期内的规定

《森林防火条例》第二十五条规定，森林防火期内，禁止在森林防火区野外用火。因防治病虫鼠害、冻害等特殊情况确需野外用火的，应当经县级人民政府批准，并按照要求采取防火措施，严防失火；需要进入森林防火区进行实弹演习、爆破等活动的，应当经省、自治区、直辖市人民政府林业主管部门批准，并采取必要的防火措施；中国人民解放军和中国人民武装警察部队因处置突发事件和执行其他紧急任务需要进入森林防火区的，应当经其上级主管部门批准，并采取必要的防火措施。

第二十六条规定，森林防火期内，森林、林木、林地的经营单位应当设置森林防火警示宣传标志，并对进入其经营范围的人员进行森林防火安全宣传。森林防火期内，进入森林防火区的各种机动车辆应当按照规定安装防火装置，配备灭火器材。

森林防火警示宣传标志，立足于能时刻提醒、警示森林火险。政府和森林防火管理部门要研究和制定森林防火警示宣传标志和其他宣传物的设置密度标准，以督促森林经营单位和基层政府切实营造出强烈的森林防火警示宣传氛围，使每一个进入森林防火区的人能受到强烈的视觉冲击，牢记森林防火。开展形式多样的森林防火宣传教育是预防森林火灾发生的一项重要工作，也是构建森林火灾群防体系最为重要、最为经常化的一项基础工作。

第二十七条规定，森林防火期内，经省、自治区、直辖市人民政府批准，林业主管部门、国务院确定的重点国有林区的管理机构可以设立临时性的森林防火检查站，对进入森林防火区的车辆和人员进行森林防火检查。

森林防火检查站是防止火源进入森林防火区的重要屏障之一。科学合理地依据当地的地理环境和森林防火需要依法设置森林防火检查站，是森林防火管理的重要手段，对于有效截留火种，预防森林火灾具有特别重要的意义。森林防火检查站一般设立在进入森林防火区的交通要道旁，是人员和机动车辆进入山林的必经之处，所以在执行中应当注意以下几点：①设置时间必须为当地法定的森林防火期；②设置单位为县级以上林业主管部门、国务院确定的重点国有林区的管理机构；③设置性质，设立的森林防火检查站是属于临时性的，是允许事项，不是“应当”事项；④批准机关为省、自治区、直辖市人民政府；⑤检查站的权限，对进入森林防火区的车辆和人员进行森林防火检查。

第二十九条规定，森林高火险期内，进入森林高火险区的，应当经县级以上地方人民政府批准，严格按照批准的时间、地点、范围活动，并接受县级以上地方人民政府林业主管部门的监督管理。

3. 森林火灾的扑救

第三十二条规定，发生下列森林火灾，省、自治区、直辖市人民政府森林防火指挥机构应当立即报告国家森林防火指挥机构，由国家森林防火指挥机构按照规定报告国务院，并及时通报国务院有关部门：①国界附近的森林火灾；②重大、特别重大森林火灾；③造成3人以上死亡或者10人以上重伤的森林火灾；④威胁居民区或者重要设施的森林火灾（威胁林区村屯、居民点或者易燃、易爆、军工、电讯、古建筑、文物区等重要设施的森林火灾）；⑤24小时尚未扑灭明火的森林火灾；⑥未开发原始林区的森林火灾；⑦省、自治区、直辖市交界地区危险性大的森林火灾；⑧需要国家支援扑救的森林火灾。

第三十三条规定，发生森林火灾，县级以上地方人民政府森林防火指挥机构应当按照规定立即启动森林火灾应急预案；发生重大、特别重大森林火灾，国家森林防火指挥机构应当立即启动重大、特别重大森林火灾应急预案。森林火灾应急预案启动后，有关森林防火指挥机构应当在核实火灾准确位置、范围以及风力、风向、火势的基础上，根据火灾现场天气、地理条件，合理确定扑救方案，划分扑救地段，确定扑救责任人，并指定负责人及时到达森林火灾现场具体指挥森林火灾的扑救。

第三十四条规定，森林防火指挥机构应当按照森林火灾应急预案，统一组织和指挥森林火灾的扑救。扑救森林火灾，应当坚持以人为本、科学扑救，及时疏散、撤离受火灾威胁的群众，并做好火灾扑救人员的安全防护，尽最大可能避免人员伤亡。

森林火灾扑救工作不同于其他工作，涉及面广，专业性强，时间紧迫，参加力量多，这就要求必须高效率地调动人力物力，有条不紊地组织扑救工作。为了有效灭火，《森林防火条例》赋予了森林防火指挥机构具有统一组织和指挥森林火灾扑救的权力，由森林防火机构按照森林火灾应急预案，实施统一的组织和指挥，确保行动统一。扑火中，应始终贯彻“以人为本，科学扑救”的原则。若遇到危及扑火队员安全时，绝不能死打硬拼，扑火队员一定要避险自救。“尽最大可能避免人员伤亡”凸显了以人为本的理念，国家宝贵的森林资源固然重要，但人民生命安全要更加珍惜。在扑救森林火灾的同时，应当及时疏散、撤离受火灾威胁的群众。地方各级政府应在林区居民点周围开设防火隔离带，并预先制定紧急疏散方案，落实责任人，明确安全撤离路线。当居民点受到森林火灾威胁时，要及时果断地采取有效阻火措施，有组织、有秩序地及时疏散居民，确保群众生命安全。

扑救森林火灾是一项具有高度危险性和时效性的工作，对扑救人员专业技能要求较高，必须充分发挥和依靠专业森林火灾扑救队伍。如果依靠广大群众或者非专业队伍，不但不能及时扑救森林火灾，还容易造成群众人身伤亡。《森林防火条例》第三十五条规定，扑救森林火灾应当以专业火灾扑救队伍为主要力量；组织群众扑救队伍扑救森林火灾的，不得动员残疾人、孕妇和未成年人以及其他不适宜参加森林火灾扑救的人员参加。

第三十七条规定，发生森林火灾，有关部门应当按照森林火灾应急预案和森林防火指挥机构的统一指挥，做好扑救森林火灾的有关工作。①气象主管机构应当及时提供火灾地区天气预报和相关信息，并根据天气条件适时开展人工增雨作业；②交通运输主管部门应当优先组织运送森林火灾扑救人员和扑救物资；③通信主管部门应当组织提供应急通信保障；④民政部门应当及时设置避难场所和救灾物资供应点，紧急转移并妥善安置灾民，开展受灾群众救助工作；⑤公安机关应当维护治安秩序，加强治安管理；⑥商务、卫生等主管部门应当做好物资供应、医疗救护和卫生防疫等工作。

第三十八条规定，因扑救森林火灾的需要，县级以上人民政府森林防火指挥机构可以决定采取开设防火隔离带、清除障碍物、应急取水、局部交通管制等应急措施。因扑救森林火灾需要征用物资、设备、交通运输工具的，由县级以上人民政府决定。扑火工作结束后，应当及时返还被征用的物资、设备和交通工具，并依照有关法律规定给予补偿。

4. 灾后处置

第四十条规定，按照受害森林面积和伤亡人数，森林火灾分为一般森林火灾、较大森林火灾、重大森林火灾和特别重大森林火灾：①一般森林火灾：受害森林面积在 1 公顷以下或者其他林地起火的，或者死亡1人以上3人以下的，或者重伤1人以上10人以下的；②较大森林火灾：受害森林面积在1公顷以上100公顷以下的，或者死亡3人以上10人以下的，或者重伤10人以上50人以下的；③重大森林火灾：受害森林面积在100公顷以上1000公顷以下的，或者死亡10人以上30人以下的，或者重伤50人以上100人以下的；④特别重大森林火灾：受害森林面积在1000公顷以上的，或者死亡30人以上的，或者重伤100人以上的。

第四十一条规定，县级以上人民政府林业主管部门应当会同有关部门及时对森林火灾发生原因、肇事者、受害森林面积和蓄积、人员伤亡、其他经济损失等情况进行调查和评估，向当地人民政府提出调查报告；当地人民政府应当根据调查报告，确定森林火灾责任单位和责任人，并依法处理。森林火灾损失评估标准，由国务院林业主管部门会同有关部门制定。

森林火灾扑灭后，首先应调查分析火灾原因，统计过火面积、受害森林面积、林火造成的损失以及各种扑火费用等，形成本起森林火灾的基本情况报告。只有形成火灾情况报告后，才能据此开展火案查处工作，并依法追究火灾肇事者和有关部门及其工作人员的法律责任。因此，灾后调查和评估是开展火案查处工作的前提和基础。灾后调查和评估应由县级以上人民政府林业主管部门会同有关部门组织开展。

调查和评估结束后，应向当地人民政府提出调查报告。调查报告应涵盖所进行的调查和评估的全部内容，既包括火灾原因、过火面积、受害森林面积、林火造成的损失以及各种扑火费用情况，也应包括火灾扑救过程和主要工作、本起火灾的经验和教训、下一步工作计划等，必要时可对在森林火灾中负有法律责任的单位和个人提出责任追究和处理意见。

5. 法律责任

《森林防火条例》对于有违反以下行为的，都要负法律责任：①未按照有关规定编制森林火灾应急预案；②发现森林火灾隐患未及时下达森林火灾隐患整改通知书；③对不符合森林防火要求的野外用火或者实弹演习、爆破等活动予以批准的；④瞒报、谎报或者故意拖延报告森林火灾；⑤未及时采取森林火灾扑救措施；⑥不依法履行职责的其他行为；⑦森林防火期内，森林、林木、林地的经营单位未设置森林防火警示宣传标志；⑧森林防火期内，进入森林防火区的机动车辆未安装森林防火装置；⑨森林高火险期内，未经批准擅自进入森林高火险区活动。

### 4.3.2 草原防火条例

《草原防火条例》是根据《中华人民共和国草原法》制定的，该条例于2008年11月19日国务院第36次常务会议修订通过，自2009年1月1日起施行。

1. 草原防火工作方针及职责

草原防火工作实行预防为主、防消结合的方针。

县级以上人民政府应当加强草原防火工作的组织领导，将草原防火所需经费纳入本级财政预算，保障草原火灾预防和扑救工作的开展。

草原防火工作实行地方各级人民政府行政首长负责制和部门、单位领导负责制。

国务院草原行政主管部门主管全国草原防火工作，县级以上地方人民政府确定的草原防火主管部门主管本行政区域内的草原防火工作，县级以上人民政府其他有关部门在各自的职责范围内做好草原防火工作。草原的经营使用单位和个人在其经营使用范围内承担草原防火责任。

2. 草原火灾的预防

1）草原防火规划

《草原防火条例》第十二条规定，国务院草原行政主管部门根据草原火险区划和草原防火工作的实际需要，编制全国草原防火规划，报国务院或者国务院授权的部门批准后组织实施。县级以上地方人民政府草原防火主管部门根据全国草原防火规划，结合本地实际，编制本行政区域的草原防火规划，报本级人民政府批准后组织实施。

第十三条规定，草原防火规划应当主要包括下列内容：①草原防火规划制定的依据；②草原防火组织体系建设；③草原防火基础设施和装备建设；④草原防火物资储备；⑤保障措施。

第十四条规定，县级以上人民政府应当组织有关部门和单位，按照草原防火规划，加强草原火情瞭望和监测设施、防火隔离带、防火道路、防火物资储备库（站）等基础设施建设，配备草原防火交通工具、灭火器械、观察和通信器材等装备，储存必要的防火物资，建立和完善草原防火指挥信息系统。

重点草原防火区的有关地方人民政府，应当根据当地实际情况，组织有关单位有计划地进行下列草原防火设施建设：①设置火情瞭望台；②在国界内侧及重要设施、工矿企业、学校和居民点等周围，开设防火隔离带；③配备草原防火交通工具、灭火器械和观察、通信器材等，修筑防火公路，储备必要的防火物资。

2）草原火灾应急预案

为了全面、迅速、有序地控制扑救草原火灾，保护人民生命财产安全，最大限度地减少火灾损失，保护草原资源，应制定草原火灾应急预案。

第十五条规定，国务院草原行政主管部门负责制订全国草原火灾应急预案，报国务院批准后组织实施。

县级以上地方人民政府草原防火主管部门负责制订本行政区域的草原火灾应急预案，报本级人民政府批准后组织实施。

第十六条规定，草原火灾应急预案应当主要包括下列内容：①草原火灾应急组织机构及其职责；②草原火灾预警与预防机制；③草原火灾报告程序；④不同等级草原火灾的应急处置措施；⑤扑救草原火灾所需物资、资金和队伍的应急保障；⑥人员财产撤离、医疗救治、疾病控制等应急方案。

3）加强草原防火期和重点防火区的管理

第十七条规定，县级以上地方人民政府应当根据草原火灾发生规律，确定本行政区域的草原防火期，并向社会公布。

根据《草原防火条例》第十八条、第十九条和第二十条的规定，在草原防火期内，必须遵守以下规定：①草原上禁止野外用火，因特殊情况需要用火的必须经过有关部门批准；②在草原上作业和通过草原的各种机动车辆，必须安设防火装置，严防漏火、喷火和机动闸瓦脱落引起火灾。行驶在草原上的旅客列车和公共汽车，司机和乘务人员应当对旅客进行防火安全教育，严防旅客随意丢弃火种；在野外操作机械设备的人员，必须遵守防火安全操作规程，严防失火；③禁止在草原上使用枪械狩猎；需要进行实弹演习、爆破、勘察和施工等活动的，须经省、自治区、直辖市人民政府草原防火主管部门或者其授权单位批准，并落实防火措施，做好灭火准备工作；④部队处置突发性事件和执行其他任务，需要进入草原或者在草原上进行实弹演习、爆破等活动的，应当经其上级主管部门批准，并落实必要的防火措施。

第二十四条规定，重点草原防火区的县级以上地方人民政府和自然保护区管理单位，应当根据需要建立专业扑火队；有关乡（镇）、村应当建立群众扑火队。扑火队应当进行专业培训，并接受县级以上地方人民政府的指挥、调动。

3. 草原火灾的扑救

第二十六条规定，从事草原火情监测以及在草原上从事生产经营活动的单位和个人，发现草原火情的，应当采取必要措施，并及时向当地人民政府或者草原防火主管部门报告。其他发现草原火情的单位和个人，也应当及时向当地人民政府或者草原防火主管部门报告。当地人民政府或者草原防火主管部门接到报告后，应当立即组织人员赶赴现场，核实火情，采取控制和扑救措施，防止草原火灾扩大。

第三十条规定，县级以上人民政府有关部门应当按照草原火灾应急预案的分工，做好相应的草原火灾应急工作。气象主管机构应当做好气象监测和预报工作，及时向当地人民政府提供气象信息，并根据天气条件适时实施人工增雨；民政部门应当及时设置避难场所和救济物资供应点，开展受灾群众救助工作。

卫生主管部门应当做好医疗救护、卫生防疫工作；铁路、交通、航空等部门应当优先运送救灾物资、设备、药物、食品；通信主管部门应当组织提供应急通信保障；公安部门应当及时查处草原火灾案件，做好社会治安维护工作。

第三十一条规定，扑救草原火灾应当组织和动员专业扑火队和受过专业培训的群众扑火队；接到扑救命令的单位和个人，必须迅速赶赴指定地点，投入扑救工作。扑救草原火灾，不得动员残疾人、孕妇、未成年人和老年人参加。

扑救草原火灾时要特别注意严明纪律，服从命令，听从指挥；坚决贯彻直接灭火三不打的原则，即不打顶风火，不迎头打上山火，不打沟谷火。为了避免灭火人员被火包围，造成伤亡，必须做好安全自救工作。

4. 灾后处置

《草原防火条例》第三十六条规定，草原火灾扑灭后，有关地方人民政府草原防火主管部门或者其指定的单位应当对火灾现场进行全面检查，清除余火，并留有足够的人员看守火场。经草原防火主管部门检查验收合格，看守人员方可撤出。

草原防火主管部门应当对受灾草原面积、受灾畜禽种类和数量、受灾珍稀野生动植物种类和数量、人员伤亡以及物资消耗和其他经济损失等情况进行统计，对草原火灾给城乡居民生活、工农业生产、生态环境造成的影响进行评估，并按照规定上报。

第三十七条规定，草原火灾扑灭后，有关地方人民政府应当组织有关部门及时做好灾民安置和救助工作，保障灾民的基本生活条件，做好卫生防疫工作，防止传染病的发生和传播。

第三十八条规定，草原火灾扑灭后，有关地方人民政府应当组织有关部门及时制定草原恢复计划，组织实施补播草籽和人工种草等技术措施，恢复草场植被，并做好畜禽检疫工作，防止动物疫病的发生。

5. 奖惩

《草原防火条例》第十条规定，对在草原火灾预防和扑救工作中有突出贡献或者成绩显著的单位、个人，按照国家有关规定给予表彰和奖励。有下列事迹之一的单位和个人，由县级以上人民政府或者草原防火主管部门给予奖励：①严格执行草原防火法规，预防和扑救措施得力，成绩突出的；②发生草原火灾后，积极组织扑救，或者在扑救草原火灾中起模范带头作用，成绩显著的；③发现草原火灾及时报告，或者及时采取措施扑救，避免造成重大损失的；④发现纵火行为，及时制止或者检举报告的；⑤在查处草原火灾案件中做出贡献的；⑥在草原防火科学研究中有发明创造的；⑦连续从事草原防火工作十五年以上，工作有显著成绩的。

《草原防火条例》第四十二条至第四十七条规定，有违反以下行为的，要负法律责任：①未按照规定制订草原火灾应急预案；②对不符合草原防火要求的野外用火或者爆破、勘察和施工等活动予以批准；③对不符合条件的车辆发放草原防火通行证；④瞒报、谎报或者授意他人瞒报、谎报草原火灾；⑤未及时采取草原火灾扑救措施；⑥损毁防火设施设备；⑦截留、挪用草原防火资金或者侵占、挪用草原防火物资；⑧未经批准在草原上野外用火或者进行爆破、勘察和施工等活动；⑨未取得草原防火通行证进入草原防火管制区；⑩在草原防火期内，经批准的野外用火未采取防火措施；⑪在草原上作业和行驶的机动车辆未安装防火装置或者存在火灾隐患；⑫在草原上行驶的公共交通工具上的司机、乘务人员或者旅客丢弃火种；⑬在草原上从事野外作业的机械设备作业人员不遵守防火安全操作规程或者对野外作业的机械设备未采取防火措施；⑭在草原防火管制区内未按照规定用火；⑮草原上的生产经营等单位未建立或者未落实草原防火责任制；⑯故意或者过失引发草原火灾的。

## 4.4 其他与自然灾害相关的法律法规

### 4.4.1 中华人民共和国气象法

《中华人民共和国气象法》(简称《气象法》) 作为一部调整人类与自然斗争所形成的社会关系的专业性法律，其根本目的是防御气象灾害，合理开发利用和保护气候资源，为经济建设、国防建设、社会发展和人民生活提供高质量的气象服务。《气象法》于 1999 年 10 月 31 日第九届全国人民代表大会常务委员会第十二次会议通过。现行《气象法》为在 2016 年 11 月 7 日第十二届全国人民代表大会常务委员会第二十四次会议第三次修正的版本。

1. 总则

我国是世界上自然灾害最为严重的少数国家之一。在各类自然灾害中，气象灾害占 70% 以上，有的年份甚至高达 90% 。每年因暴雨、台风、寒潮、冰雹、雷电、大雾等各种气象灾害所造成的损失平均约占国民生产总值的3% ~5% 。气象灾害还是其他自然灾害的源灾害，因为它既可能引发山洪暴发、洪水泛滥、山体滑坡，也可能引发森林、草原火灾以及农业病虫害等。加强气象工作，防灾减灾、趋利避害及合理开发利用和保护气候资源是国民经济和社会发展中一项带有战略性的任务。

《气象法》第五条规定，国务院气象主管机构负责全国的气象工作。地方各级气象主管机构在上级气象主管机构和本级人民政府的领导下，负责本行政区域内的气象工作。国务院其他有关部门和省、自治区、直辖市人民政府其他有关部门所属的气象台站，应当接受同级气象主管机构对其气象工作的指导、监督和行业管理。

气象工作应当把公益性气象服务放在首位。县级以上人民政府应当加强对气象工作的领导和协调，将气象事业纳入中央和地方同级国民经济和社会发展计划及财政预算，以保障其充分发挥为社会公众、政府决策和经济发展服务的功能。

县、市气象主管机构所属的气象台站应当主要为农业生产服务，及时主动提供保障当地农业生产所需的公益性气象信息服务。

从事气象业务活动，应当遵守国家制定的气象技术标准、规范和规程。

2. 气象设施的建设与管理

气象设施是从事气象业务活动的基础，包括气象探测设施、气象信息专用传输设施以及大型气象专用技术装备等。气象设施布局合理与否，直接关系到气象事业总体效益的发挥。

第九条规定，国务院气象主管机构应当组织有关部门编制气象探测设施、气象信息专用传输设施、大型气象专用技术装备等重要气象设施的建设规划，报国务院批准后实施。气象设施建设规划的调整、修改，必须报国务院批准。编制气象设施建设规划，应当遵循合理布局、有效利用、兼顾当前与长远需要的原则，避免重复建设。

由于气象探测设施、气象信息专用传输设施、大型气象专用技术装备等重要气象设施技术含量高、精确度要求严格、规格型号要求统一、投资额大，因此制定全国统一的建设规划是非常必要的。重要气象设施的建设规划，不仅是具有战略性意义的全局性规划，同时代表了气象事业技术装备发展的方向和气象现代化的发展水平，也是具有长期性、纲要性和方向性的行业规划。为了提高重要气象设施的综合效益，避免重复建设，气象设施的规划由承担全国气象行业行政管理任务的国务院气象主管机构组织有关部门进行编制。重要气象设施建设规划从编制到调整、修改及批准涉及多个行业，且主要是靠国家投资，所以，必须报经国务院批准后实施。

第十一条规定，国家依法保护气象设施，任何组织或者个人不得侵占、损毁或者擅自移动气象设施。气象设施因不可抗力遭受破坏时，当地人民政府应当采取紧急措施，组织力量修复，确保气象设施正常运行。

气象事业属于基础性公益事业，气象设施是气象业务活动的基础设施，属于国有公共资产。气象设施尤其是气象探测设施，大部分都安置于室外的观测场内。近年来，气象设施被毁、被盗情况十分严重，这不仅浪费了国家大量的资金，而且干扰了气象工作的正常进行，严重影响到气象探测资料序列的连续性，从而影响到气象监测、预报工作的进行和气象灾害的预防。由于台风、暴雨、冰雹、龙卷风、地震等自然灾害的原因，或是由于战争等行为致使气象设施遭到破坏。无论是哪种原因，当地人民政府都应立即组织力量进行修复，确保气象设施的正常运行，避免气象工作的中断，造成不可挽回的损失。

第十二条规定，未经依法批准，任何组织或者个人不得迁移气象台站；确因实施城市规划或者国家重点工程建设，需要迁移国家基准气候站、基本气象站的，应当报经国务院气象主管机构批准；需要迁移其他气象台站的，应当报经省、自治区、直辖市气象主管机构批准。迁建费用由建设单位承担。

保持气象台站站址的长期稳定，是获得长序列均一气象资料的必要条件。在符合技术要求的站址获得的资料连续时间越长，资料的使用价值就越高。新建气象站，都要求把站址选在符合技术规范和环境要求的地方，主要是为保持其长期的稳定，气象台站附近，应禁止对气象观测记录有影响的工程建设。确因实施城市规划或者国家重点工程建设需要迁移气象台站的，应当办理报批手续。

第十三条规定，气象专用技术装备应当符合国务院气象主管机构规定的技术要求，并经国务院气象主管机构审查合格；未经审查或者审查不合格的，不得在气象业务中使用。

气象专用技术装备是专门用于气象探测、通信传输、预报、服务等的设备、仪器、仪表及消耗器材，是构成气象设施的主要部分。它是气象信息采集、传输、加工、处理的重要工具，是气象业务工作的物质基础。气象专用技术装备应当符合国务院气象主管机构规定的技术要求，并经国务院气象主管机构审查合格；未经审查或者审查不合格的，不得在气象业务中使用。气象计量器具应当依照《中华人民共和国计量法》的有关规定，经气象计量检定机构检定方可投入使用。

3. 气象探测

气象探测是运用各种探测手段，对大气物理过程和现象进行系统的观察和测定。气象探测为天气预报、气候分析和预测、气象服务以及气象科学研究提供情报、资料，是气象工作的基础。

第十五条规定，各级气象主管机构所属的气象台站，应当按照国务院气象主管机构的规定，进行气象探测并向有关气象主管机构汇交气象探测资料。未经上级气象主管机构批准，不得中止气象探测。国务院气象主管机构及有关地方气象主管机构应当按照国家规定适时发布基本气象探测资料。

气象探测是气象工作的基础。气象探测资料是气象台站长年累月观测积累起来的数据记录，通过对其整理、加工、分析，既可为制作气象预报、气象服务、气象科学研究提供依据，又可为经济建设、国防建设、社会发展和人民生活提供服务。因此本条规定各级气象台站必须进行气象探测并向有关气象主管机构汇报气象探测资料。

第二十条规定，禁止下列危害气象探测环境的行为：①在气象探测环境保护范围内设置障碍物、进行爆破和采石；②在气象探测环境保护范围内设置影响气象探测设施工作效能的高频电磁辐射装置；③在气象探测环境保护范围内从事其他影响气象探测的行为。气象探测环境保护范围的划定标准由国务院气象主管机构规定。各级人民政府应当按照法定标准划定气象探测环境的保护范围，并纳入城市规划或者村庄和集镇规划。

近年来，随着社会经济的发展，城镇规模的不断扩大，使一些原处城镇郊区的气象台站的探测环境受到影响，甚至遭到破坏，严重影响到气象探测工作的正常进行。据了解，目前全国有三分之一以上的气象台站的探测环境受到不同程度的破坏，有的被迫搬迁，甚至是一迁再迁，这不仅影响了气象探测工作的正常进行，影响了气象资料序列的均一性，也造成了国家经济上的损失。为此，《气象法》专门对危害气象探测环境的禁止性行为进行了列举，保护气象探测环境。

4. 气象预报与灾害性天气警报

气象预报和灾害性天气警报是气象工作中极其重要的组成部分，是气象为国民经济、国防建设、社会发展和人民生活提供服务的主要手段。准确、及时地制作、发布气象预报与灾害性天气警报，对保障经济建设顺利进行和保护人民生命财产安全具有重要的作用。

第二十二条规定，国家对公众气象预报和灾害性天气警报实行统一发布制度。各级气象主管机构所属的气象台站应当按照职责向社会发布公众气象预报和灾害性天气警报，并根据天气变化情况及时补充或者订正。其他任何组织或者个人不得向社会发布公众气象预报和灾害性天气警报。国务院其他有关部门和省、自治区、直辖市人民政府其他有关部门所属的气象台站，可以发布供本系统使用的专项气象预报。各级气象主管机构及其所属的气象台站应当提高公众气象预报和灾害性天气警报的准确性、及时性和服务水平。

规定国家对公众气象预报和灾害性天气警报实行统一发布制度，明确了气象预报的发布权限；各级气象主管机构所属的气象台站应当发布农业气象预报、城市环境气象预报、火险气象等级预报等专业气象预报，并配合军事气象部门进行国防建设所需的气象服务；其他有关部门所属的气象台站可以发布供本系统使用的专项气象预报；各级气象主管机构所属的气象台站应当保证其制作的气象预报节目质量，传播媒体必须使用气象主管机构所属的气象台站提供的适时气象信息；媒体通过传播气象信息获得的收益，应当提取一部分支持气象事业发展。

5. 气象灾害防御

随着社会经济的发展和人口的增多，气象灾害造成的损失也逐年增长，社会经济对气象灾害的敏感性越来越强，人民群众对气象服务的要求越来越高，防御气象灾害的作用和效益也越来越明显。

第二十七条规定，县级以上人民政府应当加强气象灾害监测、预警系统建设，组织有关部门编制气象灾害防御规划，并采取有效措施，提高防御气象灾害的能力。有关组织和个人应当服从人民政府的指挥和安排，做好气象灾害防御工作。

县级以上人民政府加强气象灾害监测、预警系统建设有两个原因：一是气象灾害监测、预警系统是防御气象灾害的基础设施，没有现代化的监测、预警系统，就谈不上有效地防御和减轻气象灾害造成的损失。经济越发展，越要加强气象防灾减灾工作，就越需要及时、准确地监测预报灾害性天气。二是加强气象防灾减灾基础设施建设，增强气象防灾减灾能力，提高气象防灾减灾效益，是各级人民政府的职责所在。

第二十八条规定，各级气象主管机构应当组织对重大灾害性天气的跨地区、跨部门的联合监测、预报工作，及时提出气象灾害防御措施，并对重大气象灾害作出评估，为本级人民政府组织防御气象灾害提供决策依据。各级气象主管机构所属的气象台站应当加强对可能影响当地的灾害性天气的监测和预报，并及时报告有关气象主管机构。其他有关部门所属的气象台站和与灾害性天气监测、预报有关的单位应当及时向气象主管机构提供监测、预报气象灾害所需要的气象探测信息和有关的水情、风暴潮等监测信息。

联合监测、预报（又简称“联防”），是指当灾害性天气发生时，按照联防协作规定，打破省、区和部门的界限，上游气象台站要及时向下游气象台站通报天气实况和灾害性天气变化的信息，加密天气监测，及时组织不同形式的天气会商，共同做好灾害性天气的监测、预报、警报和服务等。

6. 气候资源开发利用和保护

气候资源是指能为人类经济活动所利用的光能、热量、水分与风能等，是一种可利用的再生资源。随着社会经济发展和科技进步，人类对气候及其规律性的认识逐步深入，对气候资源利用的自觉程度也逐步提高。

第三十三条规定，县级以上地方人民政府应当根据本地区气候资源的特点，对气候资源开发利用的方向和保护的重点作出规划。地方各级气象主管机构应当根据本级人民政府的规划，向本级人民政府和同级有关部门提出利用、保护气候资源和推广应用气候资源区划等成果的建议。

不同时期或者不同地区的气候资源开发利用和保护规划的编制应当因时因地制宜，力求切合实际，便于实施。在通常情况下，气候资源开发利用和保护规划应包括以下基本内容：规划编制的背景及本地区气候资源开发利用和保护工作的现状；规划的指导思想、编制原则及规划总体目标；本地区气候资源的特点及其分析评价；开发利用和保护气候资源的重点和方向；气候资源监测、分析、评价系统建设；气候资源开发利用重点项目建设规划；气候资源保护项目建设规划；气候资源科学研究技术发展规划；气候资源开发利用与保护的宣传、教育规划等。随着社会经济的发展，特别是农业和农村经济的发展以及区域经济的开发，气候资源开发利用和保护的规划也应随之调整，并纳入当地人民政府的国民经济和社会发展计划。

7. 法律责任

有违反以下行为的，要负法律责任：①侵占、损毁或者未经批准擅自移动气象设施；②在气象探测环境保护范围内从事危害气象探测环境活动；③使用不符合技术要求的气象专用技术装备，造成危害；④安装不符合使用要求的雷电灾害防护装置；⑤非法向社会发布公众气象预报、灾害性天气警报；⑥广播、电视、报纸、电信等媒体向社会传播公众气象预报、灾害性天气警报，不使用气象主管机构所属的气象台站提供的适时气象信息；⑦从事大气环境影响评价的单位进行工程建设项目大气环境影响评价时，使用的气象资料不符合国家气象技术标准；⑧不具备省、自治区、直辖市气象主管机构规定的条件实施人工影响天气作业，或者实施人工影响天气作业使用不符合国务院气象主管机构要求的技术标准的作业设备；⑨各级气象主管机构及其所属气象台站的工作人员由于玩忽职守，导致重大漏报、错报公众气象预报、灾害性天气警报，以及丢失或者毁坏原始气象探测资料、伪造气象资料等事故。

### 4.4.2 气象灾害防御条例

《气象灾害防御条例》是根据《气象法》而制定的条例，其目的是加强气象灾害的防御，避免、减轻气象灾害造成的损失，保障人民生命财产安全。该条例于 2010 年 1 月 20

日国务院第98次常务会议通过，自2010年4月1日起施行。

1. 总则

《气象灾害防御条例》第二条规定，在中华人民共和国领域和中华人民共和国管辖的其他海域内从事气象灾害防御活动的，应当遵守本条例。本条例所称气象灾害，是指台风、暴雨（雪）、寒潮、大风（沙尘暴）、低温、高温、干旱、雷电、冰雹、霜冻和大雾等所造成的灾害。水旱灾害、地质灾害、海洋灾害、森林草原火灾等因气象因素引发的衍生、次生灾害的防御工作，适用有关法律、行政法规的规定。

2. 预防

国务院气象主管机构应当根据气象灾害风险评估结果和气象灾害风险区域，编制国家气象灾害防御规划，并根据气象灾害防御需要，编制国家气象灾害应急预案；县级以上地方人民政府应当组织气象等有关部门对本行政区域内发生的气象灾害的种类、次数、强度和造成的损失等情况开展气象灾害普查，建立气象灾害数据库，按照气象灾害的种类进行气象灾害风险评估，并根据气象灾害分布情况和气象灾害风险评估结果，划定气象灾害风险区域，结合本地气象灾害特点，编制本行政区域的气象灾害防御规划。

第十二条规定，气象灾害防御规划应当包括气象灾害发生发展规律和现状、防御原则和目标、易发区和易发时段、防御设施建设和管理以及防御措施等内容。

第十六条规定，气象灾害应急预案应当包括应急预案启动标准、应急组织指挥体系与职责、预防与预警机制、应急处置措施和保障措施等内容。

地方各级人民政府、有关部门和单位应当根据本地降雪、冰冻发生情况，加强电力、通信线路的巡查，做好交通疏导、积雪（冰）清除、线路维护等准备工作；应当根据本地降雨情况，定期组织开展各种排水设施检查，及时疏通河道和排水管网，加固病险水库，加强对地质灾害易发区和堤防等重要险段的巡查。

大风（沙尘暴）、龙卷风多发区域的地方各级人民政府、有关部门应当加强防护林和紧急避难场所等建设，并定期组织开展建（构）筑物防风避险的监督检查；台风多发区域的地方各级人民政府和有关部门应当加强海塘、堤防、避风港、防护林、避风锚地、紧急避难场所等建设，并根据台风情况做好人员转移等准备工作；大雾、霾多发区域的地方各级人民政府、有关部门和单位应当加强对机场、港口、高速公路、航道、渔场等重要场所和交通要道的大雾、霾的监测设施建设，做好交通疏导、调度和防护等准备工作。

各类建（构）筑物、场所和设施安装的雷电防护装置应当符合国家有关防雷标准的规定。新建、改建、扩建建（构）筑物、场所和设施的雷电防护装置应当与主体工程同时设计、同时施工、同时投入使用。油库、气库、弹药库、化学品仓库和烟花爆竹、石化等易燃易爆建设工程和场所，雷电易发区内的矿区、旅游景点或者投入使用的建（构）筑物、设施等需要单独安装雷电防护装置的场所，以及雷电风险高且没有防雷标准规范、需要进行特殊论证的大型项目，其雷电防护装置的设计审核和竣工验收由县级以上地方气象主管机构负责。房屋建筑、市政基础设施、公路、水路、铁路、民航、水利、电力、核电、通信等建设工程的主管部门，负责相应领域内建设工程的防雷管理。

3. 监测、预报和预警

第二十八条规定，县级以上地方人民政府应当根据气象灾害防御的需要，建设应急移动气象灾害监测设施，健全应急监测队伍，完善气象灾害监测体系。

第二十九条规定，各级气象主管机构及其所属的气象台站应当完善灾害性天气的预报系统，提高灾害性天气预报、警报的准确率和时效性。气象台站和与灾害性天气监测、预报有关的单位应当根据气象灾害防御的需要，按照职责开展灾害性天气的监测工作，并及时向气象主管机构和有关灾害防御、救助部门提供雨情、水情、风情、旱情等监测信息。各级气象主管机构应当根据气象灾害防御的需要组织开展跨地区、跨部门的气象灾害联合监测，并将人口密集区、农业主产区、地质灾害易发区域、重要江河流域、森林、草原、渔场作为气象灾害监测的重点区域。

气象灾害预警信息只能由气象主管机构所属的气象台站按照职责向社会统一发布，其他任何组织和个人不能擅自发布预警信号和灾害性天气警报。

4. 应急处置

第三十四条规定，县级以上地方人民政府、有关部门应当根据灾害性天气警报、气象灾害预警信号和气象灾害应急预案启动标准，及时作出启动相应应急预案的决定，向社会公布，并报告上一级人民政府；发生跨省、自治区、直辖市大范围的气象灾害，并造成较大危害时，由国务院决定启动国家气象灾害应急预案。

气象灾害应急预案启动后，各级气象主管机构应当组织所属的气象台站加强对气象灾害的监测和评估，启用应急移动气象灾害监测设施，开展现场气象服务，及时向本级人民政府、有关部门报告灾害性天气实况、变化趋势和评估结果，为本级人民政府组织防御气象灾害提供决策依据。

第三十八条规定，县级以上人民政府有关部门应当按照各自职责，做好相应的应急工作。民政部门应当设置避难场所和救济物资供应点，开展受灾群众救助工作，并按照规定职责核查灾情、发布灾情信息；卫生主管部门应当组织医疗救治、卫生防疫等卫生应急工作；交通运输、铁路等部门应当优先运送救灾物资、设备、药物、食品，及时抢修被毁的道路交通设施；住房城乡建设部门应当保障供水、供气、供热等市政公用设施的安全运行；电力、通信主管部门应当组织做好电力、通信应急保障工作；国土资源部门应当组织开展地质灾害监测、预防工作；农业主管部门应当组织开展农业抗灾救灾和农业生产技术指导工作；水利主管部门应当统筹协调主要河流、水库的水量调度，组织开展防汛抗旱工作；公安部门应当负责灾区的社会治安和道路交通秩序维护工作，协助组织灾区群众进行紧急转移。

5. 法律责任

有违反以下行为的，要负法律责任：①未按照规定编制气象灾害防御规划或者气象灾害应急预案；②未按照规定采取气象灾害预防措施；③向不符合条件的单位颁发雷电防护装置检测资质证；④隐瞒、谎报或者由于玩忽职守导致重大漏报、错报灾害性天气警报、气象灾害预警信号；⑤未及时采取气象灾害应急措施；⑥不依法履行职责的其他行为；⑦未按照规定采取气象灾害预防措施；⑧不服从所在地人民政府及其有关部门发布的气象灾害应急处置决定、命令，或者不配合实施其依法采取的气象灾害应急措施；⑨无资质或者超越资质许可范围从事雷电防护装置检测；⑩在雷电防护装置设计、施工、检测中弄虚作假；⑪雷电防护装置未经设计审核或者设计审核不合格施工，未经竣工验收或者竣工验收不合格交付使用；⑫擅自向社会发布灾害性天气警报、气象灾害预警信号；⑬广播、电视、报纸、电信等媒体未按照要求播发、刊登灾害性天气警报和气象灾害预警信号；⑭传播虚假的或者通过非法渠道获取的灾害性天气信息和气象灾害灾情。

### 4.4.3 中华人民共和国抗旱条例

《中华人民共和国抗旱条例》(简称《抗旱条例》) 于2009年2月11日国务院第49次常务会议通过，2009年2月26日起施行。这是我国第一部规范抗旱工作的法规，填补了我国抗旱立法的空白，标志着我国抗旱工作进入了有法可依的新阶段。

1. 总则

总则主要内容包括立法目的、适用范围、抗旱工作原则、经费来源、管理体制等。

(1) 立法目的：为了预防和减轻干旱灾害及其造成的损失，保障生活用水，协调生产、生态用水，促进经济社会全面、协调、可持续发展。

(2) 适用范围：中华人民共和国境内从事预防和减轻干旱灾害的活动，应当遵守本条例。

(3) 抗旱工作原则：以人为本、预防为主、防抗结合和因地制宜、统筹兼顾、局部利益服从全局利益。

(4) 经费来源：所需经费纳入县级以上人民政府财政预算，保障抗旱工作的正常开展。

(5) 管理体制：抗旱工作实行各级人民政府行政首长负责制，统一指挥，部门协作，分级负责。

2. 旱灾预防

1) 抗旱规划制度

《抗旱条例》第十四条规定，编制抗旱规划应当充分考虑本行政区域的国民经济和社会发展水平、水资源综合开发利用情况、干旱规律和特点、可供水资源量和抗旱能力以及城乡居民生活用水、工农业生产和生态用水的需求。抗旱规划应当与水资源开发利用等规划相衔接。下级抗旱规划应当与上一级的抗旱规划相协调。

第十五条规定，抗旱规划应当主要包括抗旱组织体系建设、抗旱应急水源建设、抗旱应急设施建设、抗旱物资储备、抗旱服务组织建设、旱情监测网络建设以及保障措施等。

2) 抗旱预案制度

第二十八条规定，抗旱预案应当包括预案的执行机构以及有关部门的职责、干旱灾害预警、干旱等级划分和按不同等级采取的应急措施、旱情紧急情况下水量调度预案和保障措施等内容。干旱灾害按照区域耕地和作物受旱的面积与程度以及因干旱导致饮水困难人口的数量，分为轻度干旱、中度干旱、严重干旱、特大干旱四级。

3) 抗旱信息系统和抗旱服务组织建设

建设完善旱情监测网络，加强对干旱灾害的监测；完善抗旱信息系统建设，实现成员单位之间的信息共享；加强抗旱服务组织的建设与扶持；国家鼓励社会组织和个人兴办抗旱服务组织。

4) 应对农业干旱的主要措施

（1）加强农田水利基础设施建设和农村饮水工程管理和维护，确保其正常运行。干旱缺水地区应当因地制宜地修建中小微型蓄水、引水、提水工程和雨水集蓄利用工程。

（2）推广农田节水技术，合理调整农业种植结构。国家鼓励和扶持研发、使用抗旱节水机械和装备，推广农田节水技术，发展旱作节水农业。调整干旱地区农业种植结构，培育和推广应用耐旱品种。

（3）做好应急水源储备保障工作，储备必要的抗旱物资，合理配置、节约、保护水资源。

3. 抗旱减灾

1）落实抗旱责任制

第三十六条至四十四条明确了抗旱救灾中有关部门（防汛抗旱指挥机构、气象、卫生、民政、乡镇人民政府、街道办事处、村民委员会、居民委员会）、单位（供水企事业单位等）和个人的职责。发生干旱灾害，县级以上地方人民政府防汛抗旱指挥机构应当及时组织抗旱服务组织，解决农村人畜饮水困难，提供抗旱技术咨询等方面的服务；各级气象主管机构应当做好气象干旱监测和预报工作，并适时实施人工增雨作业；县级以上人民政府卫生主管部门应当做好干旱灾害发生地区疾病预防控制、医疗救护和卫生监督执法工作，监督、检测饮用水水源卫生状况，确保饮水卫生安全，防止干旱灾害导致重大传染病疫情的发生；县级以上人民政府民政部门应当做好干旱灾害的救助工作，妥善安排受灾地区群众基本生活；乡镇人民政府、街道办事处、村民委员会、居民委员会应当组织力量，向村民、居民宣传节水抗旱知识，协助做好抗旱措施的落实工作；供水企事业单位应当加强对供水、水源和抗旱设施的管理与维护，按要求启用应急备用水源，确保城乡供水安全；干旱灾害发生地区的单位和个人应当自觉节约用水，服从当地人民政府发布的决定，配合落实人民政府采取的抗旱措施，积极参加抗旱减灾活动。

2）应急水量调度实施方案制度

第三十六条规定，发生干旱灾害，县级以上地方人民政府应当按照统一调度、保证重点、兼顾一般的原则对水源进行调配，优先保障城乡居民生活用水，合理安排生产和生态用水。

第三十七条规定，发生干旱灾害，县级以上人民政府防汛抗旱指挥机构或者流域防汛抗旱指挥机构可以按照批准的抗旱预案，制订应急水量调度实施方案，统一调度辖区内的水库、水电站、闸坝、湖泊等所蓄的水量。有关地方人民政府、单位和个人必须服从统一调度和指挥，严格执行调度指令。

3）紧急抗旱期制度

第四十五条规定，发生特大干旱，严重危及城乡居民生活、生产用水安全，可能影响社会稳定的，有关省、自治区、直辖市人民政府防汛抗旱指挥机构经本级人民政府批准，可以宣布本辖区内的相关行政区域进入紧急抗旱期，并及时报告国家防汛抗旱总指挥部。特大干旱旱情缓解后，有关省、自治区、直辖市人民政府防汛抗旱指挥机构应当宣布结束紧急抗旱期，并及时报告国家防汛抗旱总指挥部。

4）抗旱物资设备征用制度

第四十七条规定，在紧急抗旱期，有关地方人民政府防汛抗旱指挥机构根据抗旱工作的需要，有权在其管辖范围内征用物资、设备、交通运输工具。

第五十四条规定，旱情缓解后，有关地方人民政府防汛抗旱指挥机构应当及时归还紧急抗旱期征用的物资、设备、交通运输工具等，并按照有关法律规定给予补偿。

4. 灾后恢复

对水利工程进行检查评估，及时组织修复遭受干旱灾害损坏的水利工程，优先将其列入年度修复建设计划；及时归还紧急抗旱期征用的物资、设备、交通运输工具等，并按规定给予补偿；旱情缓解后，应对旱灾影响、损失情况及抗旱工作效果进行分析和评估；加强抗旱经费和物资管理的监督、检查和审计；国家鼓励在易旱地区逐步建立和推行旱灾保险制度。

5. 法律责任

有违反以下行为的，要负法律责任：①拒不承担抗旱救灾任务；②擅自向社会发布抗旱信息；③虚报、瞒报旱情、灾情；④拒不执行抗旱预案或者旱情紧急情况下的水量调度预案以及应急水量调度实施方案；⑤旱情解除后，拒不拆除临时取水和截水设施；⑥滥用职权、徇私舞弊、玩忽职守的其他行为；⑦截留、挤占、挪用、私分抗旱经费；⑧水库、水电站、拦河闸坝等工程的管理单位以及其他经营工程设施的经营者拒不服从统一调度和指挥；⑨侵占、破坏水源和抗旱设施；⑩抢水、非法引水、截水或者哄抢抗旱物资；⑪阻碍、威胁防汛抗旱指挥机构、水行政主管部门或者流域管理机构的工作人员依法执行职务。

### 4.4.4 自然灾害救助条例

《自然灾害救助条例》是为规范自然灾害救助工作，保障受灾人员基本生活制定的条例。该条例于2010年7月8日发布，自2010年9月1日起施行。2019年3月2日国务院令第709号公布《国务院关于修改部分行政法规的决定》，其中，对《自然灾害救助条例》的部分条款进行了修正。

1. 总则

《自然灾害救助条例》第二条规定，自然灾害救助工作遵循以人为本、政府主导、分级管理、社会互助、灾民自救的原则。

以人为本，就是要求各级政府牢固树立“生命至上”理念，把切实保障人民群众生命财产安全作为灾害救助工作的首要任务。政府主导，是指在各级党委的领导下，国务院是中央层面灾害救助工作的最高行政领导机关，地方各级人民政府是本级行政区灾害救助工作的行政领导机关，负责本行政区域灾害救助工作。分级管理，是指根据自然灾害影响范围、造成危害程度的不同，灾害救助工作由不同层级的人民政府负责。社会互助，就是在自然灾害发生后，在各级人民政府开展救助工作的基础上，广泛动员社会力量参与自然灾害救助工作，充分调动和利用社会资源，共同应对自然灾害，帮助受灾人员解决基本生活困难和重建家园。灾民自救，就是充分发动群众，不等不靠，积极开展生产自救，尽快恢复正常生产生活秩序。

第三条规定，自然灾害救助工作实行各级人民政府行政领导负责制。国家减灾委员会负责组织、领导全国自然灾害救助工作，协调开展重大自然灾害救助活动。国务院应急管理部门负责全国的自然灾害救助工作，承担国家减灾委员会的具体工作。国务院有关部门按照各自职责做好全国的自然灾害救助相关工作。县级以上地方人民政府或者人民政府的自然灾害救助应急综合协调机构，组织、协调本行政区域的自然灾害救助工作；县级以上地方人民政府应急管理部门负责本行政区域的自然灾害救助工作。县级以上地方人民政府有关部门按照各自职责做好本行政区域的自然灾害救助相关工作。

2. 救助准备

第八条规定，县级以上地方人民政府及其有关部门应当根据有关法律、法规、规章，上级人民政府及其有关部门的应急预案以及本行政区域的自然灾害风险调查情况，制定相应的自然灾害救助应急预案。自然灾害救助应急预案应当包括下列内容：①自然灾害救助应急组织指挥体系及其职责；②自然灾害救助应急队伍；③自然灾害救助应急资金、物资、设备；④自然灾害的预警预报和灾情信息的报告、处理；⑤自然灾害救助应急响应的等级和相应措施；⑥灾后应急救助和居民住房恢复重建措施。

第九条至第十二条规定，县级以上人民政府应当建立健全自然灾害救助应急指挥技术支撑系统，并为自然灾害救助工作提供交通、通信等装备；应当统筹规划设立并公告自然灾害应急避难场所；应当加强自然灾害救助队伍建设和业务培训。国家应建立自然灾害救助物资储备制度，设区的市级以上人民政府和自然灾害多发、易发地区的县级人民政府应当设立自然灾害救助物资储备库。

3. 应急救助

第十三条规定，县级以上人民政府或者人民政府的自然灾害救助应急综合协调机构应当根据自然灾害预警预报启动预警响应，采取下列一项或者多项措施：①向社会发布规避自然灾害风险的警告，宣传避险常识和技能，提示公众做好自救互救准备；②开放应急避难场所，疏散、转移易受自然灾害危害的人员和财产，情况紧急时，实行有组织的避险转移；③加强对易受自然灾害危害的乡村、社区以及公共场所的安全保障；④责成应急管理等部门做好基本生活救助的准备。

第十四条规定，自然灾害发生并达到自然灾害救助应急预案启动条件的，县级以上人民政府或者人民政府的自然灾害救助应急综合协调机构应当及时启动自然灾害救助应急响应，采取下列一项或者多项措施：①立即向社会发布政府应对措施和公众防范措施；②紧急转移安置受灾人员；③紧急调拨、运输自然灾害救助应急资金和物资，及时向受灾人员提供食品、饮用水、衣被、取暖、临时住所、医疗防疫等应急救助，保障受灾人员基本生活；④抚慰受灾人员，处理遇难人员善后事宜；⑤组织受灾人员开展自救互救；⑥分析评估灾情趋势和灾区需求，采取相应的自然灾害救助措施；⑦组织自然灾害救助捐赠活动。

4. 灾后救助

为了保障受灾人员的基本生活，《自然灾害救助条例》规范了灾后生活救助制度。受灾人员的过渡性安置：受灾地区人民政府应当在确保安全的前提下，对受灾人员进行过渡性安置；因灾损毁民房的修缮与恢复重建：受灾地区人民政府及其有关部门应当组织重建或者修缮损毁的居民住房；灾民冬令和春荒生活救助：在受灾的当年冬季和次年春季，受灾地区人民政府应当为受灾人员提供基本生活救助。

5. 救助款物管理

救助物资管理发放：县级以上人民政府财政部门、应急管理部门负责自然灾害救助资金的分配、管理并监督使用情况，县级以上人民政府应急管理部门负责调拨、分配、管理救助物资；救助物资发放范围及对象：救助款物应当专款（物）专用、无偿使用，专项用于灾民紧急转移安置，灾民基本生活救助，医疗救助，教育、医疗等公共服务设施和住房的恢复重建，遇难人员家属抚慰以及救助物资的采购、储存和运输等项支出；救助物资筹集和使用信息公开：受灾地区人民政府应急管理、财政等部门和有关社会组织应当通过报刊、广播、电视、互联网，主动向社会公开所接受的自然灾害救助款物和捐赠款物的来源、数量及其使用情况，受灾地区村民委员会、居民委员会应当公布救助对象及其接受救助款物数额和使用情况；监督检查制度：各级人民政府应当建立健全监督检查制度，及时受理投诉和举报，监察机关、审计机关应当依法加强对救助款物的管理使用情况进行监督检查，应急管理、财政等部门和有关社会组织应当予以配合。

6. 法律责任

有违反以下行为的，要负法律责任：①迟报、谎报、瞒报自然灾害损失情况，造成后果的；②未及时组织受灾人员转移安置，或者在提供基本生活救助、组织恢复重建过程中工作不力，造成后果的；③截留、挪用、私分自然灾害救助款物或者捐赠款物的；④不及时归还征用的财产，或者不按照规定给予补偿的；⑤有滥用职权、玩忽职守、徇私舞弊的其他行为的；⑥采取虚报、隐瞒、伪造等手段，骗取自然灾害救助款物或者捐赠款物的，由县级以上人民政府应急管理部门责令限期退回违法所得的款物，构成犯罪的，依法追究刑事责任；⑦抢夺或者聚众哄抢自然灾害救助款物或者捐赠款物的，由县级以上人民政府应急管理部门责令停止违法行为；构成违反治安管理行为的，由公安机关依法给予治安管理处罚；构成犯罪的，依法追究刑事责任；⑧以暴力、威胁方法阻碍自然灾害救助工作人员依法执行职务，构成违反治安管理行为的，由公安机关依法给予治安管理处罚，构成犯罪的，依法追究刑事责任。

### 4.4.5 军队参加抢险救灾条例

《军队参加抢险救灾条例》是国务院、中央军事委员会为了发挥中国人民解放军在抢险救灾中的作用，保护人民生命和财产安全而制定的条例。该条例于 2005 年 6 月 7 日颁布，2005 年 7 月 1 日起施行。

军队是抢险救灾的突击力量，执行国家赋予的抢险救灾任务是军队的重要使命。各级人民政府和军事机关应当按照本条例的规定，做好军队参加抢险救灾的组织、指挥、协调、保障等工作。

1. 军队参加抢险救灾的原则

军队参加抢险救灾的原则是：统一指挥、抢险救急、密切协同和科学用兵。

统一指挥：就是军队参加抢险救灾是在各级人民政府的统一领导下进行，军事机关领导和驻军部队指挥员参加地方抢险救灾联合指挥部，负责协调军地双方行动，对部队抢险救灾行动实施指挥控制。《军队参加抢险救灾条例》第七条规定，军队参加抢险救灾应当在人民政府的统一领导下进行，具体任务由抢险救灾指挥机构赋予，部队的抢险救灾行动由军队负责指挥。

抢险救急：就是要区分灾情大小，视轻重缓急，以抢险为主救灾为辅，突出担负急难险重任务。救灾部队要把主要兵力使用在事关全局的重要地区，人命关天的紧急时刻，排险救难，解决关键问题，真正发挥突击队作用，稳住局势，安定民心。

密切协同：就是要充分调动部队和社会各方面的力量，使其紧密配合，协调一致地搞好抢险救灾。部队救灾行动必须在地方专家的具体指导下进行，并与各种抢险救灾力量相互配合，密切协同，全力以赴与灾害做斗争。

科学用兵：就是要量灾用兵，量险用兵，合理用兵，科学救灾。根据灾害等级、规模、危害程度、发展趋势，确定部队投入救灾的时机、方式、兵力和装备种类等；要尽可能就近用兵，成建制用兵，这样既便于组织指挥，又能形成突击力量；要实事求是，因地制宜，因情施救，不能盲目蛮干，避免不必要的人员伤亡；要把部队的顽强作风与科学的技术手段有机地结合起来，充分发挥装备器材和先进技术手段在抢险救灾中的作用。第五条规定，国务院有关主管部门、县级以上地方人民政府提出需要军队参加抢险救灾的，应当说明险情或者灾情发生的种类、时间、地域、危害程度、已经采取的措施，以及需要使用的兵力、装备等情况。

2. 军队参加抢险救灾的具体规范

（1）明确了救灾任务。第三条规定，军队参加抢险救灾主要担负下列任务：①解救、转移或者疏散受困人员；②保护重要目标安全；③抢救、运送重要物资；④参加道路（桥梁、隧道）抢修、海上搜救、核生化救援、疫情控制、医疗救护等专业抢险；⑤排除或者控制其他危重险情、灾情。必要时，军队可以协助地方人民政府开展灾后重建等工作。

（2）明确了组织指挥。在人民政府领导下，军地联合、统一指挥，是我国抢险救灾工作的特色和重要经验。《军队参加抢险救灾条例》对这一行之有效的做法以法规形式固定下来，并对指挥机构、指挥关系、职责分工、协调配合等问题作了具体规范。

（3）明确了兵力动用。动用军队兵力、装备参加抢险救灾，必须按照规定的批准权限和程序办理。考虑到抢险救灾的紧迫性，在紧急情况下，地方人民政府可以直接向驻军部队提出救助请求，部队可以边行动、边报告。

（4）明确了平时准备。第八条规定，县级以上地方人民政府应当向当地军事机关及时通报有关险情、灾情的信息。在经常发生险情、灾情的地方，县级以上地方人民政府应当组织军地双方进行实地勘察和抢险救灾演习、训练。

（5）明确了行动保障。《军队参加抢险救灾条例》规定，军队参加国务院组织的抢险救灾所耗费用由中央财政负担；军队参加地方人民政府组织的抢险救灾所耗费用由地方财政负担；军队参加抢险救灾需要动用作战储备物资和装备器材应及时得到补充；灾害发生地人民政府应当协助执行抢险救灾任务的部队做好饮食、住宿、供水、供电、供暖、医疗和卫生防疫等必需的保障工作。对在执行抢险救灾任务中有突出贡献的军队单位和个人，按照国家和军队的有关规定给予奖励；对死亡或者致残的人员，按照国家有关规定给予抚恤优待。

## 【本章重点】

1. 编制防震减灾规划的宗旨、原则、依据和内容。编制防震减灾规划的宗旨是提高我国防震减灾公共服务水平，完善防震减灾社会管理技术和物质基础，重在提高全社会的防震减灾能力。编制防震减灾规划，应当遵循统筹安排、突出重点、合理布局、全面预防的原则。规划的编制依据是震情和震害预测结果。规划的内容包括：震情形势和防震减灾总体目标，地震监测台网建设布局，地震灾害预防措施，地震应急救援措施，以及防震减灾技术、信息、资金、物资等保障措施。

2. 建设专用地震监测台网和强震动监测设施的目的。目的是保障重大建设工程的安全和人员生命财产安全，服务生产；这些台网（站）归属于本企业，为本单位服务。

3. 地震重点监视防御区防震减灾工作的职责。包括：增加地震监测台网密度、制定短期与临震预报方案、建立震情跟踪会商制度、提高地震监测预报能力、加强群测群防工作等。

4. 地震灾害分级。按照社会危害程度、影响范围等因素，地震灾害分为一般、较大、重大和特别重大四级，具体分级标准按照国务院规定执行。

5. 地震应急救援的内容。地震应急救援包括震前应急防御和震后应急救援。震前应急防御是指在地震发生之前，按照地震应急预案，做好各项临震紧急避险和震后抢险救灾准备；震后应急救援主要是指根据破坏性地震发生后对地震（发震时间、地点、震级）的快速测定和地震灾害的可能等级，组织实施相应等级的地震应急预案，开展抢险救灾。

6. 震后紧急措施。包括：①迅速组织抢救被压埋人员，并组织有关单位和人员开展自救互救；②迅速组织实施紧急医疗救护，协调伤员转移、接收与救治；③迅速组织抢修毁损的交通、铁路、水利、电力、通信等基础设施；④启用应急避难场所或者设置临时避难场所，设置救济物资供应点，提供救济物品、简易住所和临时住所，及时转移和安置受灾群众，确保饮用水消毒和水质安全，积极开展卫生防疫，妥善安排受灾群众生活；⑤迅速控制危险源，封锁危险场所，做好次生灾害的排查与监测预警工作，防范地震可能引发的火灾、水灾、爆炸、山体滑坡和崩塌、泥石流、地面塌陷，或者剧毒、强腐蚀性、放射性物质大量泄漏等次生灾害以及传染病疫情的发生；⑥依法采取维持社会秩序、维护社会治安的必要措施。

7. 地震灾害损失调查评估内容。包括：了解灾区城市规模和乡镇分布、房屋建筑结构、生命线工程和其他工程设施的类型、规模和分布；依据每种类型房屋建筑的破坏情况统一破坏等级划分标准；依据破坏情况将灾区划分为若干评估区；依据抽样调查结果确定各评估区主要结构类型房屋的直接经济损失和室内财产损失；确定生命线工程和其他各类工程结构和设施、大型企业等的直接经济损失；评定室外财产损失、救灾直接投入费用和各种间接损失；汇总地震伤亡人数等资料，最后将评估结果撰写成评估报告。

8. 地质灾害防治规划的内容。包括：建立地质灾害调查制度、规范地质灾害防治规划的编制程序和审批权限、明确地质灾害防治规划的编制原则、规范地质灾害防治规划的内容、明确地质灾害防治规划的地位及与其他规划的衔接等。

9. 地质灾害的防治原则。包括：①“预防为主、避让与治理相结合，全面规划、突出重点”的原则；②“自然因素造成的地质灾害，由各级人民政府负责治理；人为因素引发的地质灾害，谁引发、谁治理”的原则；③地质灾害防治“统一管理，分工协作”的原则。

10. 突发性地质灾害应急预案的内容。包括：①应急机构和有关部门的职责分工；

②抢险救援人员的组织和应急、救助装备、资金、物资的准备；③地质灾害的等级与影响分析准备；④地质灾害调查、报告和处理程序；⑤发生地质灾害时的预警信号、应急通信保障；⑥人员财产撤离、转移路线、医疗救治、疾病控制等应急行动方案。

11. 地质灾害防治方案的主要内容。包括：①主要灾害点的分布；②地质灾害的威胁对象、范围；③重点防范期；④地质灾害防治措施；⑤地质灾害的监测、预防责任人。

12. 防洪工作的基本管理制度。我国防洪工作的管理体制采取统一领导，分级、分部门管理，流域管理和行政区域管理相结合的制度。

13. 编制防洪规划的原则：全面规划、统筹兼顾、预防为主、综合治理、局部利益服从全局利益。

14. 防汛工作制度：防御洪水方案制定和审批制度；洪水调度方案审批制度；工程汛期调度运用计划审批制度；防汛检查制度；防汛物资储备制度。

15. 森林火灾的防火工作方针：预防为主、积极消灭。

16. 森林火灾应急预案的主要内容：①森林火灾应急组织指挥机构及其职责；②森林火灾的预警、监测、信息报告和处理；③森林火灾的应急响应机制和措施；④资金、物资和技术等保障措施；⑤灾后处置。

17. 草原防火规划的主要内容：①草原防火规划制定的依据；②草原防火组织体系建设；③草原防火基础设施和装备建设；④草原防火物资储备；⑤保障措施。

18. 气象灾害防御规划的主要内容包括气象灾害发生发展规律和现状、防御原则和目标、易发区和易发时段、防御设施建设和管理以及防御措施等。

19. 抗旱规划的主要内容包括抗旱组织体系建设、抗旱应急水源建设、抗旱应急设施建设、抗旱物资储备、抗旱服务组织建设、旱情监测网络建设以及保障措施等。

20. 自然灾害救助应急预案的主要内容：①自然灾害救助应急组织指挥体系及其职责；②自然灾害救助应急队伍；③自然灾害救助应急资金、物资、设备；④自然灾害的预警预报和灾情信息的报告、处理；⑤自然灾害救助应急响应的等级和相应措施；⑥灾后应急救助和居民住房恢复重建措施。

21. 军队参加抢险救灾的原则：统一指挥、抢险救急、密切协同和科学用兵。

## 【复习思考题】

1. 我国为什么要制定《防震减灾法》?
2. 简述地震监测在防震减灾过程中的作用。
3. 《防震减灾法》中规定的地震灾害预防方法有哪些?
4. 《防震减灾法》中对于地震灾害紧急救援队伍与管理的规定有哪些?
5. 简述地震灾害分级标准。
6. 简述《防震减灾法》中的地震灾后过渡性安置制度。
7. 《破坏性地震应急条例》中规定的应急预案应包括哪些内容?
8. 《破坏性地震应急条例》对在临震应急期和震后应急期的规定有哪些?
9. 简述《地震监测管理条例》对地震监测设施和地震观测环境的保护措施。
10. 简述《地震预报管理条例》对地震预报类型的分类。

11.《地质灾害防治条例》规定的防治原则是什么?
12.《地质灾害防治条例》规定的防灾措施有哪些?
13.《防洪法》对各地区防洪规划的要求是什么?
14.《防洪法》对河道、湖泊的管理方法有哪些规定?
15. 简述《防汛条例》对防汛期、紧急防汛期的相关规定。
16.《森林防火条例》规定森林火灾应急预案应当包括哪些内容?
17. 简述森林火灾的扑救原则。
18.《草原防火条例》对草原防火期内的规定有哪些?
19. 简述《草原防火条例》规定的灾后处置方法。
20. 简述草原火灾的划分标准。
21. 简述《气象法》对气象设施保护的管理方法。
22. 简述《气象法》对气象灾害的防御方法。
23.《气象灾害防御条例》中的气象灾害包括哪些?
24.《气象灾害防御条例》中规定的应急处置方法有哪些?
25. 简述《抗旱条例》的主要内容。
26. 简述《抗旱条例》规定的抗旱减灾方法。
27.《自然灾害救助条例》规定的预警响应和救助应急措施分别有哪些?
28. 简述《自然灾害救助条例》规定的灾后救助方法。
29.《军队参加抢险救灾条例》中规定的军队参加抢险救灾的原则有哪些?
30.《军队参加抢险救灾条例》中军队参加抢险救灾的具体规范有哪些?

## 阅读材料

### 陕西商南县应对“7·31”洪涝灾害案例

2016 年 7 月 31 日，陕西商南县普降暴雨，局部地区特大暴雨，其中十里坪镇白鲁础村最大降雨量达 212.4 毫米。灾害造成全县 10 个镇 87 个村 27050 户 94681 人不同程度受灾。农作物受灾 2524 公顷，其中绝收 318 公顷，水毁耕地 91.5 公顷。水毁乡村公路 390 公里，桥涵 50 座，供电线路 17.2 公里，河堤 69.1 公里，自来水管道 132.3 公里，蓄水池 6 座。部分厂矿企业损失严重，金丝峡景区基础设施遭受毁灭性损失。灾害造成直接经济损失 2.5139 亿元。

“7·31”特大暴雨洪灾发生后，商南县委、县政府快速反应、科学决策、行动迅速，立即启动了《商南县自然灾害救助应急预案》Ⅱ级响应，成立了救灾指挥领导小组，由县委书记任第一总指挥，县长任总指挥，县委、县政府其他领导任副总指挥和成员，协调指挥全县抗洪抢险救灾工作。全县上下干群齐心，顽强拼搏，共渡难关，重点抓好住房重建、农田修复、维护稳定等工作，将灾后重建与脱贫攻坚、移民搬迁、美丽乡村建设、国家全域旅游示范区创建等有机结合，确保灾后重建工作取得圆满胜利。

# 5

# 公共卫生事件应急管理法律法规

公共卫生事件是指突然发生，造成或者可能造成社会公众健康严重损害的重大传染病疫情、群体性不明原因疾病、重大食物和职业中毒、重大动物疫情以及其他严重影响公众健康和生命安全的事件。全球曾发生或正在发生一系列公共卫生事件，如重症急性呼吸综合征（SARS）、人感染高致病性禽流感、西非埃博拉出血热、中东呼吸综合征疫情、甲型H1N1流感、脊髓灰质炎疫情、新型冠状病毒感染疫情等。这些事件大多具有预见性差、暴发突然、起因复杂、蔓延迅速、危害严重、影响广泛等主要特点，给公众健康和生命安全构成了较大威胁，甚至还在一定程度上影响经济发展并引起社会恐慌，成为国家、社会和人民关注的热点。

中华人民共和国成立以来，党和政府坚持“人民至上”的执政理念和以人民为中心的发展思想，高度重视人民健康和生命安全，注重发展公共卫生事业，特别是SARS疫情后，对公共卫生事件的重视空前提高，2003年出台《突发公共卫生事件应急条例》拉开了我国公共卫生事件应急管理法律法规、预案体系快速建设的序幕。之后又发布了《突发事件应对法》《重大动物疫情应急条例》《国家突发公共卫生事件应急预案》《国家突发公共卫生事件医疗卫生救援应急预案》等100余部法律法规、10余部部门规章及一系列卫生应急技术规范和操作指南，形成了从中央到地方，覆盖法律法规、行业规章、规范标准和管理操作等四个层面，囊括各类国家突发公共卫生事件应对和其他突发事件紧急医学救援的预案和法律体系，为应对各类公共卫生事件提供了法治保障。本章主要介绍《传染病防治法》《突发公共卫生事件应急条例》《重大动物疫情应急条例》等相关规定和要求。

## 5.1 中华人民共和国传染病防治法

《中华人民共和国传染病防治法》（简称《传染病防治法》）是为了预防、控制和消除传染病的发生与流行，保障人体健康和公共卫生而制定的法律。该法于1989年2月21日第七届全国人民代表大会常务委员会第六次会议通过，自1989年9月1日起施行。2004年8月28日第十届全国人民代表大会常务委员会第十一次会议对该法进行修订，2013年

6月29日第十二届全国人民代表大会常务委员会第三次会议对个别条文进行了修正。

### 5.1.1 立法目的、适用范围

1. 立法目的

中华人民共和国成立前，传染病广泛传播流行，特别是鼠疫、霍乱、天花等烈性传染病的暴发、流行，曾夺去成千上万的生命。中华人民共和国成立后，党和政府采取了各种积极、有效的传染病防治措施，消灭了天花，控制了鼠疫、霍乱、麻疹、血吸虫病等一些危害严重的传染病，各种法定传染病的总体疫情发生情况明显下降。但是，传染病对我国人民的健康危害依然存在，有时还十分严重，如2003年非典、2009年甲型H1N1、2020年新型冠状病毒感染等。近年来，一些已基本消灭的传染病又有死灰复燃的趋势，还有一些新的传染病传入我国，预防、控制和消除传染病发生与流行的任务十分艰巨。

预防是指在传染病发生前，采取有效的措施防止和减少传染病的发生与流行。控制是指传染病发生后，及时采取综合性防疫措施，消除各种传播因素，对病人进行隔离、治疗，保护好易感人群，使疫情不再继续蔓延。消除是指在传染病发生前后，采取有效的措施扑灭传染病的传播与流行。

2. 适用范围

第十二条规定，在中华人民共和国领域内的一切单位和个人，必须接受疾病预防控制机构、医疗机构有关传染病的调查、检验、采集样本、隔离治疗等预防、控制措施，如实提供有关情况。疾病预防控制机构、医疗机构不得泄露涉及个人隐私的有关信息、资料。

“在中华人民共和国领域内的一切单位和个人”体现了属地原则，即以领域为标准，领域是指领陆、领水和领空，凡在中华人民共和国领域内都必须遵守本法的规定。“一切单位”包括我国的一切机关、团体、企事业单位，也包括在我国领域内的外资企业、中外合资、合作企业等。“一切个人”是指在我国领域内的一切自然人，包括中国人、具有外国国籍的人和无国籍的人。因传染病防治的特殊性，外交人员无传染病防治方面的豁免权，驻中国的外国使领馆人员也要遵守本法的规定。

### 5.1.2 传染病的分类

第三条规定，传染病分为甲类、乙类和丙类。甲类传染病是指鼠疫、霍乱；乙类传染病是指传染性非典型肺炎、艾滋病、病毒性肝炎、脊髓灰质炎、人感染高致病性禽流感、麻疹、流行性出血热、狂犬病、流行性乙型脑炎、登革热、炭疽、细菌性和阿米巴性痢疾、肺结核、伤寒和副伤寒、流行性脑脊髓膜炎、百日咳、白喉、新生儿破伤风、猩红热、布鲁氏菌病、淋病、梅毒、钩端螺旋体病、血吸虫病、疟疾。丙类传染病是指流行性感冒、流行性腮腺炎、风疹、急性出血性结膜炎、麻风病、流行性和地方性斑疹伤寒、黑热病、包虫病、丝虫病，除霍乱、细菌性和阿米巴性痢疾、伤寒和副伤寒以外的感染性腹泻病。国务院卫生行政部门根据传染病暴发、流行情况和危害程度，可以决定增加、减少或者调整乙类、丙类传染病病种并予以公布。

根据中华人民共和国国家卫生健康委员会公告2020年第1号，新型冠状病毒感染的肺炎纳入《传染病防治法》规定的乙类传染病，并采取甲类传染病的预防、控制措施。2022 年 12 月 26 日，《关于印发新型冠状病毒感染实施“乙类乙管”总体方案的通知》（联防联控机制综发〔2022〕144 号）要求平稳有序实施新型冠状病毒感染“乙类乙管”。

### 5.1.3 传染病预防

1. 日常预防

第十三条规定，各级人民政府组织开展群众性卫生活动，进行预防传染病的健康教育，倡导文明健康的生活方式，提高公众对传染病的防治意识和应对能力，加强环境卫生建设，消除鼠害和蚊、蝇等病媒生物的危害。

各级人民政府农业、水利、林业行政部门按照职责分工负责指导和组织消除农田、湖区、河流、牧场、林区的鼠害与血吸虫危害，以及其他传播传染病的动物和病媒生物的危害。

铁路、交通、民用航空行政部门负责组织消除交通工具以及相关场所的鼠害和蚊、蝇等病媒生物的危害。

预防控制传染病的传播与流行，开展群众性卫生活动，消除传染病的传播媒介是一项重要的基础性工作，因其工作范围广，涉及千家万户、各行各业，所以需要各级人民政府及其有关部门组织领导，其目的是动员社会各界、广大人民群众共同参加卫生活动。

第十四条规定，地方各级人民政府应当有计划地建设和改造公共卫生设施，改善饮用水卫生条件，对污水、污物、粪便进行无害化处置。

第十五条规定，国家实行有计划的预防接种制度。国务院卫生行政部门和省、自治区、直辖市人民政府卫生行政部门，根据传染病预防、控制的需要，制定传染病预防接种规划并组织实施。用于预防接种的疫苗必须符合国家质量标准。

预防接种是控制和消除某些传染病的有效手段之一，是国家贯彻预防为主方针、保护易感人群的重要措施。当前，我国实行有计划预防接种的病种有脊髓灰质炎、麻疹、白喉、百日咳、破伤风、肺结核和乙型肝炎等，一些省份已将乙型脑炎、风疹、流行腮腺炎等纳入常规预防接种病种。

儿童缺少抵抗传染病的免疫力，容易得各种传染病。我国对儿童实行预防接种证制度，国家免疫规划项目的预防接种实行免费。医疗机构、疾病预防控制机构与儿童的监护人应当相互配合，保证儿童及时接受预防接种。

2. 预防控制措施

第十六条规定，国家和社会应当关心、帮助传染病病人、病原携带者和疑似传染病病人，使其得到及时救治。任何单位和个人不得歧视传染病病人、病原携带者和疑似传染病病人。

由于传染病病人、病原携带者随时可以通过各种途径向外界环境排出和扩散病原体，使接触过他（她）的健康人受到感染，疑似传染病病人也有潜在传播风险，为保护公众安全，有必要对传染病病人、病原携带者和疑似传染病病人就业实施特别限制。《传染病防治法》规定，传染病病人、病原携带者和疑似传染病病人，在治愈前或者在排除传染病嫌疑前，不得从事法律、行政法规和国务院卫生行政部门规定禁止从事的易使该传染病扩散的工作。

3. 传染病监测

第十七条规定，国家建立传染病监测制度。传染病监测，是指持续地、系统地收集、分析、解释同传染病预防控制有关的资料，并将解释结果分别报送负责疾病预防控制工作的部门、机构和人员。建立健全国家传染病监测体系是传染病预防控制的重要内容，获得系统的、科学的、真实的传染病预防控制有关信息，并对获得的信息进行细致分析、解释，作出预判、预警，为制定、改进传染病防治对策和措施，提供科学依据。《传染病防治法》规定，国务院卫生行政部门制定国家传染病监测规划和方案，省、自治区、直辖市人民政府卫生行政部门根据国家传染病监测规划和方案，制定本行政区域的传染病监测计划和工作方案。

各级疾病预防控制机构对传染病的发生、流行以及影响其发生、流行的因素进行监测，对国外发生、国内尚未发生的传染病或者国内新发生的传染病进行监测。各级疾病预防控制机构在传染病预防控制中履行下列职责：①实施传染病预防控制规划、计划和方案；②收集、分析和报告传染病监测信息，预测传染病的发生、流行趋势；③开展对传染病疫情和突发公共卫生事件的流行病学调查、现场处理及其效果评价；④开展传染病实验室检测、诊断、病原学鉴定；⑤实施免疫规划，负责预防性生物制品的使用管理；⑥开展健康教育、咨询，普及传染病防治知识；⑦指导、培训下级疾病预防控制机构及其工作人员开展传染病监测工作；⑧开展传染病防治应用性研究和卫生评价，提供技术咨询。国家、省级疾病预防控制机构负责对传染病发生、流行以及分布进行监测，对重大传染病流行趋势进行预测，提出预防控制对策，参与并指导对暴发的疫情进行调查处理，开展传染病病原学鉴定，建立检测质量控制体系，开展应用性研究和卫生评价。设区的市和县级疾病预防控制机构负责传染病预防控制规划、方案的落实，组织实施免疫、消毒、控制病媒生物的危害，普及传染病防治知识，负责本地区疫情和突发公共卫生事件监测、报告，开展流行病学调查和常见病原微生物检测。

4. 传染病预警

第十九条规定，国家建立传染病预警制度。预警是指根据传染病疫情报告、监测资料，或者国际、国内疫情信息，对某种传染病或者不明原因疾病进行分析评估，对可能引起传染病在人群中发生、暴发、流行发出警示信息，并采取应对措施。《传染病防治法》规定，国务院卫生行政部门和省、自治区、直辖市人民政府根据传染病发生、流行趋势的预测，及时发出传染病预警，根据情况予以公布。

传染病预警信息的及时公布，有利于专业机构提高警惕，提前做好应对准备，有利于大众的积极戒备，防止传染病疫情发生造成的重大损失。但是，错误的预警信息有可能引起大众不必要的惊慌，造成不必要的动荡。所以，传染病预警信息的及时、科学、准确是非常重要的。

### 5.1.4　疫情报告、通报和公布

1. 疫情信息报告

第三十一条规定，任何单位和个人发现传染病病人或者疑似传染病病人时，应当及时

向附近的疾病预防控制机构或者医疗机构报告。

疾病预防控制机构、医疗机构和采供血机构及其执行职务的人员发现本法规定的传染病疫情或者发现其他传染病暴发、流行以及突发原因不明的传染病时，应当遵循疫情报告属地管理原则，按照国务院规定的或者国务院卫生行政部门规定的内容、程序、方式和时限报告。

军队所属医疗卫生机构发现地方就诊的传染病病人、病原携带者、疑似传染病病人时，应当按照属地管理原则向所在地疾病预防控制机构报告。

属地管理原则是指任何单位和个人发现传染病病人后，按照行政管理区域，及时报告所在地县级疾病预防控制机构，再由县级疾病预防控制机构逐级上报或直报。

港口、机场、铁路疾病预防控制机构以及国境卫生检疫机关发现甲类传染病病人、病原携带者、疑似传染病病人时，应当按照国家有关规定立即向国境口岸所在地的疾病预防控制机构或者所在地县级以上地方人民政府卫生行政部门报告并互相通报。

2. 疫情信息通报

第三十五条规定，国务院卫生行政部门应当及时向国务院其他有关部门和各省、自治区、直辖市人民政府卫生行政部门通报全国传染病疫情以及监测、预警的相关信息。毗邻的以及相关的地方人民政府卫生行政部门，应当及时互相通报本行政区域的传染病疫情以及监测、预警的相关信息。县级以上地方人民政府卫生行政部门应当及时向本行政区域内的疾病预防控制机构和医疗机构通报传染病疫情以及监测、预警的相关信息。县级以上人民政府有关部门发现传染病疫情时，应当及时向同级人民政府卫生行政部门通报。中国人民解放军卫生主管部门发现传染病疫情时，应当向国务院卫生行政部门通报。

动物防疫机构和疾病预防控制机构，应当及时互相通报动物间和人间发生的人畜共患传染病疫情以及相关信息。人畜共患传染病是指某些传染病的病原体在自然界野生动物中长期保存，并可造成动物间流行，在一定条件下可感染人的传染病，如鼠疫、流行性出血热、狂犬病、黑热病、血吸虫病等。

3. 疫情信息公布

第三十八条规定，国家建立传染病疫情信息公布制度。国务院卫生行政部门定期公布全国传染病疫情信息；省、自治区、直辖市人民政府卫生行政部门定期公布本行政区域的传染病疫情信息。

在传染病暴发、流行时，及时告知有关部门、有关机构及大众关于传染病疫情信息的情况，是非常必要的。传染病暴发、流行时，国务院卫生行政部门负责向社会公布传染病疫情信息，并可以授权省、自治区、直辖市人民政府卫生行政部门向社会公布本行政区域的传染病疫情信息。

公布传染病疫情信息应当及时、准确，这样才有利于传染病疫情的控制工作。虚假、错误、延迟的信息只会更加增大公众的疑虑和恐慌心理。

### 5.1.5 疫情控制

1. 控制对象和措施

第三十九条规定，医疗机构发现甲类传染病时，应当及时采取下列措施：①对病人、病原携带者，予以隔离治疗，隔离期限根据医学检查结果确定；②对疑似病人，确诊前在指定场所单独隔离治疗；③对医疗机构内的病人、病原携带者、疑似病人的密切接触者，在指定场所进行医学观察和采取其他必要的预防措施。接受隔离治疗是任何人都应当严格履行的法定义务，拒绝隔离治疗或者隔离期未满擅自脱离隔离治疗的，可以由公安机关协助医疗机构采取强制隔离治疗措施。

医疗机构发现乙类或者丙类传染病病人，应当根据病情采取必要的治疗和控制传播措施。医疗机构对本单位内被传染病病原体污染的场所、物品以及医疗废物，必须依照法律、法规的规定实施消毒和无害化处置。

2. 隔离措施权限和程序

第四十一条规定，对已经发生甲类传染病病例的场所或者该场所内的特定区域的人员，所在地的县级以上地方人民政府可以实施隔离措施，并同时向上一级人民政府报告；接到报告的上级人民政府应当即时作出是否批准的决定。上级人民政府作出不予批准决定的，实施隔离措施的人民政府应当立即解除隔离措施。

在隔离期间，实施隔离措施的人民政府应当对被隔离人员提供生活保障；被隔离人员有工作单位的，所在单位不得停止支付其隔离期间的工作报酬。这里包括建筑工地打工的农民工、个体工商户的雇工等。

本着谁决定、谁解除的原则，隔离措施的解除由原决定机关决定并宣布。

3. 政府紧急措施

第四十二条规定，传染病暴发、流行时，县级以上地方人民政府应当立即组织力量，按照预防、控制预案进行防治，切断传染病的传播途径，必要时，报经上一级人民政府决定，可以采取下列紧急措施并予以公告：①限制或者停止集市、影剧院演出或者其他人群聚集的活动；②停工、停业、停课；③封闭或者封存被传染病病原体污染的公共饮用水源、食品以及相关物品；④控制或者扑杀染疫野生动物、家畜家禽；⑤封闭可能造成传染病扩散的场所。上级人民政府接到下级人民政府关于采取前款所列紧急措施的报告时，应当即时作出决定。

紧急措施的解除，由原决定机关决定并宣布。

4. 疫区

第四十三条规定，甲类、乙类传染病暴发、流行时，县级以上地方人民政府报经上一级人民政府决定，可以宣布本行政区域部分或者全部为疫区；国务院可以决定并宣布跨省、自治区、直辖市的疫区。县级以上地方人民政府可以在疫区内采取紧急措施，并可以对出入疫区的人员、物资和交通工具实施卫生检疫。省、自治区、直辖市人民政府可以决定对本行政区域内的甲类传染病疫区实施封锁；但是，封锁大、中城市的疫区或封锁跨省、自治区、直辖市的疫区，以及封锁疫区导致中断干线交通或者封锁国境的，由国务院决定。疫区封锁的解除，由原决定机关决定并宣布。

疫区是指发生传染病流行或者可能是传染病聚集发生的地区。为防止因出入疫区的人员、物资和交通工具等将疫区传染病的病原体和媒介生物带出疫区，造成新的疫点和疫区，引起更大范围的暴发、流行，必须对进出疫区的人员进行医学观察、检查，限制不必要人群进入，并对疫区内的物资和交通工具进行卫生处理，在消除了污染后的病原体、媒介生物才可离开疫区。

实行封锁的疫区，可由当地政府组织公安等有关部门，在通往疫区的出入口设立检查点，阻止疫区内外人员和交通的流动，以便切断传染病的传播途径。

5. 交通卫生检疫规定

第四十四条规定，发生甲类传染病时，为了防止该传染病通过交通工具及其乘运的人员、物资传播，可以实施交通卫生检疫。

交通卫生检疫的主要内容包括对进出疫区人员在指定场所接受医学检查和观察，以便及时发现传染病病人和疑似传染病病人，对交通工具及物品、媒介生物进行卫生检查和卫生处理，限制疫区与非疫区间的交往等，有关单位和个人都必须遵守和接受疾病预防控制机构按照有关规定作出的检疫处理。

6. 紧急调度规定

第四十五条规定，传染病暴发、流行时，根据传染病疫情控制的需要，国务院有权在全国范围或者跨省、自治区、直辖市范围内，县级以上地方人民政府有权在本行政区域内紧急调集人员或者调用储备物资，临时征用房屋、交通工具以及相关设施、设备。

紧急调集人员的，应当按照规定给予合理报酬。临时征用房屋、交通工具以及相关设施、设备的，应当依法给予补偿；能返还的，应当及时返还。

## 5.1.6 医疗救治

1. 医疗救治机构

第五十条规定，县级以上人民政府应当加强和完善传染病医疗救治服务网络的建设，指定具备传染病救治条件和能力的医疗机构承担传染病救治任务，或者根据传染病救治需要设置传染病医院。

医疗救治服务网络由医疗救治机构（含急救机构和治疗机构）、医疗救治信息网络和医疗救治专业技术人员组成。

医疗机构应当预防与控制医院感染和医源性感染，提高传染病救治能力。《传染病防治法》第五十一条规定，医疗机构的基本标准、建筑设计和服务流程，应当符合预防传染病医院感染的要求；应当按照规定对使用的医疗器械进行消毒；对按照规定一次使用的医疗器具，应当在使用后予以销毁；应当按照国务院卫生行政部门规定的传染病诊断标准和治疗要求，采取相应措施，提高传染病医疗救治能力。

2. 医疗救治

第五十二条规定，医疗机构应当对传染病病人或者疑似传染病病人提供医疗救护、现场救援和接诊治疗，书写病历记录以及其他有关资料，并妥善保管；应当实行传染病预检、分诊制度；对传染病病人、疑似传染病病人，应当引导至相对隔离的分诊点进行初诊；不具备相应救治能力的，应当将患者及其病历记录复印件一并转至具备相应救治能力的医疗机构。

预检、分诊制度是指医疗机构安排经传染病知识培训的各科室医师，在接诊过程中对来诊病人进行传染病预检，经预检为传染病病人或者疑似传染病病人的，分诊至感染性疾病科或者分诊点就诊的就医程序。传染病预检、分诊制度可以减少传染病病人和疑似病人与其他病人的接触机会，也可以减少传染病病人和疑似病人之间的接触机会，既有效预防与控制传染病在医疗机构内传播，又方便传染病病人或疑似病人就医，十分必要。

### 5.1.7 法律责任

1. 各级政府的法律责任

第六十五条规定，地方各级人民政府未依照《传染病防治法》的规定履行报告职责，或者隐瞒、谎报、缓报传染病疫情，或者在传染病暴发、流行时，未及时组织救治、采取控制措施的，由上级人民政府责令改正，通报批评；造成传染病传播、流行或者其他严重后果的，对负有责任的主管人员，依法给予行政处分；构成犯罪的，依法追究刑事责任。

2. 各级政府卫生行政部门的法律责任

第六十六条规定，县级以上人民政府卫生行政部门违反本法规定，有下列情形之一的，由本级人民政府、上级人民政府卫生行政部门责令改正，通报批评；造成传染病传播、流行或者其他严重后果的，对负有责任的主管人员和其他直接责任人员，依法给予行政处分；构成犯罪的，依法追究刑事责任：①未依法履行传染病疫情通报、报告或者公布职责，或者隐瞒、谎报、缓报传染病疫情的；②发生或者可能发生传染病传播时未及时采取预防、控制措施的；③未依法履行监督检查职责，或者发现违法行为不及时查处的；④未及时调查、处理单位和个人对下级卫生行政部门不履行传染病防治职责的举报的；⑤违反本法的其他失职、渎职行为。

3. 疾病预防控制机构的法律责任

第六十八条规定，疾病预防控制机构违反本法规定，有下列情形之一的，由县级以上人民政府卫生行政部门责令限期改正，通报批评，给予警告；对负有责任的主管人员和其他直接责任人员，依法给予降级、撤职、开除的处分，并可以依法吊销有关责任人员的执业证书；构成犯罪的，依法追究刑事责任：①未依法履行传染病监测职责的；②未依法履行传染病疫情报告、通报职责，或者隐瞒、谎报、缓报传染病疫情的；③未主动收集传染病疫情信息，或者对传染病疫情信息和疫情报告未及时进行分析、调查、核实的；④发现传染病疫情时，未依据职责及时采取本法规定的措施的；⑤故意泄露传染病病人、病原携带者、疑似传染病病人、密切接触者涉及个人隐私的有关信息、资料的。

4. 医疗机构的法律责任

第六十九条规定，医疗机构违反本法规定，有下列情形之一的，由县级以上人民政府卫生行政部门责令改正，通报批评，给予警告；造成传染病传播、流行或者其他严重后果的，对负有责任的主管人员和其他直接责任人员，依法给予降级、撤职、开除的处分，并可以依法吊销有关责任人员的执业证书；构成犯罪的，依法追究刑事责任：①未按照规定承担本单位的传染病预防、控制工作、医院感染控制任务和责任区域内的传染病预防工作的；②未按照规定报告传染病疫情，或者隐瞒、谎报、缓报传染病疫情的；③发现传染病疫情时，未按照规定对传染病病人、疑似传染病病人提供医疗救护、现场救援、接诊、转诊的，或者拒绝接受转诊的；④未按照规定对本单位内被传染病病原体污染的场所、物品以及医疗废物实施消毒或者无害化处置的；⑤未按照规定对医疗器械进行消毒，或者对按照规定一次使用的医疗器具未予销毁，再次使用的；⑥在医疗救治过程中未按照规定保管医学记录资料的；⑦故意泄露传染病病人、病原携带者、疑似传染病病人、密切接触者涉及个人隐私的有关信息、资料的。

5. 生产经营者的法律责任

铁路、交通、民用航空经营单位未依法优先运送处理传染病疫情的人员以及防治传染病的药品和医疗器械的，由有关部门责令限期改正，给予警告；造成严重后果的，对负有责任的主管人员和其他直接责任人员，依法给予降级、撤职、开除的处分。

饮用水供水单位供应的饮用水不符合国家卫生标准和卫生规范的；涉及饮用水卫生安全的产品不符合国家卫生标准和卫生规范的；用于传染病防治的消毒产品不符合国家卫生标准和卫生规范的；出售、运输疫区中被传染病病原体污染或者可能被传染病病原体污染的物品，未进行消毒处理的；生物制品生产单位生产的血液制品不符合国家质量标准的。有上述情形之一的，导致或者可能导致传染病传播、流行的，由县级以上人民政府卫生行政部门责令限期改正，没收违法所得，可以并处五万元以下的罚款；已取得许可证的，原发证部门可以依法暂扣或者吊销许可证；构成犯罪的，依法追究刑事责任。

未经检疫出售、运输与人畜共患传染病有关的野生动物、家畜家禽的，由县级以上地方人民政府畜牧兽医行政部门责令停止违法行为，并依法给予行政处罚。

## 5.2 突发公共卫生事件应急条例

《突发公共卫生事件应急条例》是为了有效预防、及时控制和消除突发公共卫生事件的危害，保障公众身体健康与生命安全，维护正常的社会秩序而制定的行政法规。该法规于2003年5月7日国务院第7次常务会议通过，2003年5月9日国务院令第376号公布实施；2011年1月8日根据国务院令第588号《国务院关于废止和修改部分行政法规的决定》第一次修订。

### 5.2.1 总则

突发公共卫生事件，是指突然发生，造成或者可能造成社会公众健康严重损害的重大传染病疫情、群体性不明原因疾病、重大食物和职业中毒以及其他严重影响公众健康的事件。

1. 突发公共卫生事件应急工作遵循的原则

第五条规定，突发公共卫生事件应急工作，应当遵循预防为主、常备不懈的方针，贯彻统一领导、分级负责、反应及时、措施果断、依靠科学、加强合作的原则。

2. 各级政府、卫生行政部门和其他有关部门的职责

（1）国务院有关部门和县级以上地方人民政府及其有关部门，应当建立严格的突发公共卫生事件防范和应急处理责任制，切实履行各自的职责，保证突发公共卫生事件应急处理工作的正常进行。

（2）突发公共卫生事件发生后，国务院设立全国突发公共卫生事件应急处理指挥部，由国务院有关部门和军队有关部门组成，国务院主管领导人担任总指挥，负责对全国突发公共卫生事件应急处理的统一领导、统一指挥。

国务院卫生行政主管部门和其他有关部门，在各自的职责范围内做好突发公共卫生事件应急处理的有关工作。

(3) 突发公共卫生事件发生后，省、自治区、直辖市人民政府成立地方突发公共卫生事件应急处理指挥部，省、自治区、直辖市人民政府主要领导人担任总指挥，负责领导、指挥本行政区域内突发公共卫生事件应急处理工作。

县级以上地方人民政府卫生行政主管部门，具体负责组织突发公共卫生事件的调查、控制和医疗救治工作。

县级以上地方人民政府有关部门，在各自的职责范围内做好突发公共卫生事件应急处理的有关工作。

2003 年 5 月 15 日，温家宝总理在贯彻实施《突发公共卫生事件应急条例》座谈会上发表重要讲话，提出各级政府要按照《突发公共卫生事件应急条例》的要求，突出抓好四项工作。

一是建立统一的指挥系统。各级政府及其有关部门要认真履行法定职责，建立严格的突发公共卫生事件防范和应急处理责任制。坚持统一领导、分级负责、反应及时、措施果断、依靠科学、加强合作的原则，尽职尽责地做好工作。

二是建立畅通的信息网络。卫生部门要在全国范围内建立健全重大、紧急疫情信息报告系统，各地要建立从省到村的疫情信息网络。严格执行疫情报告制度和信息发布制度，任何单位和个人都不得隐瞒、缓报、谎报疫情。

三是建立和完善疾病预防控制和应急救治体系。从中央到省地县都要建立疾病预防控制中心。县级以上都要配备相应的医疗救治药物、技术、设备和人员，提高医疗卫生机构应对突发公共卫生事件的救治能力。省地两级应设置传染病专科医院，或指定具备传染病防治条件和能力的医疗机构承担传染病防治任务。

四是建立应急医疗卫生队伍。各省区市都要建立一支随时能够处置突发疫情的机动应急医疗卫生队伍，作为应对各类突发公共卫生事件的重要力量。

### 5.2.2 预防与应急准备

1. 突发公共卫生事件应急预案

第十条规定，国务院卫生行政主管部门按照分类指导、快速反应的要求，制定全国突发公共卫生事件应急预案，报请国务院批准。省、自治区、直辖市人民政府根据全国突发公共卫生事件应急预案，结合本地实际情况，制定本行政区域的突发公共卫生事件应急预案。

全国突发公共卫生事件应急预案应当包括以下主要内容：①突发公共卫生事件应急处理指挥部的组成和相关部门的职责；②突发公共卫生事件的监测与预警；③突发公共卫生事件信息的收集、分析、报告、通报制度；④突发公共卫生事件应急处理技术和监测机构及其任务；⑤突发公共卫生事件的分级和应急处理工作方案；⑥突发公共卫生事件预防、现场控制，应急设施、设备、救治药品和医疗器械以及其他物资和技术的储备与调度；⑦突发公共卫生事件应急处理专业队伍的建设和培训。

第十二条规定，突发公共卫生事件应急预案应当根据突发公共卫生事件的变化和实施中发现的问题及时进行修订、补充。

2. 突发公共卫生事件预防控制体系

第十四条规定，国家建立统一的突发公共卫生事件预防控制体系。县级以上地方人民政府应当建立和完善突发公共卫生事件监测与预警系统。县级以上各级人民政府卫生行政主管部门，应当指定机构负责开展突发公共卫生事件的日常监测，并确保监测与预警系统的正常运行。

3. 药品、器械等供应保障

第十六条规定，国务院有关部门和县级以上地方人民政府及其有关部门，应当根据突发公共卫生事件应急预案的要求，保证应急设施、设备、救治药品和医疗器械等物资储备。

### 5.2.3 报告与信息发布

国务院建立突发公共卫生事件报告制度。国务院卫生行政主管部门制定突发公共卫生事件应急报告规范，建立重大、紧急疫情信息报告系统。

1. 突发公共卫生事件报告

根据第十九条、第二十条、第二十一条规定，突发公共卫生事件监测机构、医疗卫生机构和有关单位发现有下列情形之一的，应当在 2 小时内向所在地县级人民政府卫生行政主管部门报告；接到报告的卫生行政主管部门应当在 2 小时内向本级人民政府报告，并同时向上级人民政府卫生行政主管部门和国务院卫生行政主管部门报告：①发生或者可能发生传染病暴发、流行的；②发生或者发现不明原因的群体性疾病的；③发生传染病菌种、毒种丢失的；④发生或者可能发生重大食物和职业中毒事件的。

县级人民政府应当在接到报告后 2 小时内向设区的市级人民政府或者上一级人民政府报告；设区的市级人民政府应当在接到报告后 2 小时内向省、自治区、直辖市人民政府报告。省、自治区、直辖市人民政府应当在接到报告 1 小时内，向国务院卫生行政主管部门报告。国务院卫生行政主管部门对可能造成重大社会影响的突发公共卫生事件，应当立即向国务院报告。

任何单位和个人对突发公共卫生事件，不得隐瞒、缓报、谎报或者授意他人隐瞒、缓报、谎报。

本条例对疫情的报告时限作了具体的规定。一般情况下，疫情的逐级上报时限最长为 9 小时，如图 5－1 所示。

2. 突发公共卫生事件的通报

第二十三条规定，国务院卫生行政主管部门应当根据发生突发公共卫生事件的情况，及时向国务院有关部门和各省、自治区、直辖市人民政府卫生行政主管部门以及军队有关部门通报。突发公共卫生事件发生地的省、自治区、直辖市人民政府卫生行政主管部门，应当及时向毗邻省、自治区、直辖市人民政府卫生行政主管部门通报。接到通报的省、自治区、直辖市人民政府卫生行政主管部门，必要时应当及时通知本行政区域内的医疗卫生机构。县级以上地方人民政府有关部门在已经发生或者发现可能引起突发公共卫生事件的情形时，应当及时向同级人民政府卫生行政主管部门通报。

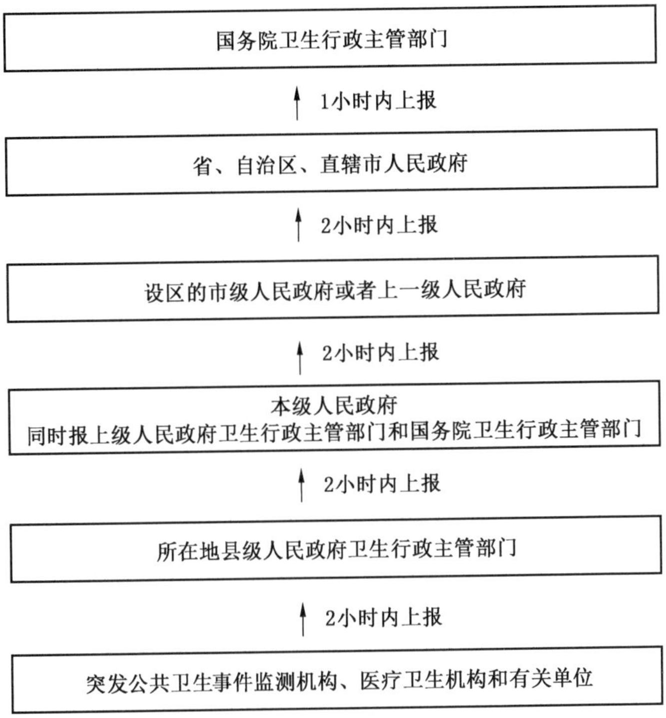

国务院卫生行政主管部门

↑ 1小时内上报

省、自治区、直辖市人民政府

↑ 2小时内上报

设区的市级人民政府或者上一级人民政府

↑ 2小时内上报

本级人民政府
同时报上级人民政府卫生行政主管部门和国务院卫生行政主管部门

↑ 2小时内上报

所在地县级人民政府卫生行政主管部门

↑ 2小时内上报

突发公共卫生事件监测机构、医疗卫生机构和有关单位

图5-1 突发公共卫生事件的报告部门及报告时限

3. 突发公共卫生事件的发布

第二十五条规定，国家建立突发公共卫生事件的信息发布制度。国务院卫生行政主管部门负责向社会发布突发公共卫生事件的信息。必要时，可以授权省、自治区、直辖市人民政府卫生行政主管部门向社会发布本行政区域内突发公共卫生事件的信息。信息发布应当及时、准确、全面。

### 5.2.4 应急处理

1. 突发公共卫生事件应急预案的启动

突发公共卫生事件发生后，卫生行政主管部门组织专家对突发公共卫生事件进行综合评估，初步判断突发公共卫生事件的类型，提出是否启动突发公共卫生事件应急预案的建议。

在全国范围内或者跨省、自治区、直辖市范围内启动全国突发公共卫生事件应急预案，报国务院批准后实施。省、自治区、直辖市启动突发公共卫生事件应急预案，由省、自治区、直辖市人民政府决定，并向国务院报告。

2. 应急处理指挥部与政府及医疗卫生等机构的关系

第二十八条、第三十一条规定，全国突发公共卫生事件应急处理指挥部对突发公共卫生事件应急处理工作进行督察和指导，地方各级人民政府及其有关部门应当予以配合。

省、自治区、直辖市突发公共卫生事件应急处理指挥部对本行政区域内突发公共卫生事件应急处理工作进行督察和指导。应急预案启动后，突发公共卫生事件发生地的人民政府有关部门，应当根据预案规定的职责要求，服从突发公共卫生事件应急处理指挥部的统一指挥，立即到达规定岗位，采取有关的控制措施。医疗卫生机构、监测机构和科学研究机构，应当服从突发公共卫生事件应急处理指挥部的统一指挥，相互配合、协作，集中力量开展相关的科学研究工作。

3. 政府及有关部门在保障医疗物资生产、供应方面的法定职责

第三十二条规定，突发公共卫生事件发生后，国务院有关部门和县级以上地方人民政府及其有关部门，应当保证突发公共卫生事件应急处理所需的医疗救护设备、救治药品、医疗器械等物资的生产、供应；铁路、交通、民用航空行政主管部门应当保证及时运送。

4. 医疗卫生机构的法定职责

第三十九条规定，医疗卫生机构应当对因突发公共卫生事件致病的人员提供医疗救护和现场救援，对就诊病人必须接诊治疗，并书写详细、完整的病历记录；对需要转送的病人，应当按照规定将病人及其病历记录的复印件转送至接诊的或者指定的医疗机构。医疗卫生机构内应当采取卫生防护措施，防止交叉感染和污染。医疗卫生机构应当对传染病病人密切接触者采取医学观察措施，传染病病人密切接触者应当予以配合。医疗机构收治传染病病人、疑似传染病病人，应当依法报告所在地的疾病预防控制机构。接到报告的疾病预防控制机构应当立即对可能受到危害的人员进行调查，根据需要采取必要的控制措施。

5. 街道、乡镇以及居（村）民委员会的职责

第四十条规定，传染病暴发、流行时，街道、乡镇以及居民委员会、村民委员会应当组织力量，团结协作，群防群治，协助卫生行政主管部门和其他有关部门、医疗卫生机构做好疫情信息的收集和报告、人员的分散隔离、公共卫生措施的落实工作，向居民、村民宣传传染病防治的相关知识。

6. 处理突发公共卫生事件的应急措施

第三十三条规定，根据突发公共卫生事件应急处理的需要，突发公共卫生事件应急处理指挥部有权紧急调集人员、储备的物资、交通工具以及相关设施、设备；必要时，对人员进行疏散或者隔离，并可以依法对传染病疫区实行封锁。

第三十四条规定，突发公共卫生事件应急处理指挥部根据突发公共卫生事件应急处理的需要，可以对食物和水源采取控制措施。

县级以上地方人民政府卫生行政主管部门应当对突发公共卫生事件现场等采取控制措施，宣传突发公共卫生事件防治知识，及时对易受感染的人群和其他易受损害的人群采取应急接种、预防性投药、群体防护等措施。

### 5.2.5 法律责任

1. 政府及其部门需承担的法律责任

第四十五条至第四十九条相关法律责任规定如下。

（1）县级以上地方人民政府及其卫生行政主管部门未依照本条例的规定履行报告职

责，对突发公共卫生事件隐瞒、缓报、谎报或者授意他人隐瞒、缓报、谎报的，对政府主要领导人及其卫生行政主管部门主要负责人，依法给予降级或者撤职的行政处分；造成传染病传播、流行或者对社会公众健康造成其他严重危害后果的，依法给予开除的行政处分；构成犯罪的，依法追究刑事责任。

(2) 国务院有关部门、县级以上地方人民政府及其有关部门未依照本条例的规定，完成突发公共卫生事件应急处理所需要的设施、设备、药品和医疗器械等物资的生产、供应、运输和储备的，对政府主要领导人和政府部门主要负责人依法给予降级或者撤职的行政处分；造成传染病传播、流行或者对社会公众健康造成其他严重危害后果的，依法给予开除的行政处分；构成犯罪的，依法追究刑事责任。

(3) 突发公共卫生事件发生后，县级以上地方人民政府及其有关部门对上级人民政府有关部门的调查不予配合，或者采取其他方式阻碍、干涉调查的，对政府主要领导人和政府部门主要负责人依法给予降级或者撤职的行政处分；构成犯罪的，依法追究刑事责任。

(4) 县级以上各级人民政府卫生行政主管部门和其他有关部门在突发公共卫生事件调查、控制、医疗救治工作中玩忽职守、失职、渎职的，由本级人民政府或者上级人民政府有关部门责令改正、通报批评、给予警告；对主要负责人、负有责任的主管人员和其他责任人员依法给予降级、撤职的行政处分；造成传染病传播、流行或者对社会公众健康造成其他严重危害后果的，依法给予开除的行政处分；构成犯罪的，依法追究刑事责任。

(5) 县级以上各级人民政府有关部门拒不履行应急处理职责的，由同级人民政府或者上级人民政府有关部门责令改正、通报批评、给予警告；对主要负责人、负有责任的主管人员和其他责任人员依法给予降级、撤职的行政处分；造成传染病传播、流行或者对社会公众健康造成其他严重危害后果的，依法给予开除的行政处分；构成犯罪的，依法追究刑事责任。

2. 医疗卫生机构需承担的法律责任

第五十条规定，医疗卫生机构有下列行为之一的，由卫生行政主管部门责令改正、通报批评、给予警告；情节严重的，吊销《医疗机构执业许可证》；对主要负责人、负有责任的主管人员和其他直接责任人员依法给予降级或者撤职的纪律处分；造成传染病传播、流行或者对社会公众健康造成其他严重危害后果，构成犯罪的，依法追究刑事责任：①未依照本条例的规定履行报告职责，隐瞒、缓报或者谎报的；②未依照本条例的规定及时采取控制措施的；③未依照本条例的规定履行突发公共卫生事件监测职责的；④拒绝接诊病人的；⑤拒不服从突发公共卫生事件应急处理指挥部调度的。

3. 有关单位和个人需承担的法律责任

第五十一条规定，在突发公共卫生事件应急处理工作中，有关单位和个人未依照本条例的规定履行报告职责，隐瞒、缓报或者谎报，阻碍突发公共卫生事件应急处理工作人员执行职务，拒绝国务院卫生行政主管部门或者其他有关部门指定的专业技术机构进入突发公共卫生事件现场，或者不配合调查、采样、技术分析和检验的，对有关责任人员依法给予行政处分或者纪律处分；触犯《中华人民共和国治安管理处罚法》，构成违反治安管理行为的，由公安机关依法予以处罚；构成犯罪的，依法追究刑事责任。

## 5.3 重大动物疫情应急条例

《重大动物疫情应急条例》是为了迅速控制、扑灭重大动物疫情，保障养殖业生产安全，保护公众身体健康与生命安全，维护正常的社会秩序而制定的行政法规，该条例于2005年11月16日国务院第113次常务会议通过，2005年11月18日国务院令第450号公布。2017年10月7日国务院令第687号公布了《国务院关于修改部分行政法规的决定》，修正后的《重大动物疫情应急条例》自公布之日起实施。

### 5.3.1 总则

重大动物疫情，是指高致病性禽流感等发病率或者死亡率高的动物疫病突然发生，迅速传播，给养殖业生产安全造成严重威胁、危害，以及可能对公众身体健康与生命安全造成危害的情形，包括特别重大动物疫情。

1. 重大动物疫情应急工作方针

第三条规定，重大动物疫情应急工作应当坚持加强领导、密切配合，依靠科学、依法防治，群防群控、果断处置的方针，及时发现，快速反应，严格处理，减少损失。

2. 重大动物疫情应急工作原则

第四条规定，重大动物疫情应急工作按照属地管理的原则，实行政府统一领导、部门分工负责，逐级建立责任制。县级以上人民政府兽医主管部门具体负责组织重大动物疫情的监测、调查、控制、扑灭等应急工作。县级以上人民政府林业主管部门、兽医主管部门按照职责分工，加强对陆生野生动物疫源疫病的监测。县级以上人民政府其他有关部门在各自的职责范围内，做好重大动物疫情的应急工作。

第五条规定，出入境检验检疫机关应当及时收集境外重大动物疫情信息，加强进出境动物及其产品的检验检疫工作，防止动物疫病传入和传出。兽医主管部门要及时向出入境检验检疫机关通报国内重大动物疫情。

### 5.3.2 应急准备

1. 国务院兽医主管部门

第九条规定，国务院兽医主管部门应当制定全国重大动物疫情应急预案，报国务院批准，并按照不同动物疫病病种及其流行特点和危害程度，分别制定实施方案，报国务院备案。

重大动物疫情应急预案及其实施方案应当根据疫情的发展变化和实施情况，及时修改、完善。

重大动物疫情应急预案主要包括下列内容：①应急指挥部的职责、组成以及成员单位的分工；②重大动物疫情的监测、信息收集、报告和通报；③动物疫病的确认、重大动物疫情的分级和相应的应急处理工作方案；④重大动物疫情疫源的追踪和流行病学调查分析；⑤预防、控制、扑灭重大动物疫情所需资金的来源、物资和技术的储备与调度；⑥重大动物疫情应急处理设施和专业队伍建设。

2. 国务院有关部门

第十一条规定，国务院有关部门应当根据重大动物疫情应急预案的要求，确保应急处理所需的疫苗、药品、设施设备和防护用品等物资的储备。

3. 县级以上地方人民政府

根据第九条、第十一条至第十四条规定，县级以上地方人民政府应当做好以下应急准备。

（1）根据本地区的实际情况，制定本行政区域的重大动物疫情应急预案，报上一级人民政府兽医主管部门备案。

（2）根据重大动物疫情应急预案的要求，确保应急处理所需的疫苗、药品、设施设备和防护用品等物资的储备。

（3）建立和完善重大动物疫情监测网络和预防控制体系，加强动物防疫基础设施和乡镇动物防疫组织建设，并保证其正常运行，提高对重大动物疫情的应急处理能力。

（4）根据重大动物疫情应急需要，可以成立应急预备队（由当地兽医行政管理人员、动物防疫工作人员、有关专家、执业兽医等组成；必要时可以组织动员社会上有一定专业知识的人员参加），在重大动物疫情应急指挥部的指挥下以及在公安机关、中国人民武装警察部队的协助下，具体承担疫情的控制和扑灭任务。应急预备队应定期进行技术培训和应急演练。

（5）加强对重大动物疫情应急知识和重大动物疫病科普知识的宣传，增强全社会的重大动物疫情防范意识。

4. 县级以上地方人民政府兽医主管部门

（1）县级以上地方人民政府兽医主管部门，应当按照不同动物疫病病种及其流行特点和危害程度，分别制定实施方案。

（2）兽医主管部门应当加强对重大动物疫情应急知识和重大动物疫病科普知识的宣传，增强全社会的重大动物疫情防范意识。

5. 县级以上地方人民政府有关部门

第十一条规定，县级以上地方人民政府有关部门应根据重大动物疫情应急预案的要求，确保应急处理所需的疫苗、药品、设施设备和防护用品等物资的储备。

### 5.3.3 监测、报告和公布

1. 监测

第十五条规定，重大动物疫情的监测由动物防疫监督机构负责，饲养、经营动物和生产、经营动物产品的单位和个人应当配合，不得拒绝和阻碍。

第二十三条规定，发生重大动物疫情可能感染人群时，卫生主管部门应对疫区内易受感染的人群进行监测，并采取相应的预防、控制措施。

2. 报告

重大动物疫情报告有严格的“时间表”。发现重大动物疫情后，从县（市）动物防疫监督机构接到报告后逐级上报至国务院的时限最长为 8 小时，如图 5－2 所示。

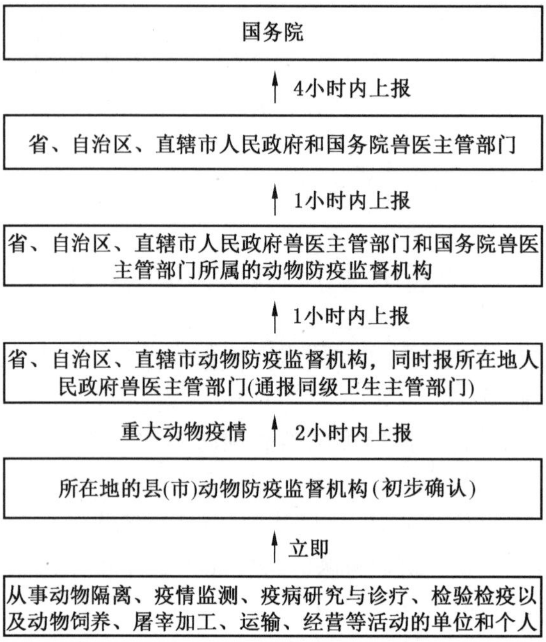

国务院

↑ 4小时内上报

省、自治区、直辖市人民政府和国务院兽医主管部门

↑ 1小时内上报

省、自治区、直辖市人民政府兽医主管部门和国务院兽医主管部门所属的动物防疫监督机构

↑ 1小时内上报

省、自治区、直辖市动物防疫监督机构，同时报所在地人民政府兽医主管部门(通报同级卫生主管部门)

重大动物疫情 ↑ 2小时内上报

所在地的县(市)动物防疫监督机构(初步确认)

↑ 立即

从事动物隔离、疫情监测、疫病研究与诊疗、检验检疫以及动物饲养、屠宰加工、运输、经营等活动的单位和个人

图5-2 重大动物疫情的报告部门及报告时限

（1）从事动物隔离、疫情监测、疫病研究与诊疗、检验检疫以及动物饲养、屠宰加工、运输、经营等活动的有关单位和个人，发现动物出现群体发病或者死亡的，应立即向所在地的县（市）动物防疫监督机构报告。

（2）县（市）动物防疫监督机构接到报告后，应当立即赶赴现场调查核实。初步认为属于重大动物疫情的，应当在2小时内将情况逐级报省、自治区、直辖市动物防疫监督机构，并同时报所在地人民政府兽医主管部门；兽医主管部门应及时通报同级卫生主管部门。

（3）省、自治区、直辖市动物防疫监督机构应当在接到报告后1小时内，向省、自治区、直辖市人民政府兽医主管部门和国务院兽医主管部门所属的动物防疫监督机构报告。

（4）省、自治区、直辖市人民政府兽医主管部门应当在接到报告后1小时内报本级人民政府和国务院兽医主管部门。

（5）重大动物疫情发生后，省、自治区、直辖市人民政府和国务院兽医主管部门应当在4小时内向国务院报告。

重大动物疫情报告内容包括：①疫情发生的时间、地点；②染疫、疑似染疫动物种类和数量、同群动物数量、免疫情况、死亡数量、临床症状、病理变化、诊断情况；③流行病学和疫源追踪情况；④已采取的控制措施；⑤疫情报告的单位、负责人、报告人及联系方式。

3. 公布

重大动物疫情由省、自治区、直辖市人民政府兽医主管部门认定；必要时由国务院兽医主管部门认定。认定的重大动物疫情由国务院兽医主管部门按照国家规定的程序及时准确公布；其他任何单位和个人不得公布重大动物疫情。

《重大动物疫情应急条例》第二十一条至第二十五条规定如下：

(1) 重大动物疫病应当由动物防疫监督机构采集病料，其他单位和个人需具备规定的条件方可采集病料。条件包括：①重大动物疫病病料采集目的、病原微生物的用途符合国务院兽医主管部门的规定；②具有与采集病料相适应的动物病原微生物实验室条件；③具有与采集病料所需要的生物安全防护水平相适应的设备，以及防止病原感染和扩散的有效措施。

(2) 国务院兽医主管部门应当及时向国务院有关部门和军队有关部门以及各省、自治区、直辖市人民政府兽医主管部门通报重大动物疫情的发生和处理情况。

(3) 发生重大动物疫情可能感染人群时，卫生主管部门应当对疫区内易感染的人群进行监测，并采取相应的预防、控制措施。卫生主管部门和兽医主管部门应当及时相互通报情况。

(4) 有关单位和个人对重大动物疫情不得瞒报、谎报、迟报，不得授意他人瞒报、谎报、迟报，不得阻碍他人报告。

(5) 在重大动物疫情报告期间，有关动物防疫监督机构应当立即采取临时隔离控制措施；必要时，当地县级以上地方人民政府可以作出封锁决定并采取扑杀、销毁等措施。有关单位和个人应当执行。

### 5.3.4 应急处理

重大动物疫情发生后，国务院和有关地方人民政府设立的重大动物疫情应急指挥部统一领导、指挥重大动物疫情应急工作。重大动物疫情应急指挥部根据应急处理需要，有权紧急调集人员、物资、运输工具以及相关设施、设备。

1. 县级以上地方人民政府兽医主管部门

重大动物疫情发生后，县级以上地方人民政府兽医主管部门的职责：①应当立即划定疫点、疫区和受威胁区，调查疫源，向本级人民政府提出启动重大动物疫情应急指挥系统、应急预案和对疫区实行封锁的建议，有关人民政府应当立即作出决定；②应当及时提出疫点、疫区、受威胁区的处理方案，加强疫情监测、流行病学调查、疫源追踪工作，对染疫和疑似染疫动物及其同群动物和其他易感染动物的扑杀、销毁进行技术指导，并组织实施检验检疫、消毒、无害化处理和紧急免疫接种。

2. 重大动物疫情应急控制措施

国家对重大动物疫情应急处理实行分级管理，按照应急预案确定的疫情等级，由有关人民政府采取相应的应急控制措施。

(1) 对疫点应当采取下列措施：①扑杀并销毁染疫动物和易感染的动物及其产品；②对病死的动物、动物排泄物、被污染饲料、垫料、污水进行无害化处理；③对被污染的物品、用具、动物圈舍、场地进行严格消毒。

（2）对疫区应当采取下列措施：①在疫区周围设置警示标志，在出入疫区的交通路口设置临时动物检疫消毒站，对出入的人员和车辆进行消毒；②扑杀并销毁染疫和疑似染疫动物及其同群动物，销毁染疫和疑似染疫的动物产品，对其他易感染的动物实行圈养或者在指定地点放养，役用动物限制在疫区内使役；③对易感染的动物进行监测，并按照国务院兽医主管部门的规定实施紧急免疫接种，必要时对易感染的动物进行扑杀；④关闭动物及动物产品交易市场，禁止动物进出疫区和动物产品运出疫区；⑤对动物圈舍、动物排泄物、垫料、污水和其他可能受污染的物品、场地，进行消毒或者无害化处理。

（3）对受威胁区应当采取下列措施：①对易感染的动物进行监测；②对易感染的动物根据需要实施紧急免疫接种。

第三十二条规定，重大动物疫情应急处理中设置临时动物检疫消毒站以及采取隔离、扑杀、销毁、消毒、紧急免疫接种等控制、扑灭措施的，由有关重大动物疫情应急指挥部决定，有关单位和个人必须服从；拒不服从的，由公安机关协助执行。

3. 其他相关规定

（1）县级以上人民政府有关部门在重大动物疫情应急处理中在各自的职责范围内，做好重大动物疫情应急所需的物资紧急调度和运输、应急经费安排、疫区群众救济、人的疫病防治、肉食品供应、动物及其产品市场监管、出入境检验检疫和社会治安维护等工作。

（2）中国人民解放军、中国人民武装警察部队应当支持配合驻地人民政府做好重大动物疫情的应急工作。

（3）乡镇人民政府、村民委员会、居民委员会应当在重大动物疫情应急处理中组织力量，向村民、居民宣传动物疫病防治的相关知识，协助做好疫情信息的收集、报告和各项应急处理措施的落实工作。

（4）自疫区内最后一头（只）发病动物及其同群动物处理完毕起，经过一个潜伏期以上的监测，未出现新的病例的，彻底消毒后，经上一级动物防疫监督机构验收合格，由原发布封锁令的人民政府宣布解除封锁，撤销疫区；由原批准机关撤销在该疫区设立的临时动物检疫消毒站。

### 5.3.5 法律责任

1. 兽医主管部门及其所属的动物防疫监督机构

根据第四十二条规定，兽医主管部门及其所属的动物防疫监督机构违反条例规定的情形如下。

（1）不履行疫情报告职责，瞒报、谎报、迟报或者授意他人瞒报、谎报、迟报，阻碍他人报告重大动物疫情。

（2）在重大动物疫情报告期间，不采取临时隔离控制措施，导致动物疫情扩散。

（3）不及时划定疫点、疫区和受威胁区，不及时向本级人民政府提出应急处理建议，或不按照规定对疫点、疫区和受威胁区采取预防、控制、扑灭措施。

（4）不向本级人民政府提出启动应急指挥系统、应急预案和对疫区的封锁建议。

（5）对动物扑杀、销毁不进行技术指导或者指导不力，或者不组织实施检验检疫、消毒、无害化处理和紧急免疫接种。

（6）其他不履行条例规定的职责，导致动物疫病传播、流行，或者对养殖业生产安全和公众身体健康与生命安全造成严重危害。

有以上行为之一的，由本级人民政府或者上级人民政府有关部门责令立即改正、通报批评、给予警告；对主要负责人、负有责任的主管人员和其他责任人员，依法给予记大过、降级、撤职直至开除的行政处分；构成犯罪的，依法追究刑事责任。

2. 县级以上人民政府有关部门

根据第四十三条规定，县级以上人民政府有关部门不履行应急处理职责，不执行对疫点、疫区和受威胁区采取的措施，或者对上级人民政府有关部门的疫情调查不予配合或者阻碍、拒绝的，由本级人民政府或者上级人民政府有关部门责令立即改正、通报批评、给予警告；对主要负责人、负有责任的主管人员和其他责任人员，依法给予记大过、降级、撤职直至开除的行政处分；构成犯罪的，依法追究刑事责任。

3. 有关地方人民政府

根据第四十四条规定，有关地方人民政府阻碍报告重大动物疫情，不履行应急处理职责，不按照规定对疫点、疫区和受威胁区采取预防、控制、扑灭措施，或者对上级人民政府有关部门的疫情调查不予配合或者阻碍、拒绝的，由上级人民政府责令立即改正、通报批评、给予警告；对政府主要领导人依法给予记大过、降级、撤职直至开除的行政处分；构成犯罪的，依法追究刑事责任。

4. 其他有关单位和个人

根据第四十五条至第四十八条有如下规定。

（1）截留、挪用重大动物疫情应急经费，或者侵占、挪用应急储备物资的，按照《财政违法行为处罚处分条例》的规定处理；构成犯罪的，依法追究刑事责任。

（2）拒绝、阻碍动物防疫监督机构进行重大动物疫情监测，或者发现动物出现群体发病或者死亡，不向当地动物防疫监督机构报告的，由动物防疫监督机构给予警告，并处2000 元以上 5000 元以下的罚款；构成犯罪的，依法追究刑事责任。

（3）不符合相应条件采集重大动物疫病病料，或者在重大动物疫病病原分离时不遵守国家有关生物安全管理规定的，由动物防疫监督机构给予警告，并处 5000 元以下的罚款；构成犯罪的，依法追究刑事责任。

（4）在重大动物疫情发生期间，哄抬物价、欺骗消费者，散布谣言、扰乱社会秩序和市场秩序的，由价格主管部门、工商行政管理部门或者公安机关依法给予行政处罚；构成犯罪的，依法追究刑事责任。

## 5.4 其他与公共卫生相关的法律规定

### 5.4.1 《中华人民共和国刑法》相关规定

《中华人民共和国刑法》（简称《刑法》）于 1979 年 7 月 1 日第五届全国人民代表大会第二次会议通过，自 1980 年 1 月 1 日起施行。历经多次修改，现行版本为《中华人民共和国刑法修正案（十二）》，自2024年3月1日起施行。

《刑法》第二编第六章第五节对危害公共卫生罪的行为作出了刑罚规定。

1. 妨害传染病防治罪的规定

《刑法》第三百三十条规定，违反传染病防治法的规定，有下列情形之一，引起甲类传染病以及依法确定采取甲类传染病预防、控制措施的传染病传播或者有传播严重危险的，处三年以下有期徒刑或者拘役；后果特别严重的，处三年以上七年以下有期徒刑：①供水单位供应的饮用水不符合国家规定的卫生标准的；②拒绝按照卫生防疫机构提出的卫生要求，对传染病病原体污染的污水、污物、粪便进行消毒处理的；③准许或者纵容传染病病人、病原携带者和疑似传染病病人从事国务院卫生行政部门规定禁止从事的易使该传染病扩散的工作的；④拒绝执行卫生防疫机构依照传染病防治法提出的预防、控制措施的。

单位犯前款罪的，对单位判处罚金，并对其直接负责的主管人员和其他直接责任人员，依照前款的规定处罚。

甲类传染病的范围，依照《传染病防治法》和国务院有关规定确定。

2. 传染病菌种、毒种扩散罪的规定

《刑法》第三百三十一条规定，从事实验、保藏、携带、运输传染病菌种、毒种的人员，违反国务院卫生行政部门的有关规定，造成传染病菌种、毒种扩散，后果严重的，处三年以下有期徒刑或者拘役；后果特别严重的，处三年以上七年以下有期徒刑。

3. 妨害国境卫生检疫罪的规定

《刑法》第三百三十二条规定，违反国境卫生检疫规定，引起检疫传染病传播或者有传播严重危险的，处三年以下有期徒刑或者拘役，并处或者单处罚金。

单位犯前款罪的，对单位判处罚金，并对其直接负责的主管人员和其他直接责任人员，依照前款的规定处罚。

4. 妨害动植物防疫、检疫罪的规定

《刑法》第三百三十七条规定，违反有关动植物防疫、检疫的国家规定，引起重大动植物疫情的，或者有引起重大动植物疫情危险，情节严重的，处三年以下有期徒刑或者拘役，并处或者单处罚金。

单位犯前款罪的，对单位判处罚金，并对其直接负责的主管人员和其他直接责任人员，依照前款的规定处罚。

### 5.4.2 《中华人民共和国食品安全法》相关规定

食品安全是关乎人人的重大基本民生问题。为确保人民群众“舌尖上的安全”，保障公众身体健康和生命安全，党和国家高度重视食品安全，2009年2月28日十一届全国人大常委会第七次会议通过了《中华人民共和国食品安全法》(简称《食品安全法》)，2015年4月24日第十二届全国人大常委会第十四次会议修订，2018年12月29日第十三届全国人民代表大会常务委员会第七次会议第一次修正。2021年4月29日第十三届全国人民代表大会常务委员会第二十八次会议第二次修正。《食品安全法》共10章154条，本部分重点介绍食品安全风险监测和评估、食品安全事故处置、法律责任三方面内容。

1. 食品安全风险监测和评估

1）食品安全风险监测

第十四条规定，国家建立食品安全风险监测制度，对食源性疾病、食品污染以及食品中的有害因素进行监测。

国务院卫生行政部门会同国务院食品安全监督管理等部门，制定、实施国家食品安全风险监测计划。

国务院食品安全监督管理部门和其他有关部门获知有关食品安全风险信息后，应当立即核实并向国务院卫生行政部门通报。对有关部门通报的食品安全风险信息以及医疗机构报告的食源性疾病等有关疾病信息，国务院卫生行政部门应当会同国务院有关部门分析研究，认为必要的，及时调整国家食品安全风险监测计划。

省、自治区、直辖市人民政府卫生行政部门会同同级食品安全监督管理等部门，根据国家食品安全风险监测计划，结合本行政区域的具体情况，制定、调整本行政区域的食品安全风险监测方案，报国务院卫生行政部门备案并实施。

第十五条规定，承担食品安全风险监测工作的技术机构应当根据食品安全风险监测计划和监测方案开展监测工作，保证监测数据真实、准确，并按照食品安全风险监测计划和监测方案的要求报送监测数据和分析结果。

食品安全风险监测工作人员有权进入相关食用农产品种植养殖、食品生产经营场所采集样品、收集相关数据。采集样品应当按照市场价格支付费用。

第十六条规定，食品安全风险监测结果表明可能存在食品安全隐患的，县级以上人民政府卫生行政部门应当及时将相关信息通报同级食品安全监督管理等部门，并报告本级人民政府和上级人民政府卫生行政部门。食品安全监督管理等部门应当组织开展进一步调查。

2）食品安全风险评估

第十七条规定，国家建立食品安全风险评估制度，运用科学方法，根据食品安全风险监测信息、科学数据以及有关信息，对食品、食品添加剂、食品相关产品中生物性、化学性和物理性危害因素进行风险评估。

国务院卫生行政部门负责组织食品安全风险评估工作，成立由医学、农业、食品、营养、生物、环境等方面的专家组成的食品安全风险评估专家委员会进行食品安全风险评估。食品安全风险评估结果由国务院卫生行政部门公布。

对农药、肥料、兽药、饲料和饲料添加剂等的安全性评估，应当有食品安全风险评估专家委员会的专家参加。

食品安全风险评估不得向生产经营者收取费用，采集样品应当按照市场价格支付费用。

需要进行食品安全风险评估的几种情形：①通过食品安全风险监测或者接到举报发现食品、食品添加剂、食品相关产品可能存在安全隐患的；②为制定或者修订食品安全国家标准提供科学依据的；③为确定监督管理的重点领域、重点品种的；④发现新的可能危害食品安全因素的；⑤需要判断某一因素是否构成食品安全隐患的；⑥国务院卫生行政部门认为需要进行风险评估的其他情形。

第十九条规定，国务院食品安全监督管理、农业行政等部门在监督管理工作中发现需要进行食品安全风险评估的，应当向国务院卫生行政部门提出食品安全风险评估的建议，并提供风险来源、相关检验数据和结论等信息、资料。

3）食品安全风险监测、评估的其他规定

（1）省级以上人民政府卫生行政、农业行政部门应当及时相互通报食品、食用农产品安全风险监测信息。

国务院卫生行政、农业行政部门应当及时相互通报食品、食用农产品安全风险评估结果等信息。

（2）食品安全风险评估结果是制定、修订食品安全标准和实施食品安全监督管理的科学依据。

经食品安全风险评估，得出食品、食品添加剂、食品相关产品不安全结论的，国务院食品安全监督管理等部门应当依据各自职责立即向社会公告，告知消费者停止食用或者使用，并采取相应措施，确保该食品、食品添加剂、食品相关产品停止生产经营；需要制定、修订相关食品安全国家标准的，国务院卫生行政部门应当会同国务院食品安全监督管理部门立即制定、修订。

（3）国务院食品安全监督管理部门应当会同国务院有关部门，根据食品安全风险评估结果、食品安全监督管理信息，对食品安全状况进行综合分析。对经综合分析表明可能具有较高程度安全风险的食品，国务院食品安全监督管理部门应当及时提出食品安全风险警示，并向社会公布。

（4）县级以上人民政府食品安全监督管理部门和其他有关部门、食品安全风险评估专家委员会及其技术机构，应当按照科学、客观、及时、公开的原则，组织食品生产经营者、食品检验机构、认证机构、食品行业协会、消费者协会以及新闻媒体等，就食品安全风险评估信息和食品安全监督管理信息进行交流沟通。

2. 食品安全事故处置

1）关于食品安全事故应急预案的规定

《食品安全法》对食品安全事故应急预案作出了以下规定。

（1）国务院组织制定国家食品安全事故应急预案。

（2）县级以上地方人民政府应当根据有关法律、法规的规定和上级人民政府的食品安全事故应急预案以及本行政区域的实际情况，制定本行政区域的食品安全事故应急预案，并报上一级人民政府备案。

（3）食品安全事故应急预案应当对食品安全事故分级、事故处置组织指挥体系与职责、预防预警机制、处置程序、应急保障措施等作出规定。

（4）食品生产经营企业应当制定食品安全事故处置方案，定期检查本企业各项食品安全防范措施的落实情况，及时消除事故隐患。

2）关于食品安全事故应急处置的规定

第一百零三条规定，发生食品安全事故的单位应当立即采取措施，防止事故扩大。事故单位和接收病人进行治疗的单位应当及时向事故发生地县级人民政府食品安全监督管理、卫生行政部门报告。

县级以上人民政府农业行政等部门在日常监督管理中发现食品安全事故或者接到事故举报，应当立即向同级食品安全监督管理部门通报。

发生食品安全事故，接到报告的县级人民政府食品安全监督管理部门应当按照应急预案的规定向本级人民政府和上级人民政府食品安全监督管理部门报告。县级人民政府和上级人民政府食品安全监督管理部门应当按照应急预案的规定上报。

任何单位和个人不得对食品安全事故隐瞒、谎报、缓报，不得隐匿、伪造、毁灭有关证据。

第一百零四条规定，医疗机构发现其接收的病人属于食源性疾病病人或者疑似病人的，应当按照规定及时将相关信息向所在地县级人民政府卫生行政部门报告。县级人民政府卫生行政部门认为与食品安全有关的，应当及时通报同级食品安全监督管理部门。

县级以上人民政府卫生行政部门在调查处理传染病或者其他突发公共卫生事件中发现与食品安全相关的信息，应当及时通报同级食品安全监督管理部门。

第一百零五条规定，县级以上人民政府食品安全监督管理部门接到食品安全事故的报告后，应当立即会同同级卫生行政、农业行政等部门进行调查处理，并采取下列措施，防止或者减轻社会危害：

（1）开展应急救援工作，组织救治因食品安全事故导致人身伤害的人员；

（2）封存可能导致食品安全事故的食品及其原料，并立即进行检验；对确认属于被污染的食品及其原料，责令食品生产经营者依照规定召回或者停止经营；

（3）封存被污染的食品相关产品，并责令进行清洗消毒；

（4）做好信息发布工作，依法对食品安全事故及其处理情况进行发布，并对可能产生的危害加以解释、说明。

发生食品安全事故需要启动应急预案的，县级以上人民政府应当立即成立事故处置指挥机构，启动应急预案，依照规定进行处置。

发生食品安全事故，县级以上疾病预防控制机构应当对事故现场进行卫生处理，并对与事故有关的因素开展流行病学调查，有关部门应当予以协助。县级以上疾病预防控制机构应当向同级食品安全监督管理、卫生行政部门提交流行病学调查报告。

3）关于食品安全事故调查处理的规定

第一百零六条规定，发生食品安全事故，设区的市级以上人民政府食品安全监督管理部门应当立即会同有关部门进行事故责任调查，督促有关部门履行职责，向本级人民政府和上一级人民政府食品安全监督管理部门提出事故责任调查处理报告。

涉及两个以上省、自治区、直辖市的重大食品安全事故由国务院食品安全监督管理部门依照前款规定组织事故责任调查。

食品安全事故调查部门有权向有关单位和个人了解与事故有关的情况，并要求提供相关资料和样品。有关单位和个人应当予以配合，按照要求提供相关资料和样品，不得拒绝。

任何单位和个人不得阻挠、干涉食品安全事故的调查处理。

3. 法律责任

《食品安全法》第一百二十二条至第一百四十九条对食品安全违法犯罪行为应当承担的法律责任作出了明确规定，涵盖内容多，共有28条。

1）法律责任的类型

《食品安全法》规定的法律责任或处罚方式主要包括以下方面：①警告；②责令改正；③责令停止违法行为；④责令停产停业；⑤没收违法所得；⑥没收用于违法生产经营的工具、设备、原料等物品；⑦没收违法所得和违法生产经营的食品、食品添加剂以及用于违法生产经营的工具、设备、原料等物品；⑧罚款；⑨赔偿责任；⑩吊销许可证；⑪记大过；⑫降级：⑬撤职；⑭开除；⑮拘留；⑯吊销执业证书；⑰撤销执业资格；⑱刑事责任。

2）承担法律责任的主要对象

（1）未取得食品生产经营许可从事食品生产经营活动的单位和个人。

（2）未取得食品添加剂生产许可从事食品添加剂生产活动的单位和个人。

（3）为未取得食品生产经营许可从事食品生产经营活动，或者未取得食品添加剂生产许可从事食品添加剂生产活动提供生产经营场所或者其他条件的单位和个人。

（4）食品、食品添加剂生产者。

（5）食品生产经营者、食品生产经营企业。

（6）保健食品生产企业。

（7）婴幼儿配方食品生产企业。

（8）特殊食品生产企业。

（9）学校、托幼机构、养老机构、建筑工地等集中用餐单位。

（10）食品生产企业、餐饮服务提供者。

（11）食品相关产品生产者。

（12）食用农产品销售者。

（13）承担食品安全风险监测、风险评估工作的技术机构、技术人员。

（14）食品检验机构、食品检验人员。

（15）食品认证机构及其工作人员。

（16）食品广告经营者、发布者。

（17）编造、散布虚假食品安全信息的媒体。

（18）县级以上人民政府食品安全监督管理、卫生行政、农业行政等部门。

（19）县级以上地方人民政府。

### 5.4.3 《中华人民共和国传染病防治法实施办法》相关规定

《中华人民共和国传染病防治法实施办法》(简称《传染病防治法实施办法》）于1991年12月6日卫生部令第17号发布施行，共7章76条。其核心内容包括传染病预防、疫情报告、疫情控制、监督及处罚等。

1. 传染病预防

《传染病防治法实施办法》第七条至第三十三条对疫情预防作出了明确规定。

1）政府及相关部门职责

（1）各级政府应当组织有关部门，开展传染病预防知识和防治措施的卫生健康教育。

（2）各级政府组织开展爱国卫生活动。铁路、交通、民航部门负责组织消除交通工具的鼠害和各种病媒昆虫的危害。农业、林业部门负责组织消除农田、牧场及林区的鼠害。国务院各有关部委消除钉螺危害的分工，按照国务院的有关规定办理。

（3）地方各级政府应当有计划地建设和改造公共卫生设施。城市应当按照城市环境卫生设施标准修建公共厕所、垃圾粪便的无害化处理场和污水、雨水排放处理系统等公共卫生设施。农村应当逐步改造厕所，对粪便进行无害化处理，加强对公共生活用水的卫生管理，建立必要的卫生管理制度。饮用水水源附近禁止有污水池、粪堆（坑）等污染源。禁止在饮用水水源附近洗刷便器和运输粪便的工具。

（4）集中式供水必须符合国家《生活饮用水卫生标准》。各单位自备水源，未经城市建设部门和卫生行政部门批准，不得与城镇集中式供水系统连接。

2）预防性接种

（1）国家实行有计划的预防接种制度。中华人民共和国境内的任何人均应按照有关规定接受预防接种。各省、自治区、直辖市政府卫生行政部门可以根据当地传染病的流行情况，增加预防接种项目。

（2）国家对儿童实行预防接种证制度。适龄儿童应当按照国家有关规定，接受预防接种。适龄儿童的家长或者监护人应当及时向医疗保健机构申请办理预防接种证。

托幼机构、学校在办理入托、入学手续时，应当查验预防接种证，未按规定接种的儿童应当及时补种。

3）医疗保健机构职责

（1）各级各类医疗保健机构的预防保健组织或者人员，在本单位及责任地段内承担下列工作：①传染病疫情报告和管理；②传染病预防和控制工作；③卫生行政部门指定的卫生防疫机构交付的传染病防治和监测任务。

（2）医疗保健机构必须按照国务院卫生行政部门的有关规定，严格执行消毒隔离制度，防止医院内感染和医源性感染。

4）卫生防疫机构和从事致病性微生物实验的科研、教学、生产等单位职责

卫生防疫机构和从事致病性微生物实验的科研、教学、生产等单位必须做到：

（1）建立健全防止致病性微生物扩散的制度和人体防护措施；

（2）严格执行实验操作规程，对实验后的样品、器材、污染物品等，按照有关规定严格消毒后处理；

（3）实验动物必须按照国家有关规定进行管理。

5）传染病的菌（毒）种分类及管理

传染病的菌（毒）种分为下列三类。

一类：鼠疫耶尔森氏菌、霍乱弧菌；天花病毒、艾滋病病毒。

二类：布氏菌、炭疽菌、麻风杆菌、肝炎病毒、狂犬病毒、出血热病毒、登革热病毒；斑疹伤寒立克次体。

三类：脑膜炎双球菌、链球菌、淋病双球菌、结核杆菌、百日咳嗜血杆菌、白喉棒状杆菌、沙门氏菌、志贺氏菌、破伤风梭状杆菌；钩端螺旋体、梅毒螺旋体；乙型脑炎病

毒、脊髓灰质炎病毒、流感病毒、流行性腮腺炎病毒、麻疹病毒、风疹病毒。

国务院卫生行政部门可以根据情况增加或者减少菌（毒）种的种类。

国家对传染病菌（毒）种的保藏、携带、运输实行严格管理。

（1）菌（毒）种的保藏由国务院卫生行政部门指定的单位负责。

（2）一、二类菌（毒）种的供应由国务院卫生行政部门指定的保藏管理单位供应。三类菌（毒）种由设有专业实验室的单位或者国务院卫生行政部门指定的保藏管理单位供应。

（3）使用一类菌（毒）种的单位，必须经国务院卫生行政部门批准；使用二类菌（毒）种的单位必须经省级政府卫生行政部门批准；使用三类菌（毒）种的单位，应当经县级政府卫生行政部门批准。

（4）一、二类菌（毒）种，应派专人向供应单位领取，不得邮寄；三类菌（毒）种的邮寄必须持有邮寄单位的证明，并按照菌（毒）种邮寄与包装的有关规定办理。

6）隔离、预防、控制措施

（1）对患有下列传染病的病人或者病原携带者予以必要的隔离治疗，直至医疗保健机构证明其不具有传染性时，方可恢复工作：①鼠疫、霍乱；②艾滋病、病毒性肝炎、细菌性和阿米巴痢疾、伤寒和副伤寒、炭疽、斑疹伤寒、麻疹、百日咳、白喉、脊髓灰质炎、流行性脑脊髓膜炎、猩红热、流行性出血热、登革热、淋病、梅毒；③肺结核、麻风病、流行性腮腺炎、风疹、急性出血性结膜炎。

（2）从事饮水、饮食、整容、保育等易使传染病扩散工作的从业人员，必须按照国家有关规定取得健康合格证后方可上岗。

（3）招用流动人员200人以上的用工单位，应当向当地政府卫生行政部门指定的卫生防疫机构报告，并按照要求采取预防控制传染病的卫生措施。

（4）被甲类传染病病原体污染的污水、污物、粪便，有关单位和个人必须在卫生防疫人员的指导监督下，按照要求进行处理。

（5）被伤寒和副伤寒、细菌性痢疾、脊髓灰质炎、病毒性肝炎病原体污染的水、物品、粪便，有关单位和个人应当按照要求进行处理。

（6）出售、运输被传染病病原体污染或者来自疫区可能被传染病病原体污染的皮毛、旧衣物及生活用品等，必须按照卫生防疫机构的要求进行必要的卫生处理。

7）其他相关规定

（1）用于预防传染病的菌苗、疫苗等生物制品，由各省、自治区、直辖市卫生防疫机构统一向生物制品生产单位订购，其他任何单位和个人不得经营。

用于预防传染病的菌苗、疫苗等生物制品必须在卫生防疫机构监督指导下使用。

（2）凡从事可能导致经血液传播传染病的美容、整容等单位和个人，必须执行国务院卫生行政部门的有关规定。

（3）血站（库）、生物制品生产单位，必须严格执行国务院卫生行政部门的有关规定，保证血液、血液制品的质量，防止因输入血液、血液制品引起病毒性肝炎、艾滋病、疟疾等疾病的发生。任何单位和个人不准使用国务院卫生行政部门禁止进口的血液和血液制品。

（4）生产、经营、使用消毒药剂和消毒器械、卫生用品、卫生材料、一次性医疗器材、隐形眼镜、人造器官等必须符合国家有关标准，不符合国家有关标准的不得生产、经营和使用。

（5）发现人畜共患传染病已在人、畜间流行时，卫生行政部门与畜牧兽医部门应当深入疫区，按照职责分别对人、畜开展防治工作。

传染病流行区的家畜家禽，未经畜牧兽医部门检疫不得外运。

2. 疫情报告

《传染病防治法实施办法》对疫情报告的责任人（即责任疫情报告人）和责任单位、报告时限、报告原则等事项作出了明确规定。

1）责任疫情报告人

执行职务的医疗保健人员、卫生防疫人员为责任疫情报告人。责任疫情报告人应当按照规定的时限向卫生行政部门指定的卫生防疫机构报告疫情，并做疫情登记。

2）疫情报告时限

根据传染病种类和所处地区的不同，疫情报告时限存在差异。

（1）责任疫情报告人发现甲类传染病和乙类传染病中的艾滋病、肺炭疽的病人、病原携带者和疑似传染病病人时，城镇于6小时内，农村于12小时内，以最快的通信方式向发病地的卫生防疫机构报告，并同时报出传染病报告卡。

（2）责任疫情报告人发现乙类传染病病人、病原携带者和疑似传染病病人时，城镇于12小时内，农村于24小时内向发病地的卫生防疫机构报出传染病报告卡。

（3）责任疫情报告人在丙类传染病监测区内发现丙类传染病病人时，应当在24小时内向发病地的卫生防疫机构报出传染病报告卡。

3）传染病暴发和流行时的疫情报告

传染病暴发、流行时，责任疫情报告人应当以最快的通信方式向当地卫生防疫机构报告疫情。接到疫情报告的卫生防疫机构应当以最快的通信方式报告上级卫生防疫机构和当地政府卫生行政部门，卫生行政部门接到报告后，应当立即报告当地政府。

省级政府卫生行政部门接到发现甲类传染病和发生传染病暴发、流行的报告后，应当于6小时内报告国务院卫生行政部门。

4）其他相关规定

（1）流动人员中的传染病病人、病原携带者和疑似传染病病人的传染病报告、处理由诊治地负责，其疫情登记、统计由户口所在地负责。

（2）铁路、交通、民航、厂（场）矿的卫生防疫机构，应当定期向所在地卫生行政部门指定的卫生防疫机构报告疫情。

（3）军队的传染病疫情，由中国人民解放军卫生主管部门根据军队有关规定向国务院卫生行政部门报告。

军队的医疗保健和卫生防疫机构，发现地方就诊的传染病病人、病原携带者、疑似传染病病人时，应当按照规定的时限和事项报告疫情，并接受当地卫生防疫机构的业务指导。

（4）国境口岸所在地卫生行政部门指定的卫生防疫机构和港口、机场、铁路卫生防疫机构和国境卫生检疫机关在发现国境卫生检疫法规定的检疫传染病时，应当互相通报疫情。发现人畜共患传染病时，卫生防疫机构和畜牧兽医部门应当互相通报疫情。

（5）各级政府卫生行政部门指定的卫生防疫机构应当对辖区内各类医疗保健机构的疫情登记报告和管理情况定期进行核实、检查、指导。

（6）医务人员未经县级以上政府卫生行政部门批准，不得将就诊的淋病、梅毒、麻风病、艾滋病病人和艾滋病病原携带者及其家属的姓名、住址和个人病史公开。

3. 疫情控制

《传染病防治法实施办法》第四十四条至第五十八条对疫情控制作出了明确规定。

1）疫情处理原则

（1）卫生防疫机构和医疗保健机构传染病的疫情处理实行分级分工管理。

（2）艾滋病的监测管理按照国务院有关规定执行。

（3）淋病、梅毒病人应当在医疗保健机构、卫生防疫机构接受治疗。尚未治愈前，不得进入公共浴池、游泳池。

（4）医疗保健机构或者卫生防疫机构在诊治中发现甲类传染病的疑似病人，应当在二日内作出明确诊断。

（5）甲类传染病病人和病原携带者以及乙类传染病中的艾滋病、淋病、梅毒病人的密切接触者必须按照有关规定接受检疫、医学检查和防治措施。

（6）甲类传染病疑似病人或者病原携带者的密切接触者，经留验排除是病人或者病原携带者后，留验期间的工资福利待遇由所属单位按出勤照发。

（7）发现甲类传染病病人、病原携带者或者疑似病人的污染场所，卫生防疫机构接到疫情报告后，应立即进行严格的卫生处理。

2）地方各级政府及卫生行政部门疫情控制职责

（1）地方各级政府卫生行政部门发现本地区发生从未有过的传染病或者国家已宣布消除的传染病时，应当立即采取措施，必要时，向当地政府报告。

（2）在传染病暴发、流行区域，当地政府应当根据传染病疫情控制的需要，组织卫生、医药、公安、工商、交通、水利、城建、农业、商业、民政、邮电、广播电视等部门采取下列预防、控制措施：①对病人进行抢救、隔离治疗；②加强粪便管理，清除垃圾、污物；③加强自来水和其他饮用水的管理，保护饮用水源；④消除病媒昆虫、钉螺、鼠类及其他染疫动物；⑤加强易使传染病传播扩散活动的卫生管理；⑥开展防病知识的宣传；⑦组织对传染病病人、病原携带者、染疫动物密切接触人群的检疫、预防服药、应急接种等；⑧供应用于预防和控制疫情所必需的药品、生物制品、消毒药品、器械等；⑨保证居民生活必需品的供应。

4. 监督及处罚

1）传染病管理监督员的监督任务

（1）地方各级政府卫生行政部门、卫生防疫机构和受国务院卫生行政部门委托的其他有关部门卫生主管机构推荐的传染病管理监督员，由省级以上政府卫生行政部门聘任并发给证件。省级政府卫生行政部门聘任的传染病管理监督员，报国务院卫生行政部门备案。

（2）传染病管理监督员执行下列任务：①监督检查《传染病防治法》和《传染病防治法实施办法》的执行情况；②进行现场调查，包括采集必需的标本及查阅、索取、翻印复制必要的文字、图片、声像资料等，并根据调查情况写出书面报告；③对违法单位或者个人提出处罚建议；④执行卫生行政部门或者其他有关部门卫生主管机构交付的任务；⑤及时提出预防和控制传染病措施的建议。

2）传染病管理检查员的监督任务

（1）各级各类医疗保健机构内设立的传染病管理检查员，由本单位推荐，经县级以上政府卫生行政部门或受国务院卫生行政部门委托的其他部门卫生主管机构批准并发给证件。

（2）传染病管理检查员执行下列任务：①宣传《传染病防治法》及《传染病防治法实施办法》，检查本单位和责任地段的传染病防治措施的实施和疫情报告执行情况；②对本单位和责任地段的传染病防治工作进行技术指导；③执行卫生行政部门和卫生防疫机构对本单位及责任地段提出的改进传染病防治管理工作的意见；④定期向卫生行政部门指定的卫生防疫机构汇报工作情况，遇到紧急情况及时报告。

3）其他规定

（1）传染病管理监督员、传染病管理检查员执行任务时，有关单位和个人必须给予协助。

（2）传染病管理监督员的解聘和传染病管理检查员资格的取消，由原发证机关决定，并通知其所在单位和个人。

（3）县级以上政府卫生行政部门和受国务院卫生行政部门委托的部门，可以成立传染病技术鉴定组织。

4）处罚规定

《传染病防治法实施办法》第六十六条至第七十二条针对疫情报告、控制等方面的违法行为将受到的处罚作出了明确规定。处罚方式主要包括：责令限期改正、罚款、行政处分、通报批评。

（1）有下列行为之一的，由县级以上政府卫生行政部门责令限期改正，可以处5000元以下的罚款；情节较严重的，可以处5000元以上2万元以下的罚款，对主管人员和直接责任人员由其所在单位或者上级机关给予行政处分：①集中式供水单位供应的饮用水不符合国家规定的《生活饮用水卫生标准》的；②单位自备水源未经批准与城镇供水系统连接的；③未按城市环境卫生设施标准修建公共卫生设施致使垃圾、粪便、污水不能进行无害化处理的；④对被传染病病原体污染的污水、污物、粪便不按规定进行消毒处理的；⑤对被甲类和乙类传染病病人、病原携带者、疑似传染病病人污染的场所、物品未按照卫生防疫机构的要求实施必要的卫生处理的；⑥造成传染病的医源性感染、医院内感染、实验室感染和致病性微生物扩散的；⑦生产、经营、使用消毒药剂和消毒器械、卫生用品、卫生材料、一次性医疗器材、隐形眼镜、人造器官等不符合国家卫生标准，可能造成传染病的传播、扩散或者造成传染病的传播、扩散的；⑧准许或者纵容传染病病人、病原携带者和疑似传染病病人，从事国务院卫生行政部门规定禁止从事的易使该传染病扩散的工作的；⑨传染病病人、病原携带者故意传播传染病，造成他人感染的；⑩甲类传染病病人、病原携带者或者疑似传染病病人，乙类传染病中艾滋病、肺炭疽病人拒绝进行隔离治疗的；⑪招用流动人员的用工单位，未向卫生防疫机构报告并未采取卫生措施，造成传染病传播、流行的；⑫违章养犬或者拒绝、阻挠捕杀违章犬，造成咬伤他人或者导致人群中发生狂犬病的。

（2）在自然疫源地和可能是自然疫源地的地区兴建大型建设项目未经卫生调查即进行施工的，由县级以上政府卫生行政部门责令限期改正，可以处 2000 元以上 2 万元以下的罚款。

（3）单位和个人出售、运输被传染病病原体污染和来自疫区可能被传染病病原体污染的皮毛、旧衣物及生活用品的，由县级以上政府卫生行政部门责令限期进行卫生处理，可以处出售金额 1 倍以下的罚款；造成传染病流行的，根据情节，可以处相当出售金额 3 倍以下的罚款，危害严重，出售金额不满 2000 元的，以 2000 元计算；对主管人员和直接责任人员由所在单位或者上级机关给予行政处分。

（4）单位和个人非法经营、出售用于预防传染病菌苗、疫苗等生物制品的，县级以上政府卫生行政部门可以处相当出售金额 3 倍以下的罚款，危害严重，出售金额不满 5000 元的，以 5000 元计算；对主管人员和直接责任人员由所在单位或者上级机关根据情节，可以给予行政处分。

（5）有下列行为之一的单位和个人，县级以上政府卫生行政部门报请同级政府批准，对单位予以通报批评；对主管人员和直接责任人员由所在单位或者上级机关给予行政处分：①传染病暴发、流行时，妨碍或者拒绝执行政府采取紧急措施的；②传染病暴发、流行时，医疗保健人员、卫生防疫人员拒绝执行各级政府卫生行政部门调集其参加控制疫情的决定的；③对控制传染病暴发、流行负有责任的部门拒绝执行政府有关控制疫情决定的；④无故阻止和拦截依法执行处理疫情任务的车辆和人员的。

（6）执行职务的医疗保健人员、卫生防疫人员和责任单位，不报、漏报、迟报传染病疫情的，由县级以上政府卫生行政部门责令限期改正，对主管人员和直接责任人员由其所在单位或者上级机关根据情节，可以给予行政处分。

个体行医人员在执行职务时，不报、漏报、迟报传染病疫情的，由县级以上政府卫生行政部门责令限期改正，限期内不改的，可以处 100 元以上 500 元以下罚款；对造成传染病传播流行的，可以处 200 元以上 2000 元以下罚款。

（7）县级政府卫生行政部门可以作出处 1 万元以下罚款的决定；决定处 1 万元以上罚款的，须报上一级政府卫生行政部门批准。

受国务院卫生行政部门委托的有关部门卫生主管机构可以作出处 2000 元以下罚款的决定；决定处 2000 元以上罚款的，须报当地县级以上政府卫生行政部门批准。

县级以上政府卫生行政部门在收取罚款时，应当出具正式的罚款收据。罚款全部上缴国库。

## 【本章重点】

1. 公共卫生事件。公共卫生事件是指突然发生，造成或者可能造成社会公众健康严重损害的重大传染病疫情、群体性不明原因疾病、重大食物和职业中毒、重大动物疫情以及其他严重影响公众健康和生命安全的事件。

2. 传染病。传染病分为甲类、乙类和丙类。甲类传染病是指鼠疫、霍乱。乙类传染病是指传染性非典型肺炎、艾滋病、病毒性肝炎、脊髓灰质炎、人感染高致病性禽流感、麻疹、流行性出血热、狂犬病、流行性乙型脑炎、登革热、炭疽、细菌性和阿米巴性痢疾、肺结核、伤寒和副伤寒、流行性脑脊髓膜炎、百日咳、白喉、新生儿破伤风、猩红热、布鲁氏菌病、淋病、梅毒、钩端螺旋体病、血吸虫病、疟疾。丙类传染病是指流行性感冒、流行性腮腺炎、风疹、急性出血性结膜炎、麻风病、流行性和地方性斑疹伤寒、黑热病、包虫病、丝虫病，除霍乱、细菌性和阿米巴性痢疾、伤寒和副伤寒以外的感染性腹泻病。国务院卫生行政部门根据传染病暴发、流行情况和危害程度，可以决定增加、减少或者调整乙类、丙类传染病病种并予以公布。2020 年 1 月 20 日，国家卫生健康委发布公告，将新型冠状病毒感染的肺炎纳入传染病防治法规定的乙类传染病并采取甲类传染病的防控措施，将新型冠状病毒感染的肺炎纳入《中华人民共和国国境卫生检疫法》规定的检疫传染病管理。

3. 全国突发公共卫生事件应急预案的主要内容。应当包括：①突发公共卫生事件应急处理指挥部的组成和相关部门的职责；②突发公共卫生事件的监测与预警；③突发公共卫生事件信息的收集、分析、报告、通报制度；④突发公共卫生事件应急处理技术和监测机构及其任务；⑤突发公共卫生事件的分级和应急处理工作方案；⑥突发公共卫生事件预防、现场控制，应急设施、设备、救治药品和医疗器械以及其他物资和技术的储备与调度；⑦突发公共卫生事件应急处理专业队伍的建设和培训；⑧食品安全事故；⑨突发公共卫生事件。

4. 重大动物疫情。重大动物疫情是指高致病性禽流感等发病率或者死亡率高的动物疫病突然发生，迅速传播，给养殖业生产安全造成严重威胁、危害，以及可能对公众身体健康与生命安全造成危害的情形，包括特别重大动物疫情。

5. 重大动物疫情应急预案的主要内容。包括：①应急指挥部的职责、组成以及成员单位的分工；②重大动物疫情的监测、信息收集、报告和通报；③动物疫病的确认、重大动物疫情的分级和相应的应急处理工作方案；④重大动物疫情疫源的追踪和流行病学调查分析；⑤预防、控制、扑灭重大动物疫情所需资金的来源、物资和技术的储备与调度；⑥重大动物疫情应急处理设施和专业队伍建设。

6. 重大动物疫情报告内容。包括：①疫情发生的时间、地点；②染疫、疑似染疫动物种类和数量、同群动物数量、免疫情况、死亡数量、临床症状、病理变化、诊断情况；③流行病学和疫源追踪情况；④已采取的控制措施；⑤疫情报告的单位、负责人、报告人及联系方式。

7. 县级以上人民政府食品安全监督管理部门接到食品安全事故的报告后应当立即会同同级卫生行政、农业行政等部门进行调查处理，并采取下列措施，防止或者减轻社会危害：①开展应急救援工作，组织救治因食品安全事故导致人身伤害的人员；②封存可能导致食品安全事故的食品及其原料，并立即进行检验；对确认属于被污染的食品及其原料，责令食品生产经营者依照规定召回或者停止经营；③封存被污染的食品相关产品，并责令进行清洗消毒；④做好信息发布工作，依法对食品安全事故及其处理情况进行发布，并对可能产生的危害加以解释、说明。发生食品安全事故需要启动应急预案的，县级以上人民政府应当立即成立事故处置指挥机构，启动应急预案，依照规定进行处置。发生食品安全事故，县级以上疾病预防控制机构应当对事故现场进行卫生处理，并对与事故有关的因素开展流行病学调查，有关部门应当予以协助。县级以上疾病预防控制机构应当向同级食品安全监督管理、卫生行政部门提交流行病学调查报告。

## 【复习思考题】

1. 医疗机构发现甲类传染病时，应当采取哪些措施？
2. 传染病暴发、流行时，县级以上人民政府应该采取哪些紧急措施？
3. 如何开展传染病日常预防工作？
4. 对传染病病人和疑似病人有哪些预防控制措施？
5. 甲类传染病的预防和控制措施有哪些？
6. 简述全国突发公共卫生事件应急预案的主要内容。
7. 简述重大动物疫情应急预案的主要内容。
8. 突发公共卫生事件有哪些特点？

## 阅读材料

### 西班牙大流感

西班牙型流行性感冒是人类历史上最致命的传染病，在1918—1919年曾经造成全世界约5亿人感染，死亡人数至少为5000万（当时世界人口约17亿人），全球平均致死率约为10%，与一般流感的0.1%相比更为致命。

西班牙型流行性感冒这一名字的由来并不是因为此流感从西班牙暴发，而是因为当时西班牙有约800万人感染了此病，甚至连西班牙国王也被感染，因此称为西班牙型流行性感冒。

西班牙型流行性感冒在全球的流行大致分为三个阶段。第一阶段有记录的流感，发生于1918年3月4日一处位于美国堪萨斯州的军营，当时的症状只有头痛、高烧、肌肉酸痛和食欲不振而已。在这一年的4月，正处于第一次世界大战的法国也传出流感，5月西班牙、6月英国都相继发生病情，但都不严重。第二阶段发生于1918年秋季，是死亡率最高的阶段。1918年8月，在刚离开西非国家塞拉利昂的英国船上发生了致命的流感，该船抵达英国之前，75%的船员被感染，7%的船员死亡，其他多艘船只也发生了类似的情况。同年10月是美国历史上最黑暗的一个月，20万美国人在这个月感染死去。第三阶段发生于1919年冬季至1920年春季，死亡率介于第一阶段和第二阶段之间。

西班牙大流感是人类历史上遭遇的最为严重的公共卫生事件，自此以后，世界许多国家开启了传染病防治方面的立法。

# 6 社会安全事件应急管理法律法规

社会安全事件是指突然发生、由人为因素引发、社会影响严重、需要政府尤其是公安机关迅速处置的突发事件，一般包括恐怖袭击事件、群体性事件、涉外突发事件、民族宗教突发事件以及其他社会影响严重的突发公共事件。社会安全事件的应急管理和处置必须依法规范、有法可依、依法处置，应急管理相关的法律法规是处置社会突发事件的有力保证。本章主要以《中华人民共和国治安管理处罚法》为例，重点介绍治安管理处罚的种类和适用对象，违反治安管理的行为和处罚、处罚程序和执法监督。

## 6.1 中华人民共和国治安管理处罚法

2005 年 8 月 28 日第十届全国人民代表大会常务委员会第十七次会议审议通过了《中华人民共和国治安管理处罚法》(简称《治安管理处罚法》)，自 2006 年 3 月 1 日起施行。2012 年 10 月 26 日第十一届全国人民代表大会常务委员会第二十九次会议通过了《关于修改〈中华人民共和国治安管理处罚法〉的决定》,《治安管理处罚法》根据该决定修正。

### 6.1.1 治安管理处罚的种类和适用对象

1. 处罚种类

治安管理处罚的种类分为警告、罚款、行政拘留和吊销公安机关发放的许可证四类，对违反治安管理的外国人，可以附加适用限期出境或者驱逐出境。

1）警告

警告在治安管理处罚中属于最轻微的一种，只适用于违反治安管理情节轻微的情形，或者违反治安管理行为人具有法定从轻、减轻处罚的情形。警告的目的在于对违法行为人提出告诫，指出危害，使其引起警觉，不致再犯，具有谴责和训诫双重含义。《治安管理处罚法》第九十一条规定，警告可由公安派出所决定。警告处罚具有两个特点：一是它充分体现了教育与处罚相结合原则。警告与批评教育从内容到形式都有许多相似之处，都要摆事实，讲道理，晓以利害，明确责任。可以说，警告是一种特殊的批评教育方法。但是，警告作为一种治安管理处罚，要比批评教育严厉得多。警告由公安机关决定，要制作处罚决定书，向违反治安管理行为人宣布并交给本人。二是警告使用方便。警告的实施，除了开具处罚决定书外，不需要任何设施和物质条件。对轻微的违反治安管理行为，公安民警可以当场作出警告决定。警告不同于刑法第三十七条规定的“训诫”。训诫是人民法院对于犯罪情节轻微不需要判处刑罚的犯罪分子，在判决免予刑事处罚的同时，根据案件的具体情况，以口头方式进行批评教育的一种非刑罚性处置措施。本法规定的警告在本质上也属于行政处罚，它与其他法律、法规、规章规定的作为行政处罚的警告的主要区别是适用对象不同和作出决定的机关不同。

2）罚款

罚款是给违反治安管理行为人处以支付一定金钱义务的处罚，是实践中比较常用的一种处罚方式。罚款的作用在于通过使违反治安管理行为人在经济上受到损失，起到对其的惩戒和教育作用。根据各种违反治安管理行为的性质、危害程度以及罚款处罚的有效性等，设定了不同金额的罚款。根据本法第九十一条的规定，罚款的处罚一般由县级以上公安机关决定，但对于500元以下的罚款，可以由公安派出所决定。本法规定的罚款在本质上属于行政处罚，它与其他法律、法规、规章规定的作为行政处罚的罚款，主要区别也是适用对象不同和作出决定的机关不同。公安机关在适用罚款处罚时要注意两个问题：一是罚款要力求客观合理，符合错罚相当原则。要根据案件的性质、情节等具体情况，通盘考虑，客观分析，力求准确无误，合情合理。二是要严格履行罚款的法律手续。罚款手续是公安机关对被处罚人出具的结论性材料，也是公安机关实施罚款处罚、违反治安管理行为人受到罚款处罚的凭据。办案民警应当将处罚决定书和罚款收据交给被处罚人，不得给被处罚人打白条，也不得以扣押财物的文书替代；否则很容易让被处罚人产生怀疑和误解，造成不良的社会效果。

3）行政拘留

行政拘留是公安机关对违反治安管理行为人依法在一定时间内拘禁留置于法定处所，短期剥夺其人身自由的一种处罚方式，是对自然人最严厉的一种治安管理处罚。主要适用于违反治安管理行为情节较为严重的人。《治安管理处罚法》第九十一条规定，行政拘留的处罚只能由县级以上人民政府公安机关决定。

**【案例】**某日，张某与家人在长沙办完事后，前往长沙烈士公园游玩。当他们乘坐的出租车刚在公园南门停下，两名妇女就跑过来，一前一后拉开出租车前后门，用身体挡在门口，一边念叨着听不懂的话，一边伸手索要钱物。当遭到拒绝后，两名乞讨妇女又扯衣服又是拦路，跟着张某纠缠了十几米，直到附近巡逻的民警上前制止，张某才得以脱身。经民警调查，两名乞讨妇女自称湖北监利县人，每天在烈士公园门口向行人尤其是外地游客强行乞讨。查明案情后，民警按照《治安管理处罚法》对两人处以拘留 3 天的行政处罚。

4）吊销公安机关发放的许可证

吊销公安机关发放的许可证是指剥夺违反治安管理行为人已经取得的，由公安机关依法发放的从事某项与治安管理有关的行政许可事项的许可证，使其丧失继续从事该项行政许可事项的资格的一种处罚，属于资格罚。需要特别注意的是，此种处罚只能是吊销公安机关发放的许可证，而不能吊销其他机关颁发的许可证照。根据本法的规定，吊销公安机关发放的许可证的处罚，应当由县级以上公安机关决定。

2. 适用对象

《治安管理处罚法》适用于扰乱公共秩序，妨害公共安全，侵犯人身权利、财产权利，妨害社会管理，具有社会危害性，尚不够刑事处罚的行为，即违反治安管理行为。违反治安管理行为具有以下特征。

（1）具有一定的社会危害性。这是违反治安管理行为最基本的特征，也是本法将其规定为违反治安管理行为并给予治安管理处罚的依据所在。社会危害性的内容表现为以下几个方面：一是侵犯社会公共利益，即扰乱公共秩序、危害公共安全；二是侵犯公民人身权利，即公民享有法律规定的人身安全、自由、人格、名誉等不受侵犯的权利；三是侵犯国有财产或者劳动群众集体所有的财产，侵犯公民私人所有的财产；四是妨害社会管理秩序，即法律所保护的国家对社会各个方面的正常管理秩序。

（2）具有违法性。这是违反治安管理行为的法律特征，是评价违反治安管理行为的法律标准。这里所讲的“具有违法性”，是指行为人不遵守治安管理法律规范的要求，实施了治安管理法律规范禁止的行为，或者拒不实施治安管理法律规范命令实施的行为，违反了治安管理法律义务。也就是说，违反治安管理行为应当是违反了本法和其他有关治安管理的法律、行政法规、规章的行为。行为的违法性和社会危害性具有内在联系。凡是具有社会危害性的行为，也必然具有违法性。

（3）尚不够刑事处罚。这是违反治安管理行为区别于犯罪的特征。《刑法》规定的犯罪包括十大类：危害国家安全罪，危害公共安全罪，破坏社会主义市场经济秩序罪，侵犯公民人身权利、民主权利罪，侵犯财产罪，妨害社会管理秩序罪，危害国防利益罪，贪污贿赂罪，渎职罪和军人违反职责罪。其中，危害公共安全罪、侵犯公民人身权利、民主权利罪、侵犯财产罪、妨害社会管理秩序罪等四大类罪中很多犯罪涉及治安管理，有一些犯罪本身就是严重违反治安管理的行为。对扰乱公共秩序、妨害公共安全、侵犯人身权利和财产权利、妨害社会管理，具有社会危害性，构成犯罪的行为，应当依法追究刑事责任；尚不够刑事处罚的，应当作为违反治安管理行为，依法给予治安管理处罚。需要注意的是，本法规定的一些违反治安管理行为，在表现形态上与《刑法》规定的某些犯罪相同或者相似，只是有情节或者程度的差别。

### 6.1.2 违反治安管理的行为和处罚

1. 扰乱公共秩序的行为和处罚

1）对扰乱单位、公共场所、公共交通和选举秩序的处罚规定

第二十三条规定，有下列行为之一的，处警告或者二百元以下罚款；情节较重的，处五日以上十日以下拘留，可以并处五百元以下罚款：①扰乱机关、团体、企业、事业单位秩序，致使工作、生产、营业、医疗、教学、科研不能正常进行，尚未造成严重损失的；②扰乱车站、港口、码头、机场、商场、公园、展览馆或者其他公共场所秩序的；③扰乱公共汽车、电车、火车、船舶、航空器或者其他公共交通工具上的秩序的；④非法拦截或者强登、扒乘机动车、船舶、航空器以及其他交通工具，影响交通工具正常行驶的；⑤破坏依法进行的选举秩序的。

聚众实施上述行为的，对首要分子处十日以上十五日以下拘留，可以并处一千元以下罚款。

（1）扰乱单位秩序。扰乱单位秩序是指造成该单位秩序的混乱，表现为使单位秩序由有序变为无序，致使工作、生产、营业、医疗、教学、科研等不能正常进行，但未造成严重损失。扰乱行为的表现形式，既有暴力性质的，如砸毁办公用品，纠缠推搡工作人员等，也有非暴力性质的，起哄、闹事、辱骂等，如近些年多发的“医闹”现象。

（2）扰乱公共场所秩序。本项行为侵犯的客体为公共场所的秩序。所谓“公共场所”，是指具有公共性的特点，对公众开放，供不特定的多数人出入、停留、使用的场所，如本项所列举的车站、港口、码头、机场、商场、公园、展览馆或者其他公共场所。公共场所秩序是指保证公众顺利的出入、使用公共场所而规定的公共行为准则。该项行为的表现就是在公共场所故意违反公共行为准则，起哄闹事、打架斗殴、损毁财物、制造混乱、阻碍干扰维持秩序人员依法履行职务，非法游行或者静坐示威，造成交通阻塞等。本项行为的主体是一般主体，即符合法律规定应当承担违反治安管理责任的任何自然人。本项行为与扰乱单位秩序行为的客观表现相似，但客体不同，对象不同，扰乱单位秩序行为的发生地是机关、团体、企业和事业单位，本项行为发生地则在公共场所。

（3）扰乱公共交通工具上的秩序。本项行为侵犯的客体是公共交通工具上的秩序。公共交通工具，如本项所列举的公共汽车、电车、火车、船舶、航空器等。这里的公共交通工具是指运营和使用中的交通工具，停放在库内或车站、码头上待用的公共交通工具上发生类似行为不属于扰乱公共交通工具上秩序的行为。本项行为具有如下特征：扰乱公共交通工具秩序的行为。扰乱主要是指不遵守有关公共交通工具秩序的规定，无理取闹，如乘车不购票，拒绝乘务人员查票，不在站台候车，携带蛇、狗等动物乘车，携带危险品乘车等。扰乱公共交通工具上的秩序的行为，影响了公共交通工具的正常运行和安全，一般是尚未达到情节严重的程度。

（4）妨碍交通工具正常行驶的行为。本项行为侵犯的客体是机动车、船舶、航空器以及其他交通工具的正常行驶秩序。需要注意的是，这里所说的交通工具不仅是公共交通工具，也包括单位、个人自用的交通工具，行为表现为采用非法拦截或者强登、扒乘等方法影响机动车、船舶、航空器以及其他交通工具正常行使。非法拦截是指没有合法依据和正当理由进行拦截，影响交通工具正常行驶；强登是指没有得到车主同意而强行登车；扒乘是指乘车主不备而秘密乘车的行为。本项行为与扰乱公共交通工具上的秩序的行为的区别在于，本项行为侧重于对交通秩序本身的扰乱、妨碍，后者侧重于对交通运输工具上秩序的扰乱；本项行为针对的对象不限于公共交通工具，后者限于公共交通工具。

（5）破坏选举秩序。本项行为侵犯的客体是依法进行的选举活动和正常的选举秩序。破坏选举秩序的行为在客观上表现为暴力威胁、欺骗、贿赂、伪造选举文件、虚报选举票数等手段，破坏选举或者妨碍选民或代表自由行使选举权和被选举权。本项所指的破坏选举秩序的行为从后果上看对选举活动造成的影响不大，如果情节严重，则构成刑法上的破坏选举罪。但破坏选举罪仅限于选举各级人民代表和国家机关领导人员的选举活动。

2）对扰乱文化、体育等大型群众性活动秩序的处罚规定

第二十四条规定，有下列行为之一，扰乱文化、体育等大型群众性活动秩序的，处警

告或者二百元以下罚款；情节严重的，处五日以上十日以下拘留，可以并处五百元以下罚款：①强行进入场内的；②违反规定，在场内燃放烟花爆竹或者其他物品的；③展示侮辱性标语、条幅等物品的；④围攻裁判员、运动员或者其他工作人员的；⑤向场内投掷杂物，不听制止的；⑥扰乱大型群众性活动秩序的其他行为。

因扰乱体育比赛秩序被处以拘留处罚的，可以同时责令其十二个月内不得进入体育场馆观看同类比赛；违反规定进入体育场馆的，强行带离现场。

大型群众性文体活动关系到社会安定和人民群众的生命安全，其举办应当通过行政许可。大型群众性活动的预计参加人数在1000人以上5000人以下的，由活动所在地县级人民政府公安机关实施安全许可；预计参加人数在5000人以上的，由活动所在地设区的市级人民政府公安机关或者直辖市人民政府公安机关实施安全许可；跨省、自治区、直辖市举办大型群众性活动的，由国务院公安部门实施安全许可。

3）对扰乱公共秩序的处罚规定

第二十五条规定有下列行为之一的，处五日以上十日以下拘留，可以并处五百元以下罚款；情节较轻的，处五日以下拘留或者五百元以下罚款：①散布谣言，谎报险情、疫情、警情或者以其他方法故意扰乱公共秩序的；②投放虚假的爆炸性、毒害性、放射性、腐蚀性物质或者传染病病原体等危险物质扰乱公共秩序的；③扬言实施放火、爆炸、投放危险物质扰乱公共秩序的。

（1）散布谣言，谎报险情、疫情、警情或者以其他方法故意扰乱公共秩序。行为的主体是达到责任年龄且具有责任能力的自然人，侵犯的客体是社会公共秩序。行为人在主观上表现为故意，过失则不构成该行为。本项行为在客观上主要表现为实施了散布谣言，谎报险情、疫情、警情或者以其他方法故意扰乱公共秩序，尚不够刑事处罚的行为。其中，“散布谣言”是指捏造并散布没有事实根据的谎言用以迷惑不明真相的群众，扰乱社会公共秩序的行为。“谎报险情、疫情、警情”是指编造火灾、水灾、地质灾害以及其他危险情况和传染病传播的情况以及有违法犯罪行为发生或者明知是虚假的险情、疫情、警情而向有关部门报告的行为。

（2）投放虚假的危险物质扰乱公共秩序。危险物质是指爆炸性、毒害性、放射性、腐蚀性物质或传染病病原体等物质。投放虚假的危险物质，是指明知是虚假的危险物质而将其放置于他人或者公众面前或者周围的行为。这种投放行为一般是以邮寄、放置、丢弃等方式实施的。投放的危险物质虽然是虚假的，但也会造成一定范围的群众恐慌，扰乱社会的公共秩序。特别是在恐怖分子投放真的危险物质的情况下，这种投放虚假的危险物质的行为，会使人真假难辨，危害更大，应当予以处罚。

（3）扬言实施放火、爆炸、投放危险物质扰乱公共秩序。行为的主体是达到责任年龄且具有责任能力的自然人；行为侵犯的客体是社会公共秩序。行为在客观方面表现为扬言实施放火、爆炸、投放危险物质。所谓“扬言实施”，实则并没实施上述行为，而是以公开表达的方式使人相信其将实施上述行为。公开表达的形式可以是书面的，也可以是口头的。构成本类行为并非没有程度的要求，除了扬言实施放火、爆炸、投放危险物质之外，客观上还要求该行为达到了扰乱了正常的公共秩序的程度。本类行为在主观上是故意的，至于行为的动机则可能是多种多样的，如有的人是因为个人的某些要求没有得到满足而实施，有的是出于对他人的仇视而实施，这都不影响该行为的成立。

**【案例】**2020 年 1 月 27 日，华亭市公安局上关派出所民警在工作中发现，有人利用手机微信散布上关镇出现一例“新冠肺炎”的虚假信息。上关派出所闻警即动，立即开展调查，迅速确定了散布虚假信息的行为人，并于当日抓获归案。

经查，上关镇半川村村民张某某看到“上关镇出现一例‘新冠肺炎’”的信息，未加核实便通过微信给其 105 位微信好友转发，此信息引起社会恐慌，造成不良社会影响。

根据《治安管理处罚法》第二十五条第一项之规定，华亭市公安局依法对虚构事实扰乱公共秩序散布疫情谣言的违法行为人张某某处以行政拘留五日的处罚。

2. 妨害公共安全的行为和处罚

1）对违反危险物质管理的处罚规定

第三十条规定，违反国家规定，制造、买卖、储存、运输、邮寄、携带、使用、提供、处置爆炸性、毒害性、放射性、腐蚀性物质或者传染病病原体等危险物质的，处十日以上十五日以下拘留；情节较轻的，处五日以上十日以下拘留。

违反危险物质管理的行为，主要是指违反国家有关规定，制造、买卖、储存、运输、邮寄、携带、使用、提供、处置爆炸性、毒害性、放射性、腐蚀性物质或传染病病原体等危险物质的行为。这种行为之所以要受到处罚，其前提条件是违反了“国家规定”，具有社会危害性。这里的“国家规定”，主要是指与危险物质的制造、买卖、储存、运输、使用、进出口以及其他管理的有关法律、行政法规，如《消防法》《民用爆炸物品安全管理条例》《危险化学品安全管理条例》《烟花爆竹安全管理条例》《放射性物品运输安全管理条例》等。为了有效控制危险物质污染环境和危害公共安全，近年来我国陆续通过了一些法律、法规、规章及相应的规范性文件，对危险物质的处置予以严格规范。

2）对妨害航空器飞行安全的处罚规定

第三十四条规定，盗窃、损坏、擅自移动使用中的航空设施，或者强行进入航空器驾驶舱的，处十日以上十五日以下拘留。

在使用中的航空器上使用可能影响导航系统正常功能的器具、工具，不听劝阻的，处五日以下拘留或者五百元以下罚款。

根据本条的规定，盗窃、损坏、擅自移动航空设施的行为，是指行为人盗窃、损坏、擅自移动使用中的航空设施的行为。这类违反治安管理行为的对象是使用中的航空设施。“盗窃”是指行为人以非法占有为目的，秘密窃取航空设施的行为；“损坏”是指行为人实施不当的行为，从而致使有关航空设施的功能失去或者部分失去效能的行为。“擅自移动”是指行为人未经允许，而根据自己的意愿，将有关的航空设施移走、改变方向等行为。航空设施是保证飞机安全起飞、降落和飞行的重要保障，而建设完善的航空设施需要大量的财力、物力和人力的投入；同时，更要注意日常的维护和保养，这是保证机场正常运转和航空器正常起降的重要条件。

**【案例】**某日，28 岁的重庆男子冯某某乘坐四川航空某航班从重庆飞往北京。当飞机落地停稳后，冯某某嫌排队下机的人多，便擅自打开安全门，导致逃生气囊滑梯打开。此前，因冯某某座位位于安全门附近，空乘人员曾特别提醒其不要擅自打开安全门。由于维修逃生气囊滑梯以及因飞机维修导致航班非正常营运而造成了经济损失，冯某某面临航空公司的经济索赔。同时，根据《治安管理处罚法》的规定，机场警方依法对涉嫌损坏移动航空设施的冯某某处以 15 日行政拘留。

3）对妨害铁路运行安全的处罚规定

第三十五条规定，有下列行为之一的，处五日以上十日以下拘留，可以并处五百元以下罚款；情节较轻的，处五日以下拘留或者五百元以下罚款：①盗窃、损毁或者擅自移动铁路设施、设备、机车车辆配件或者安全标志的；②在铁路线路上放置障碍物，或者故意向列车投掷物品的；③在铁路线路、桥梁、涵洞处挖掘坑穴、采石取沙的；④在铁路线路上私设道口或者平交过道的。

第三十六条规定，擅自进入铁路防护网或者火车来临时在铁路线路上行走坐卧、抢越铁路，影响行车安全的，处警告或者二百元以下罚款。

4）对妨害公共道路安全的处罚规定

第三十七条规定，有下列行为之一的，处五日以下拘留或者五百元以下罚款；情节严重的，处五日以上十日以下拘留，可以并处五百元以下罚款：①未经批准，安装、使用电网的，或者安装、使用电网不符合安全规定的；②在车辆、行人通行的地方施工，对沟井坎穴不设覆盖物、防围和警示标志的，或者故意损毁、移动覆盖物、防围和警示标志的；③盗窃、损毁路面井盖、照明等公共设施的。

本条规定中，道路施工妨碍行人安全，是指在车辆、行人通行的地方施工，施工单位对沟井坎穴不设覆盖物、防围和警示标志的行为。破坏道路施工安全设施，是指行为人故意损毁、移动覆盖物、防围和警示标志的行为。这里的“覆盖物、防围”是指在道路施工中为了防止非机动车、行人跌落或者机动车损毁的发生，用于遮拦开凿挖掘的沟井坎穴所设的铁板、帆布、毡布、护栏、塑料布等。“警示标志”是指警示灯、旗帜、标志杆、警告牌等。在实践中，施工单位在车辆、行人通行的地方施工，对沟井坎穴不设覆盖物、防围和警示标志，因此造成的非机动车、行人跌落或者机动车损毁事件屡有发生，这种行为严重危及公共安全。

5）对违规举办大型活动的处罚规定

第三十八条规定，举办文化、体育等大型群众性活动，违反有关规定，有发生安全事故危险的，责令停止活动，立即疏散；对组织者处五日以上十日以下拘留，并处二百元以上五百元以下罚款；情节较轻的，处五日以下拘留或者五百元以下罚款。

举办文化、体育等大型群众性活动不符合有关规定的行为，是指举办大型活动违反有关规定，有发生安全事故危险的行为。“有关规定”既包括法律、行政法规、部门规章和地方政府规章，也包括各级人民政府的决定和命令。违法行为的表现，既包括举办大型活动未经许可的情形，又包括虽经许可，但承办者擅自变更活动的时间、地点、内容或者擅自扩大大型群众性活动的举办规模的情形，实践中把握的标准为是否“有发生安全事故危险”。不符合有关的安全规定，如参加者大大超出场地人员的核定容量，迅速疏散人员的应急预案等存在严重安全隐患，不符合举办大型活动的安全要求，可能危及参加者人身财产安全等情况等。群众性活动的组织者或举办单位及负责人，应在公安机关的协助和指导下，拟定安全方案，落实安全措施。

6）对社会公众活动场所经营管理人员违反安全规定的处罚规定

第三十九条规定，旅馆、饭店、影剧院、娱乐场、运动场、展览馆或者其他供社会公众活动的场所的经营管理人员，违反安全规定，致使该场所有发生安全事故危险，经公安机关责令改正，拒不改正的，处五日以下拘留。

旅馆、饭店、影剧院、娱乐场、运动场、展览馆或者其他供社会公众活动的场所，是供大众进行消费、娱乐、休闲、运动和进行大型活动的场所。因此，这些场所的安全问题就显得十分重要。生活中许多事例已经证明，公众活动场所如果不重视安全，一旦发生事故，会造成众多人员伤亡或者重大财产损失。对公共活动场所违反安全规定的行为，有必要给予处罚。

**【案例】**2006 年 6 月 15 日上午，王某窜至某景观大道，用自带榔头砸坏一个埋在地下的路面景观灯的玻璃，并撬出了景观灯的电线及内壁的反光铝皮，正准备继续挖景观灯的外壳时，被警方抓获。行为人王某交代行为的目的是盗窃景观灯的铝皮及外壳，当作废旧金属卖。由于王某的毁坏性盗窃，致使景观灯报废，行人的安全也受到了影响。2006 年 6 月 25 日，公安机关根据《治安管理处罚法》第三十七条第三项的规定，以盗窃、损毁路面井盖、照明等公共设施对王某处行政拘留五日。

3. 侵犯人身权利、财产权利的行为和处罚

1）对侵犯人身权利行为的处罚规定

第四十二条规定，有下列行为之一的，处五日以下拘留或者五百元以下罚款；情节较重的，处五日以上十日以下拘留，可以并处五百元以下罚款：①写恐吓信或者以其他方法威胁他人人身安全的；②公然侮辱他人或者捏造事实诽谤他人的；③捏造事实诬告陷害他人，企图使他人受到刑事追究或者受到治安管理处罚的；④对证人及其近亲属进行威胁、侮辱、殴打或者打击报复的；⑤多次发送淫秽、侮辱、恐吓或者其他信息，干扰他人正常生活的；⑥偷窥、偷拍、窃听、散布他人隐私的。

2）对盗窃、诈骗、明抢、抢夺、敲诈勒索、损毁公私财物的处罚规定

第四十九条规定，盗窃、诈骗、哄抢、抢夺、敲诈勒索或者故意损毁公私财物的，处五日以上十日以下拘留，可以并处五百元以下罚款；情节较重的，处十日以上十五日以下拘留，可以并处一千元以下罚款。

（1）盗窃。盗窃是指以非法占有为目的，秘密窃取公私财物的行为。具体是指：①行为侵犯的对象是公私财物。公私财物包括国有财产、劳动群众集体所有的财产和私人所有的财产。根据《最高人民法院关于审理盗窃案件具体应用法律若干问题的解释》的规定，公私财物还包括电力、煤气、天然气等。②行为人实施了秘密窃取的行为。秘密窃取就是行为人采用不易被财物所有人、保管人或者其他人发现的方法，将公私财物非法占有的行为。③行为人具有非法占有公私财物的目的。

（2）诈骗。诈骗是指以非法占有为目的，用虚构事实或者隐瞒真相的方法，骗得公私财物的行为。虚构事实就是捏造不存在的事实，骗取被侵害人的信任，虚构的事实可以是部分虚构，也可以是全部虚构。隐瞒真相就是对财物所有人、管理人掩盖客观存在的某种事实，以此哄骗其交出财物。在上述情况下，财物所有人、管理人由于受骗，不了解事实真相，表面上看是“自愿地”交出财物，实质上是违反其本意的。

（3）哄抢。哄抢行为具体是指：①行为人明知是国家、集体、公民所有的财物，出

于非法占有的目的，一哄而上，乘乱或者乘危急抢走公私财物的；②参加哄抢的人数较多，少则几个人，十几个人，多则上百人、上千人；③行为人实施了采取哄闹、滋扰或者其他手段，公然夺取公私财物的行为。这种行为具有公然性，哄抢者并不刻意掩饰、隐瞒其哄抢行为，而是公开实施，造成公私财物的所有人、保管人无法阻止、无力阻止而乱拿乱抢的状态。

（4）抢夺。抢夺是指以非法占有为目的，公然夺取公私财物的行为。具体是指：①行为人实施了乘人不备，公然夺取他人财物的行为。②行为人必须是故意的，以非法占有公私财物为目的。

（5）敲诈勒索。敲诈勒索是指以非法占有为目的，对公私财物的所有人、保管人使用威胁或者要挟的方法，勒索公私财物的行为。具体是指：①行为人必须使用威胁或者要挟的方法勒索财物，这是敲诈勒索的最主要的特点；②行为人必须具有非法占有他人财物的目的。

（6）故意损毁公私财物。故意损毁公私财物是指非法毁灭或者损坏公共财物或者公民私人所有的财物的行为。具体是指：①行为侵犯的是公私财物所有权关系，侵犯对象是公私财物。②行为人实施了故意损毁公私财物的行为。“损毁”包括损坏和毁灭。损坏是指使物品部分丧失价值和使用价值；毁灭是指用焚烧、摔砸等方法使物品全部丧失其价值和使用价值。③行为人必须是故意的，即具有损毁公私财物的目的，如果行为人是过失损毁公私财物的，不属于故意损毁公私财物的行为。

4. 妨害社会管理的行为和处罚

1）对拒不执行紧急状态决定、命令和阻碍执行公务的处罚规定

第五十条规定，有下列行为之一的，处警告或者二百元以下罚款；情节严重的，处五日以上十日以下拘留，可以并处五百元以下罚款：①拒不执行人民政府在紧急状态情况下依法发布的决定、命令的；②阻碍国家机关工作人员依法执行职务的；③阻碍执行紧急任务的消防车、救护车、工程抢险车、警车等车辆通行的；④强行冲闯公安机关设置的警戒带、警戒区的。阻碍人民警察依法执行职务的，从重处罚。

（1）拒不执行紧急状态下的决定、命令，指行为人拒不执行人民政府在紧急状态下依法发布的决定、命令，尚不够刑事处罚的行为。

拒不执行即抗拒执行，行为方式包括作为和不作为两种形式。所谓紧急状态，主要是指发生了特别重大的突发事件，采取《突发事件应对法》和其他有关法律、法规、规章规定的应急处置措施不能消除或者有效控制、减轻其严重社会危害，该特别重大突发事件已对人民生命财产安全、国家安全、公共安全、环境安全或者社会秩序构成重大威胁的现实状态。为了维护国家和地区稳定，维护公共利益，政府发布的紧急状态下的决定、命令可能会对公民的人身自由和财产权利作出一些限制，公民对此负有容忍和遵守的义务。因此，拒不执行人民政府在紧急状态情况下依法发布的决定、命令的，法律应当予以惩处。

（2）阻碍执行职务，指阻碍国家机关工作人员依法执行职务，尚不够刑事处罚的行为。

本行为在客观方面主要有三个特征：一是实施了阻碍行为。这里的“阻碍”，指行为人以主动的、非暴力的方式实施的阻挠、妨碍行为，通常表现为吵闹、谩骂、无理纠缠

等。阻碍行为可以对人身实施，也可以对财物实施，如围堵、纠缠依法执行职务的警察车辆。二是行为对象，必须是国家机关工作人员。三是所阻碍的必须是依法执行职务的行为。

（3）阻碍特种车辆通行，指阻碍执行紧急任务的消防车、救护车、工程抢险车、警车等车辆通行，尚不够刑事处罚的行为。为了维护公共安全，抢险救灾，抢救他人生命，法律赋予消防车、救护车、工程抢险车、警车等在执行紧急任务时的优先通行权。

（4）冲闯警戒带、警戒区，指行为人强行冲闯公安机关设置的警戒带、警戒区，尚不够刑事处罚的行为。

为了保护重大事故、违法犯罪活动现场，维护特定区域的治安秩序，公安机关在特定工作中经常要设置警戒带、警戒区。强行冲闯警戒带、警戒区的行为，严重影响了公安机关履行职责，扰乱了警戒区现场秩序。为此《治安管理处罚法》对强行冲闯警戒带、警戒区的行为作出了处罚的规定。

2）对非法集会、游行、示威的处罚规定

第五十五条规定，煽动、策划非法集会、游行、示威，不听劝阻的，处十日以上十五日以下拘留。

本行为侵犯的客体是国家对社会正常的管理秩序和国家对集会、游行、示威活动的管理制度。根据《集会游行示威法》第二条的规定，集会是指聚集于露天公共场所，发表意见、表达意愿的活动；游行是指在公共道路、露天公共场所列队行进、表达共同意愿的活动；示威是指在露天公共场所或者公共道路上以集会、游行、静坐等方式，表达要求、抗议或者支持、声援等共同意愿的活动。《集会游行示威法》第七条规定，举行集会、游行、示威，必须依法向主管机关提出申请并获得许可。未经申请并经主管机关许可的集会、游行、示威活动为非法的集会游行示威活动；未按照主管机关许可的起止时间、地点、路线进行的集会、游行、示威活动也应视为非法的集会、游行、示威活动。行为人在客观方面表现为两种行为方式，煽动和策划。所谓的煽动，指行为人通过张贴或散发传单或者利用互联网、电话等通信工具，或者采取串联的方式，鼓动和发动群众参加非法的集会、游行、示威活动的行为。所谓策划，是指行为人为举行非法的集会、游行、示威活动进行必要的准备和筹划。煽动、策划非法集会、游行、示威，只有在不听公安机关劝阻，行为人仍进行煽动、策划的，公安机关才予以行政处罚。

### 6.1.3 治安管理处罚程序

违反治安管理行为的处罚程序主要有三个方面：调查、决定和执行。从程序的角度对治安管理处罚行为进行了严格的规范。

1. 调查

调查主要包括受理治安案件登记和处理、严禁非法取证、公安机关的保密义务、回避和传唤、检查程序、鉴定等。

1）受理治安案件登记和处理

第七十七条规定，公安机关对报案、控告、举报或者违反治安管理行为人主动投案，以及其他行政主管部门、司法机关移送的违反治安管理案件，应当及时受理，并进行登记。

第七十八条规定，公安机关受理报案、控告、举报、投案后，认为属于违反治安管理行为的，应当立即进行调查；认为不属于违反治安管理行为的，应当告知报案人、控告人、举报人、投案人，并说明理由。

公安机关是否将有关线索作为违反治安管理的行为进行处理，是否进行治安案件立案，主要按照以下三个方面进行衡量：第一，是否有违反治安管理的事实发生。有违反治安管理的事实发生是公安机关进行治安案件立案的前提。第二，违法行为是否要依法予以治安管理处罚。治安管理处罚属于行政处罚，要依法进行，实行严格的法定主义，于法无据的则不能处罚。第三，是否属于接受案件的公安机关管辖。以上三个条件均符合的，公安机关就可以对受理的案件展开调查活动。同时，本条还强调了开展调查活动的时间——立即，旨在突出治安案件调查的迅速性。

2）严禁非法取证

第七十九条规定，公安机关及其人民警察对治安案件的调查，应当依法进行。严禁刑讯逼供或者采用威胁、引诱、欺骗等非法手段收集证据。以非法手段收集的证据不得作为处罚的根据。

3）公安机关保密义务

第八十条规定，公安机关及其人民警察在办理治安案件时，对涉及的国家秘密、商业秘密或者个人隐私，应当予以保密。

4）回避和传唤

第八十一条规定，人民警察在办理治安案件过程中，遇有下列情形之一的，应当回避；违反治安管理行为人、被侵害人或者其法定代理人也有权要求他们回避：①是本案当事人或者当事人的近亲属的；②本人或者其近亲属与本案有利害关系的；③与本案当事人有其他关系，可能影响案件公正处理的。人民警察的回避，由其所属的公安机关决定；公安机关负责人的回避，由上一级公安机关决定。

第八十二条规定，需要传唤违反治安管理行为人接受调查的，经公安机关办案部门负责人批准，使用传唤证传唤。对现场发现的违反治安管理行为人，人民警察经出示工作证件，可以口头传唤，但应当在询问笔录中注明。

公安机关应当将传唤的原因和依据告知被传唤人。对无正当理由不接受传唤或者逃避传唤的人，可以强制传唤。

5）检查

第八十七条规定，公安机关对与违反治安管理行为有关的场所、物品、人身可以进行检查。检查时，人民警察不得少于二人，并应当出示工作证件和县级以上人民政府公安机关开具的检查证明文件。对确有必要立即进行检查的，人民警察经出示工作证件，可以当场检查，但检查公民住所应当出示县级以上人民政府公安机关开具的检查证明文件。

检查妇女的身体，应当由女性工作人员进行。

6）鉴定

第九十条规定，为了查明案情，需要解决案件中有争议的专门性问题的，应当指派或者聘请具有专门知识的人员进行鉴定；鉴定人鉴定后，应当写出鉴定意见，并且签名。

2. 决定

决定主要包括治安案件的不同处理、治安管理处罚决定书的内容、宣告、送达、抄送、听证、当场处罚等。

第九十一条至第九十四条规定，治安管理处罚由县级以上人民政府公安机关决定；其中警告、五百元以下的罚款可以由公安派出所决定。对决定给予行政拘留处罚的人，在处罚前已经采取强制措施限制人身自由的时间，应当折抵。限制人身自由一日，折抵行政拘留一日。公安机关查处治安案件，对没有本人陈述，但其他证据能够证明案件事实的，可以作出治安管理处罚决定。但是，只有本人陈述，没有其他证据证明的，不能作出治安管理处罚决定。

公安机关作出治安管理处罚决定前，应当告知违反治安管理行为人作出治安管理处罚的事实、理由及依据，并告知违反治安管理行为人依法享有的权利。违反治安管理行为人有权陈述和申辩。公安机关必须充分听取违反治安管理行为人的意见，对违反治安管理行为人提出的事实、理由和证据，应当进行复核；违反治安管理行为人提出的事实、理由或者证据成立的，公安机关应当采纳。

1）治安案件的处理方式

第九十五条规定，治安案件调查结束后，公安机关应当根据不同情况，分别作出处理：①确有依法应当给予治安管理处罚的违法行为的，根据情节轻重及具体情况，作出处罚决定；②依法不予处罚的，或者违法事实不能成立的，作出不予处罚决定；③违法行为已涉嫌犯罪的，移送主管机关依法追究刑事责任；④发现违反治安管理行为人有其他违法行为的，在对违反治安管理行为作出处罚决定的同时，通知有关行政主管部门处理。

2）治安管理处罚决定书的内容

第九十六条规定，公安机关作出治安管理处罚决定的，应当制作治安管理处罚决定书。决定书应当载明下列内容：①被处罚人的姓名、性别、年龄、身份证件的名称和号码、住址；②违法事实和证据；③处罚的种类和依据；④处罚的执行方式和期限；⑤对处罚决定不服，申请行政复议、提起行政诉讼的途径和期限；⑥作出处罚决定的公安机关的名称和作出决定的日期。决定书应当由作出处罚决定的公安机关加盖印章。

3）宣告、送达、抄送

第九十七条规定，公安机关应当向被处罚人宣告治安管理处罚决定书，并当场交付被处罚人；无法当场向被处罚人宣告的，应当在二日内送达被处罚人。决定给予行政拘留处罚的，应当及时通知被处罚人的家属。

有被侵害人的，公安机关应当将决定书副本抄送被侵害人。

4）听证

第九十八条规定，公安机关作出吊销许可证以及处二千元以上罚款的治安管理处罚决定前，应当告知违反治安管理行为人有权要求举行听证；违反治安管理行为人要求听证的，公安机关应当及时依法举行听证。

5）当场处罚

第一百条规定，违反治安管理行为事实清楚，证据确凿，处警告或者二百元以下罚款的，可以当场作出治安管理处罚决定。

当场处罚是一般行政处罚程序的简化程序，旨在提高行政效率。

第一百零一条规定，当场作出治安管理处罚决定的，人民警察应当向违反治安管理行为人出示工作证件，并填写处罚决定书。处罚决定书应当当场交付被处罚人；有被侵害人的，并将决定书副本抄送被侵害人。

前款规定的处罚决定书，应当载明被处罚人的姓名、违法行为、处罚依据、罚款数额、时间、地点以及公安机关名称，并由经办的人民警察签名或者盖章。

当场作出治安管理处罚决定的，经办的人民警察应当在二十四小时内报所属公安机关备案。

3. 执行

执行主要包括行政拘留处罚的执行、当场收缴罚款范围、暂缓执行行政拘留等。

1）行政拘留处罚的执行

第一百零三条规定，对被决定给予行政拘留处罚的人，由作出决定的公安机关送达拘留所执行。

本条是关于行政拘留如何执行的规定。行政拘留是指将被处罚人送至拘留所在一定期限内剥夺其人身自由的处罚方式，也是治安管理处罚中最为严厉的手段。如何执行行政拘留，本条的规定包含了以下 3 个方面的内容。

第一，拘留执行的方式为强制执行。一般而言，对于行政机关作出的处罚决定，被处罚人应当主动履行，不履行的由行政机关依法强制执行。

第二，拘留执行的机关为作出拘留决定的机关。本条规定的“作出决定的公安机关”是指有权决定行政拘留处罚的公安机关，即县级以上人民政府公安机关。公安派出所无权自己决定行政拘留处罚，只能决定警告或者 500 元以下罚款的处罚。

第三，拘留执行场所为拘留所。拘留所是依法设立的执行行政拘留和司法拘留的专门场所。拘留所不同于看守所，看守所内的羁押对象为被刑事拘留和被判处有期徒刑 1 年以下或余刑在 1 年以下的人。根据国家有关规定，拘留所由县（自治县、旗）、市公安局、城市公安分局设置。县级的铁路、交通、民航、林业公安局（处）根据需要，经省、自治区、直辖市公安厅、局批准，也可以设置拘留所。根据本条的规定，公安局机关执行行政拘留处罚的，应当派员将被处罚人送到拘留所执行。

2）当场收缴罚款范围

第一百零四条规定，受到罚款处罚的人应当自收到处罚决定书之日起十五日内，到指定的银行缴纳罚款。但是，有下列情形之一的，人民警察可以当场收缴罚款：①被处五十元以下罚款，被处罚人对罚款无异议的；②在边远、水上、交通不便地区，公安机关及其人民警察依照本法的规定作出罚款决定后，被处罚人向指定的银行缴纳罚款确有困难，经被处罚人提出的；③被处罚人在当地没有固定住所，不当场收缴事后难以执行的。

3）暂缓执行行政拘留

第一百零七条规定，被处罚人不服行政拘留处罚决定，申请行政复议、提起行政诉讼的，可以向公安机关提出暂缓执行行政拘留的申请。公安机关认为暂缓执行行政拘留不致发生社会危险的，由被处罚人或者其近亲属提出符合本法规定条件的担保人，或者按每日行政拘留二百元的标准交纳保证金，行政拘留的处罚决定暂缓执行。

### 6.1.4 执法监督

公安机关及人民警察在办理治安案件时应遵循执法原则，同时也应当接受社会和公民的监督。

1. 执法原则

第一百一十二条规定，公安机关及其人民警察应当依法、公正、严格、高效办理治安案件，文明执法，不得徇私舞弊。

（1）依法。依法治国，是党领导人民治理国家的基本方略。依法行政，既是依法治国的应有之义，又是国家行政管理活动中贯彻落实依法治国方略的体现。公安机关及其人民警察应当按照依法治国、依法行政的要求，正确理解立法原意，忠实于法律精神，维护法律的尊严和权威，办理治安案件时必须依照法律、法规、规章规定的实体和程序进行，每一个执法环节、每一个执法步骤都按照法律规定进行，逐步实现执法行为的规范化、标准化，减少甚至杜绝执法的随意性。

（2）公正。即公平正直，是指平等地对待当事各方，坚持一个标准对待不同案件的当事人，不偏袒任何人，也不歧视任何人，对一切违法犯罪行为都依法予以打击，对公民的一切合法权益都依法予以保护，平等和公正地适用法律。公正是法治的灵魂，是执法者应当具备的品质。

（3）严格。有法必依、执法必严、违法必究是社会主义法制原则，也是严格执法的必然要求。公安机关及其人民警察要严格按照法律规定办事，严格执法，坚持做到不枉不纵，严格依法查处违反治安管理行为，坚决防止和纠正执法“不作为”和“乱作为”。

（4）高效。公安机关在行使权力和执法活动中重视公正的同时，必须讲究效率。办理治安案件作为公安机关的一项重要执法活动，也必须讲究效率。高效是办理治安案件工作的重要准则，其主要内容包括公安机关对报案、控告、举报或者违反治安管理行为人主动投案，以及其他行政主管部门、司法机关移送的违反治安管理案件，应当及时受理并登记等。

（5）文明。文明是指人民警察在办理治安案件过程中，应当做到言行举止得体、警容风纪严整，公安队伍在整体上给人以守纪律、有礼节、仪表整洁威严、举止干练有素的良好形象。

（6）不得徇私舞弊。这是依法、公正、严格办理治安案件的必然要求。徇私舞弊是一种严重的违法乱纪行为，公安民警一旦实施，将受到行政纪律处分；造成严重后果或者有其他严重情节的，还要依法承担刑事责任。

2. 监督方式

第一百一十四条规定，公安机关及其人民警察办理治安案件，应当自觉接受社会和公民的监督。

公安机关及其人民警察办理治安案件，不严格执法或者有违法违纪行为的，任何单位和个人都有权向公安机关或者人民检察院、行政监察机关检举、控告；收到检举、控告的机关，应当依据职责及时处理。

对公安机关办理治安案件的监督，包括外部监督和内部监督两个方面。①外部监督，即由国家检察机关、行政监察机关、社会和公民对公安机关及其人民警察的监督。从广义来说，对公安机关办理治安案件的外部监督还包括国家权力机关、人民政府、审判机关等机关实施的监督。②内部监督，即公安机关内部对有关办案部门及其人民警察办理治安案件的监督，主要是上级公安机关对下级公安机关的监督、警务督察部门和法制部门的监督。

社会和公民的监督，是指单位和个人，依法对公安机关办理治安案件的情况，通过一定的方式所进行的监督。人民群众监督的性质是非国家性质的社会公众监督，是来自人民群众的自下而上的监督。人民群众可以直接，也可以通过新闻媒体对公安机关及其人民警察的各项工作提出批评和建议，帮助公安机关及其人民警察改进工作。同样，人民群众对公安机关办理治安案件的监督包括直接监督和间接监督两种形式。直接监督的主要形式是向公安机关提出批评和建议、来信、来访及进行申诉、检举、控告。间接监督包括通过人大代表、各级人民政府、人民法院、人民检察院、社会组织和新闻媒体对公安机关及其人民警察办理治安案件工作进行的监督。

## 6.2 其他与社会安全事件相关的法律规定

### 6.2.1 《中华人民共和国刑法》相关规定

《中华人民共和国刑法》关于扰乱公共秩序罪和危害公共安全罪的相关规定如下。

1. 扰乱公共秩序罪

第二百七十七条规定，以暴力、威胁方法阻碍国家机关工作人员依法执行职务的，处三年以下有期徒刑、拘役、管制或者罚金。

第二百九十条规定，聚众扰乱社会秩序，情节严重，致使工作、生产、营业和教学、科研、医疗无法进行，造成严重损失的，对首要分子，处三年以上七年以下有期徒刑；对其他积极参加的，处三年以下有期徒刑、拘役、管制或者剥夺政治权利。聚众冲击国家机关，致使国家机关工作无法进行，造成严重损失的，对首要分子，处五年以上十年以下有期徒刑；对其他积极参加的，处五年以下有期徒刑、拘役、管制或者剥夺政治权利。多次扰乱国家机关工作秩序，经行政处罚后仍不改正，造成严重后果的，处三年以下有期徒刑、拘役或者管制。多次组织、资助他人非法聚集，扰乱社会秩序，情节严重的，依照前款的规定处罚。

第二百九十一条规定，聚众扰乱车站、码头、民用航空站、商场、公园、影剧院、展览会、运动场或者其他公共场所秩序，聚众堵塞交通或者破坏交通秩序，抗拒、阻碍国家治安管理工作人员依法执行职务，情节严重的，对首要分子，处五年以下有期徒刑、拘役或者管制。

投放虚假的爆炸性、毒害性、放射性、传染病病原体等物质，或者编造爆炸威胁、生化威胁、放射威胁等恐怖信息，或者明知是编造的恐怖信息而故意传播，严重扰乱社会秩序的，处五年以下有期徒刑、拘役或者管制；造成严重后果的，处五年以上有期徒刑。编造虚假的险情、疫情、灾情、警情，在信息网络或者其他媒体上传播，或者明知是上述虚假信息，故意在信息网络或者其他媒体上传播，严重扰乱社会秩序的，处三年以下有期徒刑、拘役或者管制；造成严重后果的，处三年以上七年以下有期徒刑。

2. 危害公共安全罪

第一百一十六条规定，破坏火车、汽车、电车、船只、航空器，足以使火车、汽车、电车、船只、航空器发生倾覆、毁坏危险，尚未造成严重后果的，处三年以上十年以下有期徒刑。

第一百一十七条规定，破坏轨道、桥梁、隧道、公路、机场、航道、灯塔、标志或者进行其他破坏活动，足以使火车、汽车、电车、船只、航空器发生倾覆、毁坏危险，尚未造成严重后果的，处三年以上十年以下有期徒刑。

第一百一十八条规定，破坏电力、燃气或者其他易燃易爆设备，危害公共安全，尚未造成严重后果的，处三年以上十年以下有期徒刑。

第一百一十九条规定，破坏交通工具、交通设施、电力设备、燃气设备、易燃易爆设备，造成严重后果的，处十年以上有期徒刑、无期徒刑或者死刑。过失犯前款罪的，处三年以上七年以下有期徒刑；情节较轻的，处三年以下有期徒刑或者拘役。

第一百二十四条规定，破坏广播电视设施、公用电信设施，危害公共安全的，处三年以上七年以下有期徒刑；造成严重后果的，处七年以上有期徒刑。过失犯前款罪的，处三年以上七年以下有期徒刑；情节较轻的，处三年以下有期徒刑或者拘役。

第一百三十一条规定，航空人员违反规章制度，致使发生重大飞行事故，造成严重后果的，处三年以下有期徒刑或者拘役；造成飞机坠毁或者人员死亡的，处三年以上七年以下有期徒刑。

第一百三十二条规定，铁路职工违反规章制度，致使发生铁路运营安全事故，造成严重后果的，处三年以下有期徒刑或者拘役；造成特别严重后果的，处三年以上七年以下有期徒刑。

第一百三十五条之一规定，举办大型群众性活动违反安全管理规定，因而发生重大伤亡事故或造成其他严重后果的，对直接负责的主管人员和其他直接责任人员，处三年以下有期徒刑或拘役；情节特别恶劣的，处三年以上七年以下有期徒刑。

### 6.2.2 《中华人民共和国集会游行示威法》相关规定

为维护社会安定和公共秩序，《中华人民共和国集会游行示威法》关于扰乱公共秩序、妨害公共安全和妨害社会管理的规定如下：

第二十七条规定，举行集会、游行、示威，有下列情形之一的，人民警察应当予以制止：①未依照本法规定申请或者申请未获许可的；②未按照主管机关许可的目的、方式、标语、口号、起止时间、地点、路线进行的；③在进行中出现危害公共安全或者严重破坏社会秩序情况的。有上述情形之一，不听制止的，人民警察现场负责人有权命令解散；拒不解散的，人民警察现场负责人有权依照国家有关规定决定采取必要手段强行驱散，并对拒不服从的人员强行带离现场或者立即予以拘留。参加集会、游行、示威的人员越过按规定设置的临时警戒线、进入不得举行集会、游行、示威的特定场所周边一定范围或者有其他违法犯罪行为的，人民警察可以将其强行带离现场或者立即予以拘留。

第二十八条规定，举行集会、游行、示威，有违反治安管理行为的，依照治安管理处罚法有关规定予以处罚。举行集会、游行、示威，有下列情形之一的，公安机关可以对其负责人和直接责任人员处以警告或者十五日以下拘留：①未依照本法规定申请或者申请未获许可的；②未按照主管机关许可的目的、方式、标语、口号、起止时间、地点、路线进行，不听制止的。

第二十九条规定，举行集会、游行、示威，有犯罪行为的，依照刑法有关规定追究刑事责任。携带武器、管制刀具或者爆炸物的，依照刑法有关规定追究刑事责任。未依照规定申请或者申请未获许可，或者未按照主管机关许可的起止时间、地点、路线进行，又拒不服从解散命令，严重破坏社会秩序的，依照刑法有关规定追究刑事责任。包围、冲击国家机关，致使国家机关的公务活动或者国事活动不能正常进行的，依照刑法有关规定追究刑事责任。占领公共场所、拦截车辆行人或者聚众堵塞交通，严重破坏公共场所秩序、交通秩序的，依照刑法有关规定追究刑事责任。

### 6.2.3 《中华人民共和国信访条例》相关规定

第二十条 信访人在信访过程中应当遵守法律、法规，不得损害国家、社会、集体的利益和其他公民的合法权利，自觉维护社会公共秩序和信访秩序，不得有下列行为：

（1）在国家机关办公场所周围、公共场所非法聚集，围堵、冲击国家机关，拦截公务车辆，或者堵塞、阻断交通的。

（2）携带危险物品、管制器具的。

（3）侮辱、殴打、威胁国家机关工作人员，或者非法限制他人人身自由的。

（4）在信访接待场所滞留、滋事，或者将生活不能自理的人弃留在信访接待场所的。

（5）煽动、串联、胁迫、以财物诱使、幕后操纵他人信访或者以信访为名借机敛财的。

（6）扰乱公共秩序、妨害国家和公共安全的其他行为。

## 【本章重点】

1. 扰乱公共秩序的行为，是指扰乱单位、公共场所、公共交通和选举秩序的行为。

2. 违反危险物质管理的行为，主要是指违反国家有关规定，制造、买卖、储存、运输、邮寄、携带、使用、提供、处置爆炸性、毒害性、放射性、腐蚀性物质和传染病病原体等危险物质的行为。

3. 违规举办大型活动，是指举办大型活动违反有关规定，有发生安全事故危险的行为。

4. 违规举办大型活动违法行为的内容，既包括举办大型活动未经许可的情形，又包括虽经许可，但承办者擅自变更活动的时间、地点、内容或者擅自扩大大型群众性活动的举办规模的情形，实践中把握的标准为是否“有发生安全事故危险”。

5. 拒不执行紧急状态下的决定、命令，是指行为人拒不执行人民政府在紧急状态下依法发布的决定、命令，尚不够刑事处罚的行为。

6. 治安管理处罚的种类，有警告、罚款、行政拘留和吊销公安机关发放的许可证四类。

7. 违反治安管理的行为，包括扰乱公共秩序的行为、妨害公共安全的行为、侵犯人身权利、财产权利的行为和妨害社会管理的行为四个方面。

8. 违反治安管理行为的处罚程序，包括违反治安管理行为的调查程序、决定程序以及处罚的执行程序。

9.《刑法》关于聚众扰乱公共场所秩序、交通秩序罪的处罚规定。《刑法》第二百九十一条规定，聚众扰乱车站、码头、民用航空站、商场、公园、影剧院、展览会、运动场或者其他公共场所秩序，聚众堵塞交通或者破坏交通秩序，抗拒、阻碍国家治安管理工作人员依法执行职务，情节严重的，对首要分子，处五年以下有期徒刑、拘役或者管制。

10.《刑法》关于重大飞行事故罪的处罚规定。《刑法》第一百三十一条规定，航空人员违反规章制度，致使发生重大飞行事故，造成严重后果的，处三年以下有期徒刑或者拘役；造成飞机坠毁或者人员死亡的，处三年以上七年以下有期徒刑。

## 【复习思考题】

1. 违反治安管理的行为包括哪些方面？
2. 扰乱公共秩序的行为及处罚包括哪些？
3. 简述对违反危险物质管理的处罚。
4. 妨害社会管理的行为有哪些？如何处罚？

### 阅读材料

#### 贵州瓮安县“6·28”事件

2008年6月28日下午，因对贵州省瓮安三中初二年级女学生李某芬死因鉴定结果不满，死者家属聚集到瓮安县政府和县公安局上访。在有关负责人接待过程中，一些人煽动不明真相的群众冲击县公安局、县政府和县委大楼，最终酿成严重打砸抢烧突发事件。

2008年6月26日，经瓮安县工作组多次做工作，死者家属表示同意县工作组的协调意见，答应在2008年6月28日签订协议了结此事。但2008年6月28日16时，死者亲属邀约300余人打着横幅在瓮安县城游行。由于当日正是周六，街上行人较多，部分群众尾随队伍前行，人越来越多。16时30分许，游行人员到县公安局办公楼前聚集。公安民警拉起警戒线并开展劝说工作，但站在前排的人员情绪激动，在少数人的煽动下，一些不法分子用矿泉水瓶、泥块、砖头袭击民警，并冲破民警在公安局一楼大厅组成的人墙，打砸办公设备、烧毁车辆，并围攻前来处置的公安民警和消防人员，抢夺消防龙头，剪断消防水带，消防人员被迫撤离。20时许，不法分子对瓮安县委和县政府大楼进行打、砸、抢、烧，一度冲击邻近的县看守所，整个过程持续近7小时。

该事件相关涉事人员严重违反了《治安管理处罚法》和《刑法》的相关规定。《治安管理处罚法》第二十五条规定，散布谣言，谎报险情、疫情、警情或者以其他方法故意扰乱公共秩序的行为，处五日以上十日以下拘留，可以并处五百元以下罚款；情节较轻的，处五日以下拘留或者五百元以下罚款。第五十五条规定，煽动、策划非法集会、游行、示威，不听劝阻的，可处十日以上十五日以下拘留。《刑法》第二百九十条规定，聚众冲击国家机关，致使国家机关工作无法进行，造成严重损失的，对首要分子，处五年以上十年以下有期徒刑；对其他积极参加的，处五年以下有期徒刑、拘役、管制或者剥夺政治权利。多次扰乱国家机关工作秩序，经行政处罚后仍不改正，造成严重后果的，处三年以下有期徒刑、拘役或者管制。多次组织、资助他人非法聚集，扰乱社会秩序，情节严重的，依照前款的规定处罚。

贵州瓮安“6·28”事件是一起严重的社会安全事件，分析该事件的关键环节、关键人物和关键决策点，能增强领导干部的责任担当意识，准确研判当前社会安全领域面临的重大风险，全面提升执政能力。

# 参考文献


[1] 汪永清.《中华人民共和国突发事件应对法》解读 [M]. 北京：中国法制出版社，2007.

[2] 刘霞，严晓. 我国应急管理“一案三制”建设：挑战与重构 [J]. 政治学研究，2011 年第 1 期：94-100.

[3] 戚建刚.《突发事件应对法》对中国行政应急管理体制之创新 [J]. 中国行政管理，2007（12）：12-15.

[4] 陈月，蔡文强. 应急管理概论 [M]. 北京：中国法制出版社，2018.

[5] 闪淳昌，薛澜. 应急管理概论——理论与实践 [M]. 北京：高等教育出版社，2012.

[6] 杨月巧，等. 应急管理概论 [M]. 北京：清华大学出版社，2016.

[7] 乔治·D. 哈岛，琼·A. 布洛克，达蒙·P. 科波拉. 应急管理概论 [M]. 龚晶等，译. 北京：知识产权出版社，2011.

[8] 迈克尔·K. 林德尔，卡拉·普拉制，罗纳德·W. 佩里. 应急管理概论 [M]. 王宏伟，译. 北京：中国人民大学出版社，2011.

[9] 迈克尔·K. 林德尔，卡拉·普拉制，罗纳德·W. 佩里. 公共危机与应急管理概论 [M]. 王宏伟，译. 北京：中国人民大学出版社，2016.

[10] 宋英华. 突发事件应急管理导论 [M]. 北京：中国经济出版社，2009.

[11] 李雪峰. 应急管理通论 [M]. 北京：中国人民大学出版社，2018.

[12] 中国安全生产科学研究院. 安全生产法律法规 [M]. 北京：应急管理出版社，2019.

[13] 林鸿潮. 应急法概论 [M]. 北京：应急管理出版社，2020.

[14] 邬燕云. 让生产安全事故应急更科学更规范——《生产安全事故应急条例》解读 [J]. 中国应急管理，2019（3）：36-39.

[15] 宋光积. 消防安全教育读本 [M]. 北京：中国劳动社会保障出版社，2005.

[16] 陈俊敏. 消防法规 [M]. 北京：机械工业出版社，2011.

[17] 黄太云. 中华人民共和国消防法解读 [M]. 北京：中国法制出版社，2008.

[18] 唐景见，郑妍. 关于防震减灾规划《防震减灾法》解读 [J]. 防灾博览，2009（3）：38-41.

[19] 唐景见，郑妍. 关于地震监测预报《防震减灾法》解读 [J]. 防灾博览，2009（4）：36-40.

[20] 唐景见，郑妍. 关于地震灾害预防《防震减灾法》解读 [J]. 防灾博览，2009（5）：34-37.

[21] 唐景见，郑妍. 关于地震应急救援《防震减灾法》解读 [J]. 防灾博览，2009（6）：36-41.

[22] 唐景见，郑妍. 关于地震灾后过渡性安置和恢复重建 [J]. 防灾博览，2010（3）：22-25.

[23] 张建毅．防震减灾法教程［M］．北京：清华大学出版社，2014.
[24] 李换平，韩瑞丽．《中华人民共和国防洪法》解读［J］．山西水利，2014（4）：50－51.
[25] 李晓新．《中华人民共和国防汛条例》解读［J］．山西水利，2015（5）：50－51.
[26] 邬福肇．中华人民共和国防洪法释义［M］．北京：法律出版社，1998.
[27] 李雅芝，白宏达，桑维秋，等．浅谈草原火灾的预防［J］．吉林畜牧兽医，2006，27（12）：30－30.
[28] 卞耀武．中华人民共和国气象法释义［M］．北京：法律出版社，2001.
[29] 李换平，韩瑞丽．《中华人民共和国抗旱条例》解读［J］．山西水利，2015（1）：49－50.
[30] 民政部救灾司．《自然灾害救助条例》热点解读［J］．中国减灾，2010（10）：4－7.
[31] 李飞，王陇德．中华人民共和国传染病防治法释义［M］．北京：法律出版社，2004.
[32] 确保公共卫生事业健康发展——卫生部就《突发公共卫生事件应急条例》答记者问［J］．中国医药指南，2003（6）：7－8.
[33] 曹康泰．公共卫生事业发展史上的里程碑［N］．法制日报，2003－05－13.
[34] 刘溇．为防治“非典”竖起法律屏障——解读《突发公共卫生事件应急条例》［J］．现代预防医学，2004，30（5）：613－616.
[35] 牛钢．用法律武器打赢非典型肺炎防治攻坚战——记温家宝在贯彻实施《突发公共卫生事件应急条例》座谈会上的讲话［J］．质量与标准化，2003（6）：4－4.
[36] 谢杨．《突发公共卫生事件应急条例》问答［J］．中国卫生法制，2003（3）：23－24.
[37] 宋光积．消防安全教育读本［M］．北京：中国劳动社会保障出版社，2005.
[38] 黄太云．《中华人民共和国消防法》解读［M］．北京：中国法制出版社，2008.

**图书在版编目（CIP）数据**

应急管理法律法规 / 兰泽全主编. -- 2 版. -- 北京 : 应急管理出版社，2025.（2026.2 重印） --（普通高等学校应急管理系列教材）. -- ISBN 978-7-5237-1161-3

Ⅰ. D922.1

中国国家版本馆 CIP 数据核字第 2025CT4026 号

**应急管理法律法规** 第 2 版
（普通高等学校应急管理系列教材）

**主　　编** 兰泽全
**责任编辑** 闫　非　肖　力
**责任校对** 张艳蕾
**封面设计** 安德馨

**出版发行** 应急管理出版社（北京市朝阳区芍药居 35 号　100029）
**电　　话** 010－84657898（总编室）　010－84657880（读者服务部）
**网　　址** www. cciph. com. cn
**印　　刷** 河北鹏远艺兴科技有限公司
**经　　销** 全国新华书店

**开　　本** 787mm×1092mm 1/16　**印张** 13 1/4　**字数** 303 千字
**版　　次** 2025 年 3 月第 2 版　2026 年 2 月第 3 次印刷
**社内编号** 20250087　　**定价** 48.00 元